基础心理学纲要

主　编　李逢战　刘旭峰　朱　霞

副主编　王秀超　王　卉　黄　鹏

编　者　（按姓氏笔画排序）

王紫微　方　鹏　史　康　吴忠英

宋　磊　张玉婷　金银川　高云涛

郭亚宁　崔　迪　崔龙彪　梁　伟

曾令伟　戴　红

第四军医大学出版社·西安

图书在版编目（CIP）数据

基础心理学纲要 / 李逢战，刘旭峰，朱霞主编. —
西安：第四军医大学出版社，2024.6
ISBN 978-7-5662-1000-5

Ⅰ. ①基… Ⅱ. ①李… ②刘… ③朱… Ⅲ. ①心理学
Ⅳ. ①B84

中国国家版本馆 CIP 数据核字（2024）第 095837 号

JICHU XINLIXUE GANGYAO

基础心理学纲要

出版人：朱德强　　责任编辑：汪　英

出版发行：第四军医大学出版社
地址：西安市长乐西路 169 号　邮编：710032
电话：029-84776765　传真：029-84776764
网址：https://www.fmmu.edu.cn/press/

制版：西安聚创图文设计有限责任公司
印刷：陕西中财印务有限公司
版次：2024 年 6 月第 1 版　印次：2024 年 6 月第 1 次印刷
开本：787×1092　1/16　印张：19.75　字数：410 千字
书号：ISBN 978-7-5662-1000-5
定价：72.00 元

前言
PREFACE

赫尔曼·艾宾浩斯说:“心理学有着漫长的过去,但仅有一个短暂的历史。”截至当前,科学心理学的诞生已有一百四十多年的历史,俨然成为新时代一门“火热”的学科,备受大众欢迎,越来越多的人希望能通过系统学习心理学知识,更好地生活、工作。

众所周知,对于任何一个学科的学习,掌握学科的基本知识结构和核心知识内容是一个关键环节。然而,心理学知识非常庞杂,多年的心理学学习和工作经验使笔者深切感受到,要想迅速掌握心理学的基本知识结构和核心知识点,是一件非常困难的事情。笔者目睹了太多这样的现象,即学习者苦于繁重的工作和生活压力以及有限的时间、精力,将一本本厚重的心理学教材束之高阁,布满灰尘。如果有特别需要一本结构清晰、言简意赅以及重点突出的补充教材,则有助于学习者高效搭建心理学的基本知识体系,并掌握心理学核心知识内容。

基于上述目标,我们编写《基础心理学纲要》以作抛砖之用。本书围绕普通心理学、发展心理学、教育心理学和人格心理学等最为基础的心理学科目进行编写。编写过程中,参考了大量经典教材,并对知识结构进行了重新梳理,旨在帮助学习者建立更加科学、合理、清晰的学习主线。内容方面,以单刀直入、言简意赅、条理清晰为原则,尽量做到没有多余的话;同时,保留了一些通俗易懂的例子和心理学经典研究案例,以促进学习者的思维训练。

总之,希望本书能够帮助学习者迅速走进科学心理学的殿堂,建立清晰的知识体系,并掌握基础心理学的核心知识点。在此,特别感谢第四军医大学出版社的大力支持。鉴于学识有限,在本书编写的过程中,难免出现疏漏,敬请各位同行批评指正。

编　者

目录

CONTENTS

第一部分　普通心理学

学科地位

普通心理学(general psychology)是心理专业的“入门课”,它的目标是传授心理学一般知识和基础知识,使人们了解心理学的基本知识、基本概念和基本理论,初步掌握心理学的基本研究方法,了解心理学发展的一般趋势,激发学习兴趣和热情。

知识框架

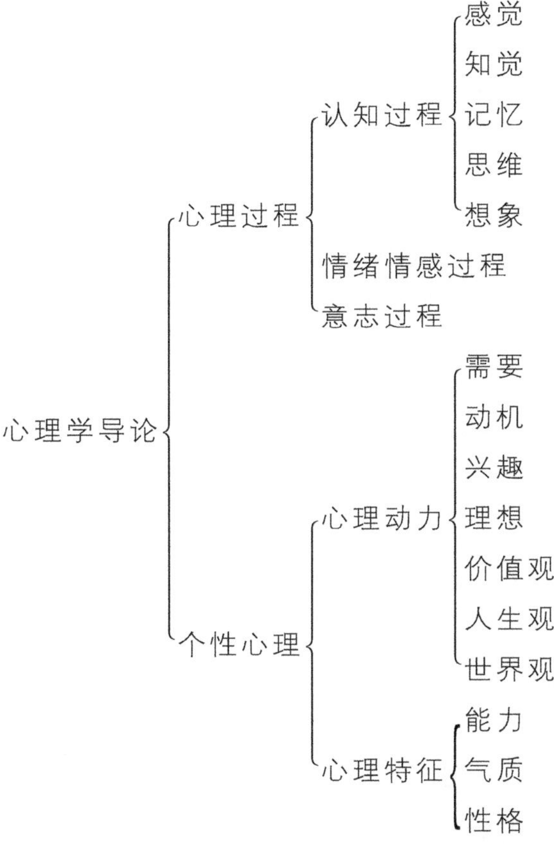

第一章 概 述

本章主要介绍心理学的研究对象、研究方法以及心理学的主要流派。这些内容可以帮助读者更好、更快地进入心理学的科学殿堂，为进一步的学习、研究打下坚实基础。

一、心理学的含义与研究对象

（一）心理学的含义

心理学是研究心理现象的科学。它既研究动物的心理，也研究人的心理，但以人的心理现象为主要研究对象。因此，可以说，心理学是研究人的行为和心理活动规律的科学。

（二）心理学的研究对象

心理学的研究对象，概括而言包括两个方面：心理过程和个性心理。

1. **心理过程**　心理过程是在一定时间和环境中发生、发展的心理活动过程，可以分为认知过程、情绪情感过程和意志过程。

（1）*认知过程*　认知过程是人认识客观事物的过程，或者对信息进行加工处理的过程，是人由表及里、由现象到本质地反映客观事物的本质及其内在联系的心理活动，包括感觉、知觉、记忆、想象、思维和语言等。需要强调的是，注意是伴随在心理活动过程中的心理特性。

（2）*情绪情感过程*　情绪情感过程是人脑对客观事物能否满足自身物质和精神需要而产生的态度体验，它是人对客观事物要求的反映，包括喜怒哀乐爱憎惧等。一般来说，凡是符合并满足自身需要的，会使人产生积极、肯定的体验，反之则使人产生消极、否定的体验。

（3）*意志过程*　意志过程是人自觉地确定目的、克服困难、力求实现预定目的的心理过程。

认知过程是人的最基本的心理活动，它是情绪情感、意志过程的基础，如“知之深，爱之切”说的就是对情绪情感过程的影响；同样，只有在认知和情绪情感的基础上，人才能进行意志行动；反过来，情绪情感、意志过程对认知也有巨大影响，是调节和控制认知活动的一种内在因素。

2. **个性心理** 个性指一个人的整个心理面貌，它是个人心理活动稳定的心理倾向和心理特征的综合。个性心理主要包括个性心理倾向和个性心理特征两个方面。

(1)个性心理倾向 个性心理倾向是人所具有的意识倾向，决定人对世界的态度以及对认识活动对象的趋向与选择，是人从事活动的基本动力，主要包括需要、动机、兴趣、理想、价值观、人生观和世界观等。

(2)个性心理特征 个性心理特征是区别于他人、在不同环境中表现出来一贯、稳定的行为模式，主要包括能力、气质和性格，是多种心理特征的独特结合。

(三)心理学的性质

学科分类通常分为自然科学和社会科学两大类。心理学的研究目标与手段都和自然科学一样，具有自然科学的性质。人是社会的实体，人的心理的发生和发展离不开社会环境的影响。此外，心理学还研究社会心理和行为，因而具有社会科学的性质。因此心理学是一门中间科学，或者边缘科学。

(四)心理学的主要分支

1. **普通心理学** 普通心理学是基础学科，它研究心理现象发生和发展的最一般的规律，研究最一般的理论问题，研究心理现象的最一般的方法。

2. **生理心理学和心理生理学** 生理心理学和心理生理学研究心理现象的生理机制，主要指各种感官的机制、神经系统特别是脑的机制、内分泌腺对行为的调节机制、遗传在行为中的作用等。

生理心理学以脑的形态和功能参数为自变量，观察在不同生理状态下，行为或心理活动的变化。心理生理学研究由心理活动引起的生理功能的变化。

3. **发展心理学** 发展心理学研究心理的种系发展和人的心理的个体发展。研究心理种系发展的心理学叫作比较心理学。它将动物心理与人的心理进行比较，从比较中确定它们的联系和差别。毕生发展心理学研究人的心理的个体发展，其按照人生阶段又可分成婴幼儿心理学、儿童心理学、少年心理学、青年心理学、成年心理学、中年心理学和老年心理学。

4. **教育心理学** 教育心理学研究教育过程中所包含的各种心理现象，揭示教育同心理发展的相互联系。主要问题包括受教育者道德品质的形成、知识与技能的掌握、心理的个别差异和教育者心理品质及其形成等。

5. **医学心理学** 医学心理学研究心理因素在疾病的发生、诊断、治疗及预防中的作用，是心理学与医学相结合的产物。研究心理与病理关系的学科，是心身医学或身心医学，前者研究致病的心理因素，后者研究疾病和体残对心理的影响。在行为医学的基础上还发展出了健康心理学,它研究人的思考、感受和行为方式与其生理健康的联系,探讨身心因素对人类行为的影响,并通过心理－社会干预来促进健康,防治疾病。

6. **工业心理学** 工业心理学研究工业劳动过程中人的心理特点和行为方式。根据研究的问题又可将其分为管理心理学、工程心理学、消费心理学、人事心理学、劳动心理学等。

(1)管理心理学也可称为组织管理心理学或行为管理学,是一门研究组织中人的行为与心理活动规律的综合性科学。

(2)工程心理学以人－机－环境系统为对象,研究系统中人的行为,以及人与机器和环境的相互作用。

(3)消费心理学研究消费者在消费活动中的心理现象和行为规律。

(4)人事心理学是运用心理学的原理和方法,处理人事管理问题,目的在于充分利用人力资源,促进组织目标的实现,维持组织的生存和发展。

(5)劳动心理学结合劳动过程和劳动组织的实际,围绕劳动者的需要、动机、行为,劳动者的个体心理素质,劳动者群体心理现象,劳动者心理保健及安全生产等内容,讨论劳动管理中如何运用心理学知识,激发劳动者的积极性问题。

7. **军事心理学** 军事心理学研究军事人员的选拔和培训、军事职业特点的分析、军队中的人际关系和组织、人的因素和安全、人因工程(如提高人机界面的效率以改进机器和系统的功能)和士气等。军事心理学还研究负面影响的冲击、极端环境对人行为的影响,以及如何面对战争压力、预防战斗人员的生理和心理失调,以提高其战斗能力等。

8. **社会心理学** 社会心理学是系统研究社会心理与社会行为的科学。它研究大群体中的社会心理现象,如社会情绪、阶级和民族心理、宗教心理、社会交往与人际关系等;小群体中的社会心理现象,如群体内的人际关系、心理相容、群体气氛、领导与被领导、群体的团结与价值定向等。社会心理学还研究群体心理与个体心理的关系及群体对个体心理的影响,如从众、服从等。

9. **人格心理学** 人格心理学是研究和解释个体思想、情感、意向和行为的具有整体性的独特模式的心理学分支,涉及影响个体与环境交互作用的诸多维度和层次,以整体的观点对人的心理和行为的原因进行探究,并对人性进行系统解释。

10. **法律心理学** 法律心理学研究立法、执法、守法、违法过程中人的心理活动及其规律。涉及四个方面:体现公众意志的立法心理学,犯罪心理形成和发展变化、犯罪者人格结构的犯罪心理学,刑事侦查、证言证词、罪犯改造等司法心理学,法制教育的社会效果、法律意识形成等法制宣传教育心理学。

11. **临床心理学** 临床心理学是运用心理学原理诊断和治疗心理异常的心理学分支学科。它以心理学原理和心理测量探索心理异常者心理方面的问题,并以心理矫治的技术和方法使心理异常者恢复正常。

二、心理学的研究方法

(一)观察法

1. 观察法的含义　在自然条件下,对表现心理现象的外部活动进行有系统、有计划的观察,从中发现心理现象产生、发展的规律,这种方法叫观察法或自然观察法。观察法一般在下列情况下采用:

(1)对所研究的对象无法控制。

(2)在控制条件下,可能影响某种行为的出现。

(3)由于社会道德的要求,不能对某种现象进行控制。

2. 观察法的优点

(1)适用范围较广。

(2)简便易行。

(3)所得材料比较真实。

3. 观察法的缺点

(1)在自然条件下,观察的结果难以重复验证、难以精确分析。

(2)难以控制目标现象的出现,有时可能出现不需要研究的对象,而要研究的对象却没有出现。

(3)受观察者的兴趣、愿望、知识经验和观察技能等主观影响,即观察者容易“各取所需”,出现观察者效应和观察者偏差。

①观察者效应:指被观察者由于意识到自己被观察而出现的行为上的改变。

②观察者偏差:指观察者只观察了希望看见的被观察者的行为,有选择地进行记录而丢失了可能重要的行为细节。

(二)实验法

1. 实验法的含义　在控制条件下对某种心理现象进行研究的方法,称实验法。实验法可分为实验室实验和自然实验。实验室实验是借助专门的实验设备,在对实验条件严格控制的情况下进行的。自然实验也叫现场实验,它是在人们正常学习和工作情境中进行的,但是对实验条件进行了适当控制。

2. 实验法的优点

(1)有助于揭示因果关系。

(2)实验结果可重复、可检验。

(3)实验结果数量化指标明确。

3. 实验法的缺点

(1)实验室实验的情境带有极大的人为性质,被试处于那样的环境中,又意识到自己正在接受实验,有可能干扰实验结果的客观性。

(2)自然实验由于条件的控制不够严格,因而难以得到精密的实验结果。

(三)测验法

1. 测验法的含义 测验法是用一套预先经过标准化的问题(量表)来测量某种心理品质的方法。心理测验按内容可以分为智力测验、成就测验、态度测验和人格测验;按形式可以分为文字测验和非文字测验;按测验规模分为个别测验和团体测验。

测验法的三个基本要求是有一定的信度、有一定的效度、经过标准化处理。

2. 测验法的优点

(1)简便省力,易于实行。

(2)种类多,灵活方便。

(3)标准化测量严谨可靠。

(4)结果量化程度高。

(5)有常模比较,便于对照。

3. 测验法的缺点

(1)易受经验文化影响。

(2)间接测量,结果很难准确。

(3)对施测者要求较高。

(4)成绩不反映过程。

(四)调查法

1. 调查法的含义 就某一问题要求,让受调查者自由表达其态度或意见。最常用的有两种方式:问卷调查和晤谈法。

(1)问卷法 可以同时向许多人搜集同类问题的资料,较省人力物力,但问卷回收率可能会影响结果的准确性,调查者也可能不认真作答,使问卷的真实性受到影响。

(2)晤谈法 不需要特殊条件和设备,比较容易进行和掌握,但访谈对象有限,被试容易受主观和客观因素的影响,而影响资料的真实性。另外,获取足够的资料需要耗费大量时间。

在使用调查法时应注意:取样应具有代表性,避免抽样偏差;避免社会赞许性对被试的反应造成影响。

2. 调查法的优点

(1)不受时间、空间条件的限制,运用起来比较容易。

(2)涉及范围广,收集数据速度比较快。

3. 调查法的缺点

(1)不够严谨。

(2)不能揭示因果关系。

(3)受研究者主观影响较大。

(五)个案法

1. 个案法的含义　对被试各方面或状况进行深入而详尽的了解,收集个体过去和现在的资料,经过分析推知其行为原因。

2. 个案法的优点　个案法能够解释个体某些心理和行为产生、发展、变化的原因,有助于研究者获得某种假设。

3. 个案法的缺点　通过个案法得出的对某人的研究结论,可能并不适用于另一个人。

三、主要的心理学流派

心理学的诞生受到哲学和生理学的影响,哲学被认为是科学心理学的“父亲”,生理学被认为是科学心理学的“母亲”。1879 年,德国心理学家冯特在莱比锡大学建立了世界上第一个心理学实验室,标志着心理学脱离哲学的怀抱,走上独立发展的道路,也标志着科学心理学正式诞生。主要的心理学流派有七个。

(一)构造主义心理学

1. 代表人物　构造主义心理学的奠基人为冯特,著名代表人物为其学生铁钦纳。

2. 基本观点　该学派主张心理学应该研究人们的直接经验,即意识。认为人的经验分为感觉、意象和激情三种元素,并组成其他复杂的心理现象。感觉是知觉的元素,意象是观念的元素,激情是情绪的元素。

3. 研究方法　在研究方法上,该学派重视内省法。内省法是一种自我观察的方法,但主张将内省和实验方法结合。在他们看来,了解人们的直接经验,要依靠实验过程中被试对自己经验的观察和描述。

4. 评价　构造主义学派的诞生,使心理学摆脱了思辨的羁绊,走上了实验研究的道路,并使其成为一门独立的科学,但其研究脱离实际。

(二)机能主义心理学

1. 代表人物　机能主义心理学的创始人是美国著名心理学家詹姆斯,他也是美国心理学的创始人。其代表人物还有杜威、安吉尔等。

2. 基本观点　该学派认为意识不是个别心理元素的集合,而是川流不息的过程。意识是个人的、永远变化的、连续的和有选择性的整体,即“意识流”。心理学要研究个体适应环境时的心理,即意识的作用与功能,也就是帮助有机体适应环境。

3. **研究方法** 采用内省法进行研究,但更注重客观的观察和实验,认为一切有益获得研究资料的方法都可以被采用。

4. **评价** 他们反对把心理学只看作一门纯科学,重视心理学的实际应用,推动了美国心理学面向实际的发展,包括教育心理学和工业心理学的发展等。此外,詹姆斯的《心理学原理》是也心理学的经典著作。

(三)行为主义心理学

1. **代表人物** 行为主义心理学的创始人是华生,1913 年华生发表了《行为主义者眼中的心理学》,宣告了行为主义的诞生。其代表人物还有斯金纳、班杜拉等。

2. **基本观点**

(1)心理学应研究行为,而不是意识,其目的是寻找预测和控制行为的途径。

(2)反对使用内省法,主张采用实验法。

(3)行为不是由遗传决定的,而是由环境决定的。

3. **研究方法** 行为主义心理学的研究采用实验法、观察法、条件反射法、言语报告法和测验法等。

4. **评价** 行为主义主张过于极端,否定意识研究,限制了心理学的健康发展,但强调研究的客观性对于心理学沿着客观科学的道路走下去有着积极意义。

(四)格式塔心理学

1. **代表人物** 格式塔心理学的创始人有韦特海默、柯勒和考夫卡。

2. **基本观点** 格式塔心理学和行为主义心理学都靠批判传统心理学(构造主义和机能主义)起家。格式塔在德文中意味着"整体",因此,该学派主张心理的整体性,强调心理作为一个整体、一个组织的意义。整体不能还原为各个部分、各个元素的总和;部分相加不等于整体;整体大于部分之和,整体先于部分而存在,并制约着部分的性质和意义。

3. **研究方法** 格式塔心理学派主要采用实验法进行研究。

4. **评价** 尽管格式塔心理学的理论基础是主观唯心论,但基本观点是正确的;其对于知觉、学习及思维等的研究成果至今具有积极意义。

(五)精神分析心理学

1. **代表人物** 精神分析心理学学派由奥地利精神病医生弗洛伊德创立,其著名代表人物还有荣格、阿德勒等。

2. **基本观点** 弗洛伊德认为,一切个体和社会的行为都会受到潜意识(无意识)的影响,都根源于心灵深处的某种欲望或动机,特别是性欲的冲动。欲望以潜意识的方式支配人,并表现在正常和异常行为中。欲望或动机受到压抑是导致精神疾病的重要原因。

3. 研究方法 所谓精神分析,是指一种临床技术,它通过自由联想、释梦、日常生活中的心理分析等个案法手段,发现病人潜在的动机,并采取措施使其精神宣泄,从而达到治疗疾病的目的。

4. 评价 该学派重视对动机和潜意识(无意识)现象的研究,但过分强调潜意识(无意识)的作用,早期的理论具有泛性论的特点。新精神分析心理学学派修正了弗洛伊德原有的理论,更强调社会因素对精神疾病和人格发展的影响。

(六)人本主义心理学

1. 代表人物 人本主义心理学学派的创始人是马斯洛,其著名代表人物还有罗杰斯。

2. 基本观点 该学派是在反对精神分析和行为主义学派的基础上发展而来的。主张心理学应以正常人为研究对象,认为人的本质是好的、善良的,人有自由意志,有自我实现的需要。只要有适当的环境,人就会力争达到某些积极的社会目标。

3. 研究方法 人本主义心理学学派反对以方法为中心,认为凡是能解决问题的方法都可以用,但强调现象学方法。

4. 评价 人本主义心理学学派冲淡了心理学纯科学的色彩,被誉为心理学的"第三势力"(参见国内学者叶浩生主编的《心理学史》,第一势力是行为主义,第二势力是精神分析),但其理论体系不完备、许多名词缺乏明确的定义、理论难以得到检验。

(七)认知心理学

1967 年,奈瑟的《认知心理学》一书出版,标志着现代认知心理学的诞生。书中指出:认知是指感觉输入得以转换、简约、加工、存储、提取和使用的全部过程。

1. 代表人物 现代认知心理学家的代表人物是奈瑟、西蒙等。

2. 基本观点 该学派认为人是一种信息加工者,是一种具有丰富的内在资源,并能利用这些资源与周围环境发生相互作用的、积极的有机体。环境提供的信息固然重要,但它是通过支配外部行为的认知过程对其加以编码、存储和操作,进而影响人类的行为。

3. 研究方法 现代认知心理学除了应用心理学的一般实验研究方法外,还发展了自己特有的一些研究方法,如反应时记录法、口语报告法、计算机模拟等。

4. 评价 认知心理学与神经科学的结合促使了认知神经科学的诞生。认知神经科学主要研究认知功能的脑机制、学习训练与脑的可塑性、脑发育与认知功能的发展,通常采用脑成像技术,如事件相关电位技术(ERP)、功能性磁共振成像技术(fMRI)、正电子发射层扫描技术(PET)、脑磁图(MEG)等。科学家们相信,了解心理活动的脑机制,特别是认知功能的神经生物学机制,才能真正揭示脑的秘密,了解人的心理功能的特点。21 世纪认知神经科学的研究已成为心理学发展的主流。

（八）新兴流派

1. **积极心理学** 积极心理学的创始人为美国当代著名心理学家塞利格曼。积极心理学认为，心理学应该关注个体和团体的积极因素，如积极人格（如乐观）、积极情感（如主观幸福感）和积极的社会组织系统等。心理学的目标应该是促进个体的发展、社会的繁荣和积极的社会组织系统。

2. **进化心理学** 一般认为，1989 年美国人类行为和进化协会成立并出版《进化与人类行为杂志》标志着进化心理学的诞生。进化心理学认为，人类的心理机制是自然选择的结果，如果某一行为有助于个体的存在，那么这种行为倾向就会被自然所选择，并且通过基因遗传保留下来。如，巴斯等人发现，在选择配偶时，男性倾向选择年轻、健康的女性，女性偏好社会经济地位高、勤奋进取的男性。这是因为，年轻健康的女性具有更强的生育潜能，男性的经济地位和性格特征暗示其供养和保护的能力。人类早期，这种选择倾向有利于个体基因的传播。

3. **超个人心理学** 超个人心理学探讨诸如心理学与佛教、基督教、经济学、哲学、社会学、生物学等各种学问的关系，它跨越了各种领域，研究人的心理与灵性，专长于跨越自我层面的心灵研究、跨越个人领域的心理学和人性在灵性方面的层面。其研究范围包括个人成长、高峰体验、神秘经历及超脱传统自我界线的发展可能，跨越了个人的意识，虽然包含对个人的心理学，却又不仅仅如此。超个人心理学被认为是除了精神分析、行为主义及人本主义以外的“第四势力”。

第二章　心理与行为的生物学基础

本章主要介绍脑和神经系统的最一般的知识。包括神经元的构造和神经兴奋传递的特点、神经系统的结构和功能以及不同的脑机能学说。

一、神经系统

（一）神经元

1. 神经元的定义　神经元即神经细胞，是神经系统结构和功能的基本单位。

2. 神经元的结构　神经元由胞体、树突和轴突三部分组成。

（1）树突　较短，其作用是接受刺激，并把刺激传向胞体。

（2）轴突　较长，每个神经元只有一个轴突，其作用是将神经冲动从胞体传出，到达与其联系的各种细胞。

（3）胞体　形态和大小有很大差别，其作用是对信息进行整合。

3. 神经元的基本作用　神经元的基本作用为接受刺激和传递信息，具体为接受刺激、产生冲动、传导冲动。

4. 神经元的分类　神经元有各种不同的形态。按突起的数目可以分为单极细胞、双极细胞和多极细胞。按功能可分为内导神经元、外导神经元和中间神经元。

（1）内导神经元　即感觉神经元或传入神经元，其作用是收集和传导身体内外的刺激，并传达到脊髓和大脑。

（2）外导神经元　即运动神经元或传出神经元，其作用是将脊髓和大脑发出的信息传到肌肉和内分泌腺，支配效应器官的活动。

（3）联络神经元　即中间神经元，介于内导神经元和外导神经元之间，起联络作用。这些中间神经元的连接形成了中枢神经系统的微回路，这是脑进行信息加工的主要场所。

5. 神经胶质细胞　在神经元与神经元之间有大量胶质细胞，其对神经元的沟通有着重要作用。具体而言，有三种作用：

（1）为神经元生长提供支架。

(2)在神经元周围形成绝缘层(髓鞘),使神经冲动得以快速传递。

(3)给神经元输送营养,清除神经元间过多的神经递质。

6. **神经冲动的电传导** 在产生电位时,神经纤维的电位分布呈现"外负内正"(即细胞膜外是负电位,细胞膜内为正电位),静息电位时呈现"外正内负",电压相差约70mV。神经元由静息状态转化为动作状态,就是神经冲动。

神经冲动的电传导是指神经冲动在同一细胞内的传导,其传导服从"全或无"法则,即神经元反应的强弱不随外界刺激的强弱而改变。神经冲动传导与动作电位的产生有密切联系,动作电位产生时,细胞膜表面由正电位变为负电位,而膜内由负电位变为正电位。

(二)突触

1. **突触的含义** 神经元与神经元彼此接触的部分,由突触前成分、突触间隙和突触后成分组成。其中,突触前成分包含许多突触小泡,它是神经递质的存储场所。

2. **突触的接触方式** 突触有轴突与胞体、轴突与轴突、轴突与树突三种接触方式。

3. **神经冲动的化学传导** 神经冲动在突触间的传递,借助于神经递质完成。这种以神经递质为媒介的突触传递,是人脑内神经元信号传递的主要方式。

4. **神经回路** 神经元与神经元通过突触建立联系,构成了极端复杂的信息传递与加工的回路。单个神经元只有在极少情况下才单独执行某种功能,神经回路才是脑内信息处理的基本单位。反射弧是一种最简单的神经回路。

(三)周围神经系统和中枢神经系统

神经系统由周围神经系统和中枢神经系统组成。其中,周围神经系统由躯体神经系统和植物性神经系统组成,躯体神经系统由脑神经和脊神经组成,植物性神经系统又分为交感神经系统和副交感神经系统;中枢神经系统由脑和脊髓组成,如图1-2-1所示。

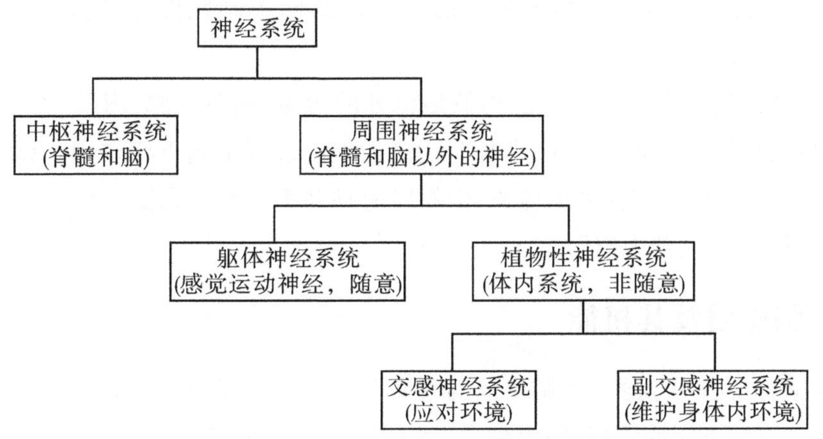

图1-2-1 人类神经系统的层次结构

1. 周围神经系统　由脊神经、脑神经和植物性神经组成。

(1)脊神经　脊神经发自脊髓,穿椎间孔外出,共31对。脊神经有四种不同的机能成分:一般躯体感觉纤维、一般内脏感觉纤维、一般躯体运动纤维、一般内脏运动纤维。

(2)脑神经　由脑部出发,共12对,按顺序为:嗅神经、视神经、眼动神经、滑车神经、三叉神经、外展神经、面神经、听神经、舌咽神经、迷走神经、副神经、舌下神经。

(3)植物性神经系统　植物性神经系统,也叫自主神经系统,分为交感神经系统和副交感神经系统两部分,其机能上具有拮抗性质。交感神经系统能产生兴奋,用于应付机体紧急情况;副交感神经系统则相反,抑制体内各器官的过度兴奋,起平衡作用。

2. 中枢神经系统　包括脊髓和脑。

(1)脊髓　脊髓是中枢神经系统的低级部位,位于脊椎管内。其作用有:作为脑和周围神经的桥梁;可以完成一些简单的反射活动,如膝盖反射、肘反射、跟腱反射,这些反射不受脑的支配。

(2)脑　包括脑干、间脑、小脑和大脑。

①脑干:脑干包括延脑、脑桥和中脑。延脑是"生命中枢",与生命活动有密切关系,支配呼吸、排泄、吞咽、肠胃等活动;脑桥是中枢神经与周围神经信息传递的必经之地,对睡眠具有调节控制作用;中脑中存在视觉和听觉的反射中枢。

②网状结构:网状结构分为上行系统和下行系统两部分。上行网状结构控制着机体的觉醒或意识状态,与维持注意状态有密切关系;下行网状结构对肌肉紧张有易化和抑制两种作用,控制着肌肉的活动状态。

③间脑:间脑包括丘脑和下丘脑两部分。除嗅觉外所有输入信息都经过丘脑导向大脑皮质,丘脑也是网状结构的一部分;下丘脑是调节交感神经和副交感神经的主要皮下中枢,对控制内分泌系统、维持新陈代谢、调节体温等都具有重要意义,并与各种生理性动机、情绪有密切关系。

④小脑:小脑主要作用是与大脑皮质运动区共同控制肌肉运动,调节身体姿势与平衡。

⑤边缘系统:边缘系统位于大脑内侧最深处的边缘,由下丘脑、海马、杏仁核、扣带回等组成,其与动物的本能活动有关,在长时记忆的编码过程中起重要作用。如果用电极刺激海马,会产生类似回忆或做梦的体验,但损毁海马并不会妨碍内隐记忆。边缘系统中还存在"快乐中枢"和"痛苦中枢"。

二、大脑皮质及其机能

人的大脑分左右两半球。大脑半球的表面布满深浅不同的沟或裂。沟裂间隆起的部分称为脑回。有三条大的沟裂,即中央沟、外侧裂和顶枕裂,这些沟裂将半球分为额叶、顶叶、枕叶和颞叶几个区域,如图1-2-2所示。

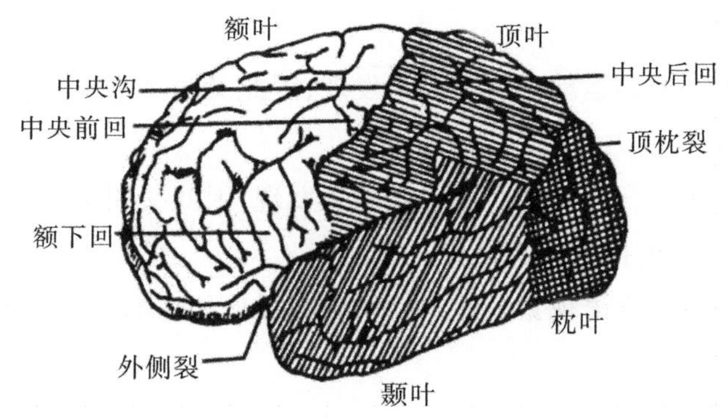

图1-2-2 大脑结构

大脑半球的表面由大量神经细胞、神经纤维网、神经胶质细胞和毛细血管细胞覆盖，呈灰色，叫灰质，也就是大脑皮质。大脑半球内面由大量神经纤维的髓质组成，叫白质，它负责大脑回间、叶间、两半球及皮质与皮下组织间的联系，其中特别重要的是胼胝体，它对两半球的系统活动有重要作用。

(一)大脑皮质感觉区

1. 感觉区的位置

(1)视觉区 位于枕叶。

(2)听觉区 位于颞叶。

(3)机体感觉区 位于顶叶中央后回。

2. 感觉区的特点

(1)各部位感觉区的投射面积大小取决于它们在机能方面的重要程度(手、舌、唇面积最大)。

(2)颈部以下在感觉区的投射关系是左右交叉、上下倒置的，头部则是正置的。

(3)感觉联合区是指临近感觉区的广大脑区，不接收任何感受系统的直接输入。

(二)大脑皮质运动区

1. 运动区的位置 位于额叶中央前回和旁中央小叶前部。

2. 运动区的功能 发出运动指令，支配和调节身体在空间的位置、姿势以及身体各部分的运动。

3. 运动区的特点 与机体感觉区相似。

(1)运动联合区 位于运动区前方，又称前运动区，负责精细的运动和活动的协调。

(2)前额联合区 与高级认知功能、行为控制和人格发展有密切关系。

(三)大脑皮质言语区

1. 言语区的位置 对于大多数人来说，言语区主要定位于大脑左半球。

2. 言语区的功能

(1)言语运动区　言语运动区由布洛卡发现,因此又叫布洛卡区,位于额叶,受损会产生运动性失语症或表达性失语症。

(2)言语听觉中枢　言语听觉区由威尔尼克发现,因此又叫威尔尼克区,位于颞叶,受损会产生听觉性失语症或接收性失语症。

(3)言语视觉中枢　言语视觉区位于顶枕叶交界处的角回,受损会产生视觉失语症或失读症。

(四)大脑两半球单侧化优势

通常情况下大脑是两半球协调的,信息通过胼胝体相互传递。斯佩里割裂脑研究和其他大量研究发现,左右半球在功能上是不平衡的,左半球主要负责言语、阅读、书写、数学运算和逻辑推理等。有人称大脑的左半球为理性脑。右半球在知觉物体的空间关系、情绪、音乐、艺术、舞蹈、雕塑等方面起主要作用。有人称大脑的右半球称为感性脑。正常情况下,两半球既分工又联合活动,完成复杂的活动。

研究人员在切断胼胝体的情况下,分别对大脑两半球的功能进行研究。切断胼胝体是为了防止癫痫的恶化,使病变不会由脑的一侧蔓延到另一侧。由于胼胝体被切断,两半球的功能也被人为地分开了。每个半球只对来自对侧的刺激做出反应,并调节对侧身体的运动。这样,就有可能单独研究两个半球的不同功能。

三、脑机能学说

脑机能学说的目的在于解释脑是如何产生心理的,心理的脑机制是怎样的。

(一)定位说

定位说开始于加尔的颅相说,他认为大脑的不同区域分别负责不同的心理机能。布洛卡区、威尔尼克区的发现以及潘菲尔德的电刺激法都为定位说提供了证据。潘菲尔德用电刺激法研究颞叶时发现,微弱的电刺激能使病人回忆起童年时的一些事情,这说明记忆可能定位在颞叶。另外还有研究发现,海马与记忆有关,杏仁核与情绪有关,下丘脑与进食和饮水有关。

(二)整体说

整体说认为大脑是以总体发生作用的,大脑的不同部位对心理功能产生同等程度的影响。弗洛伦斯采用局部毁损法对鸡和鸽子等动物进行了一系列实验,结果发现:脑功能的丧失和皮质切除的大小有关,与特定部位无关。拉什利采用脑毁损技术对白鼠进行了一系列走迷宫实验,结果发现,在大脑损伤之后,动物的习惯形成出现很大障碍,这种障碍与脑损伤的部位无关,与损伤面积的大小有密切关系。由此,他提出了两条原理:均势原理和总体活动原理。均势原理:大脑皮质的各个部分几乎以均等的程度对学习发生作用。总体活动原理:大脑以总体发生作用,学习活动的效率与大脑受损伤的面积大小成反比,与受损的部位无关。

(三)机能系统说

鲁利亚认为脑是一个动态的结构,是一个复杂的动态机能系统。在机能系统的个别环节受到损伤时,高级心理机能确实会受到影响。从这个意义上看,大脑皮质的机能定位是一种动态和系统的机能定位。

鲁利亚把脑分成三个互相联系的机能系统:①调节激活与维持觉醒状态的机能系统。该系统也叫动力系统,由脑干网状结构和边缘系统组成。其基本功能是保持大脑皮质的一般觉醒状态,提高其兴奋性和感受性,并实现对行为的自我调节。②信息接收、加工和储存的系统。该系统位于大脑皮质的后部,包括皮质的枕叶、颞叶、顶叶以及相应的皮质下组织。其基本作用是接受来自机体内外的各种刺激,对它们进行加工,并把它们保存下来。③行为调节系统。该系统是编制行为程序、调节和控制行为的系统,它包括额叶的广大脑区。其主要作用是产生活动意图,形成行为程序,实现对复杂行为的调节与控制。

人的各种行为和心理活动是三个机能系统相互作用、协同活动的结果,其中每个机能系统又起着各自不同的作用。

(四)机能模块说

该理论认为,人脑在结构和功能上是由高度专门化并相对独立的模块组成的;模块之间复杂而巧妙的结合,是实现复杂的精细的认知功能的基础,不同的模块有不同的功能,模块的结合保证着认知功能的完整。

(五)神经网络说

该学说认为各种心理活动,特别是一些高级复杂的认知活动,是由不同脑区协同活动构成的神经网络来实现的,这些脑区可以经由不同神经网络参与不同的认知活动,并在这些认知活动中发挥不同的作用。正是由这些脑区组成的动态神经网络构成了各种复杂认知活动的神经基础。格奇温德是较早用神经网络观点来描述语言产生的一位神经科学家。

第三章　意识和注意

本章将对意识的一些基本现象、理论和实证研究作一简单介绍，主要内容包括意识的基本概念、意识的几种基本状态及与意识状态密切相关的注意现象。

一、意识

（一）意识的含义

意识是人特有的心理反映形式，是指人以感觉、知觉、记忆、思维等心理活动过程为基础的系统整体，对自己身心状态与外界环境变化的觉知和认识。意识是人的心理活动中最重要的组成部分，是人的心理发展的最高级阶段。可以从不同的角度理解：意识是一种觉知、一种高级心理机能、一种心理状态。

（二）意识的种类和功能

1. 意识的种类

（1）*意识*　是能够被主体觉知到的成分。睡眠是意识的一种形式，但是它是一种无意识状态。白日梦状态介于清醒状态和睡眠状态之间，是一种纯凭个人主观感受而不顾客观现实的意识状态。

（2）*无意识*　又称潜意识，是相对于意识而言的，是个体不曾觉察到的心理活动和过程。按照弗洛伊德的观点，无意识包括大量的观念、愿望、想法等，这些观念和愿望因为和社会道德存在冲突而被压抑，不能出现在意识中。认知心理学认为，无意识主要用于完成一些背景任务。常见的无意识现象有以下几种：

①无意识行为：自动化了的行为，如骑自行车。

②对刺激的无意识：人有时没有觉察到对他们的行为产生了影响的事件，而实际上，这些事件对他们的行为产生了或大或小的影响。

③盲视：由脑损伤引起的对刺激的无意识觉察，能对刺激进行一定程度的加工。

（3）*前意识*　保持在人脑中的过去经验或信息，平时虽不能被觉知到，但在需要时或被注意时，可以复现或提取而达到觉知。

2. 意识的功能

(1) 觉知功能　人对周围环境刺激信息和自身内部心理状态的了解，表现为人不仅能意识到客观事物的存在，也能够意识到自身的存在，自己心理活动与行为表现和谐与否，以及自身与客观事物之间的内在关系等。

(2) 计划功能　人的心理与行为是有目的性和计划性的，动物则不具有。

(3) 选择功能　人能够在环境中接受最适宜和最有效的刺激信息，限制并过滤与目标和目的无关的信息，能够有选择地存储与自己需要相关的信息。

(4) 监控功能　监视自己内部心理活动和外部环境的刺激信息；调节和控制自身状态与周围环境之间的相互关系。

（三）睡眠和梦

1. 睡眠

(1) 睡眠阶段　睡眠是一种与觉醒对立的意识状态。大脑处于清醒和警觉状态时，脑电波多为频率高、波幅小的 β 波。

①睡眠四阶段

第一阶段：轻度睡眠阶段，脑电波多为频率较低、波幅稍大的 α 波，此时个体身体放松，呼吸缓慢，容易被外部刺激惊醒，约持续 10 分钟。

第二阶段：偶尔出现短暂爆发的、频率高、波幅大的脑电波——“睡眠锭”，个体较难被唤醒，持续约 20 分钟。

第三阶段：脑电波的频率继续降低，波幅变大，开始出现 δ 波，标志开始进入深度睡眠阶段，有时也会有睡眠锭，持续时间约 40 分钟。

第四阶段：深度睡眠阶段，脑电波多为 δ 波，身体各项指标都变慢，会出现梦呓、梦游、尿床等，很难被唤醒。第三、四阶段被称为慢波睡眠。

②快速眼动睡眠阶段（REM 睡眠阶段）：δ 波消失，高频率、低波幅的脑电波出现，身体如清醒状态或恐惧时的反应，肌肉松软，呼吸急促，血压和心律不规则，眼球快速上下左右移动，通常伴有栩栩如生的梦境。

整个睡眠过程中，快速眼动睡眠和非快速眼动睡眠两种时相大约交替 3 ~ 5 次。但是，随着时间推移，REM 睡眠所占比例越来越大。一般而言，随年龄增长，REM 睡眠在总睡眠中所占比例越来越小。

(2) 睡眠的功能　对睡眠的功能存在不同的解释。

①功能恢复理论：该理论认为，睡眠使大脑和身体得到休息、修整和恢复。

这种解释听起来有道理，但有一些研究并没有支持这种观点。雷切斯查芬等人曾对人和动物做过减少睡眠的系列研究。实验中要求被试逐渐减少每天的睡眠时间，直到不愿再减少为止。结果发现，多数人可以将睡眠时间减少到每晚5个小时，且几种他们在测试任务中的表现没有受到明显的影响，心情和健康状况也良好。当减少到5个小时以下时，睡眠的效率提高了，如深度睡眠时间比例增加。

不过，还有一些研究似乎支持了这种观点。有研究发现，人在清醒状态时，大脑会分泌腺苷，高水平的腺苷会引起困倦，而睡眠可以使大脑中的腺苷浓度降低。

②生态学理论：该理论认为，睡眠是在长期的生存斗争中形成的一种适应机制，它能够使个体减少能量消耗和避免受到伤害。

还有人提出，睡眠中某个成分可能对个体的身心健康状态有重要影响。例如，快速眼动睡眠对个体健康很重要，剥夺会产生有害影响。

(3) 睡眠的特征

①普遍性：睡眠是一种普遍的生理现象。无论人还是动物，每天都能够睡眠，但睡眠的形式、时间和地点差异很大。

②必需性：睡眠是生物机体的生物节律，也是机体生理循环的必然活动状态。对人而言，睡眠是不可抗拒的生物规律，是大脑维持正常机能的自律抑制状态。研究表明，持续4天以上不睡觉会感受到极大的痛苦。

2. 梦　梦是睡眠中最生动有趣又有些不可思议的环节。梦中常出现跳跃性的、栩栩如生的场景。研究者常借助诸如夜晚帽之类的仪器对梦进行研究。霍布斯等人描述了奇异梦境的特征：不协调性、不连续性（主要特征）和认知不确定性。梦境转换中，多为类别内转换，还有非生物转换为生物或人物转换为生物，没有非生物和人物相互转换的现象。关于梦的功能的解释一直存在着分歧。

(1) 精神分析　弗洛伊德认为梦是无意识中被压抑的欲望得到满足的重要途径之一，即梦是愿望的达成。梦的解释需要从显性梦境回溯到隐性梦境，梦中的符号和隐喻既有特殊性，又有普遍性。这种看法颇有吸引力，但缺乏可靠的科学依据。

(2) 生理学观点　霍布森、麦卡利认为梦的本质是我们对脑神经随机活动的主观体验。在睡眠时，由于刺激减少，神经系统会产生一些随机活动。梦则是我们的认知系统试图对这些随机活动进行解释并赋予一定的意义。梦的产生和个体以往的记忆和经历有关，可以从梦的内容中了解个人情绪、情感和关注的事件等信息。

(3) 认知观点　梦担负一定的认知功能。在睡眠中，认知系统依然对存储的知识进行检索、排序、整合、巩固等，这些活动的一部分会进入意识，成为梦境。福克斯认为梦的功能是将个体的知觉和行为经验重新编码和整合，使之转化为符号化的、可意识到的知识。这种整合可以将新、旧记忆联系起来。

二、注意

(一)注意的含义和特点

注意是一种心理状态,是心理活动或意识对一定对象的指向和集中,具有指向性和集中性特点。

1. **指向性** 人在每一瞬间,心理活动或意识选择了某个对象,而忽略了其他对象。

2. **集中性** 心理活动或意识在一定方向上活动的强度或紧张度。

3. **注意与意识的区别** 一方面,注意不等同于意识。注意是一种心理活动或“心理动作”,而意识主要是一种心理内容或体验。另一方面,注意与意识密不可分。当人们处于注意状态时,意识内容比较清晰。

(二)注意的功能和种类

1. **注意的功能**

(1)选择功能 注意使心理活动有选择地指向符合自己所需要或与当前的活动相一致的事物,而避开或排除那些无关事物的影响,使心理活动具有一定的方向性。

(2)维持功能 注意能使心理活动稳定在选择的对象上,直至活动达到目的为止。

(3)调节和监督功能 注意使人及时觉察事物的变化,并调节自己的心理和行动以适应这种变化,使个体能随时发现自己行动的错误,并对错误及时纠正。

2. **注意的种类**

(1)不随意注意 不随意注意是指事先没有目的、也不需要意志努力的注意,是一种消极被动的注意。引起不随意注意的原因有刺激物的特点和人本身的状态。

①刺激物特点:包括刺激物的相对强度、新异性、对比性和刺激物的运动变化。新异性是指刺激物的异乎寻常的特性。环境中出现的强烈刺激也容易引起不随意注意。对不随意注意来说,起决定作用的往往不是刺激的绝对强度,而是刺激的相对强度,即刺激物强度与周围物体强度的对比。另外,运动的物体比静止的物体更容易引起人们的不随意注意。

②人本身的状态:包括个人需要、直接兴趣、情绪情感状态、期待。凡是符合人的需要的事物,都容易吸引人们的注意。兴趣是人的认识性需要,对不随意注意的发生也有重要影响。期待也是引起不随意注意的重要条件。

上述因素也可以被称为刺激物的意义性,即刺激物的客观特性对主体生活的意义。用双耳分听技术进行的实验表明,如果在不要求被试注意的那一侧耳朵中,播放被试的姓名,或有关被试的某些信息,那么被试可以感知到,并能正确报告出来,因为这些信息对被试具有重要意义。

(2)随意注意 随意注意指有预定目的、需要一定意志努力的注意,是人独有的。随意注意受意识的自觉调节和支配，它的发生取决于人们已定的活动目的和任务。随意注意的影响因素包括注意目的与任务、兴趣（尤其间接兴趣）、活动组织、过去经验、人格等。

①目的与任务：目的越明确、具体，对完成目的的意义理解越深刻，达到目的愿望越强烈，就越能引起和保持人的随意注意。

②兴趣：稳定的间接兴趣可以引起和保持人的随意注意。

③活动组织：合理地组织有关活动有利于随意注意。

④人格：一个具有认真负责、吃苦耐劳、顽强坚毅人格特征的人，易于使自己的注意服从于目前的目的。

⑤过去经验：知识经验对随意注意也有依从性。

不随意注意与随意注意在一定条件下可以相互转化或交替。

（3）*随意后注意*　随意后注意是一种自觉的、有目的的，但又无须特别的意志努力的注意，兼有不随意注意和随意注意的某些特征；通常是有效、复杂的智力活动或动作机能的必要条件。培养随意后注意的关键在于发展对活动本身的直接兴趣。

（三）注意的生理机制和外部表现

1. 注意的生理机制

（1）*朝向反射*　由情境的新异性引起的一种复杂而又特殊的反射，是注意最初级的生理机制。

在巴甫洛夫的实验中，其助手使狗形成了对声音的条件反射。事后助手请巴甫洛夫去参观，但当巴甫洛夫出现时，狗的条件反射就不出现了。仔细分析后，巴甫洛夫认为，由于他在场，狗对新异刺激物（巴甫洛夫）产生了一种特殊形式的反射，这暂时抑制了之前形成的条件反射。这种特殊反射就是朝向反射。

朝向反射是由新异刺激引起的，但刺激物一旦失去新异性（习惯化），朝向反射也就不会发生。

（2）*网状结构*　脑干网状结构是指从脊髓上端到丘脑之间的一种弥散性的神经网络。来自身体各部分的感觉信号，一部分沿感觉传导通路（特异通路），直接到达相应的皮质感觉区；另一部分通过感觉通路上的侧枝先进入网状结构，然后由网状结构释放神经脉冲，投射到大脑皮质的广大区域，从而使大脑维持一般性的兴奋水平和觉醒水平，并使皮质功能普遍得到增强。

网状结构的激活作用使脑处于觉醒状态，没有网状结构引起的大脑活动的普遍激活，就不可能有注意。但是，觉醒不等于注意。人选择一些信息，是与边缘系统和大脑皮质的功能相联系的。

（3）*边缘系统*　边缘系统环绕大脑两半球内侧形成的一个环状脑区，包括眶回、扣带回、下丘脑、海马、杏仁核等脑区。它参与感觉、内脏活动的调节并与情绪、行为、学习和记忆等密切相关。

一些研究表明,边缘系统中存在一些“注意神经元”,它们对信息进行选择,保证有机体实现精确选择。

(4)大脑皮质　产生注意的最高部位是大脑皮质。它是主动地调节行动、对信息进行选择的重要器官。其中,前额叶在注意中发挥重要作用。

2. 注意的外部表现

(1)适应性运动　人注意时,有关感官会朝向刺激物。比如“侧耳倾听”“剧目凝视”。

(2)无关运动的停止　人在高度集中注意时,血液循环会发生变化,即肢体血管收缩,脑部血管舒张,身体肌肉处于紧张状态,与此同时,多数无关动作也会暂时停止。但是,外部行为与注意内部状态之间也并不总是一致的,比如“心猿意马”。

(3)呼吸运动的变化　集中注意时,人的呼吸会变得轻微而缓慢,呼气时间变得长些,吸气时间变得短些,如“屏气凝神”。

(四)注意的品质

1. 注意广度

(1)注意广度的含义　注意广度指同一时间内能清楚地把握的对象的数量,如“一目十行”。“速示器实验”结果发现,视觉的注意广度大约为“7 ±2”个单元或组块。

(2)注意广度的影响因素

①知觉对象特点:注意对象越集中,排列越有规律,越能成为相互联系的整体,注意广度越大。

②知识经验:知识经验越丰富,知识结构越完整,注意广度越大。

③活动任务:

活动任务越复杂,需要耗费的认知资源越多,注意广度越小,反之则越大。

2. 注意稳定性

(1)注意稳定性的含义　注意稳定性指注意在一定时间内相对稳定地保持在某种事物或某种活动上。通常可以用警戒作业测量,即要求被试在一段时间内,持续地完成某项工作,并用工作绩效的变化做指标。注意稳定的相反状态是注意的分散(分心),而注意的起伏(动摇)是指注意在短暂时间内的起伏波动,主要是生理节律引起,每次起伏平均为8 ~12秒。

(2)注意稳定性的影响因素

①对象本身的特点:注意对象内容复杂多样,注意容易稳定;注意对象内容单调乏味,注意难以稳定。

②活动的目的和任务:活动目的和任务越明确,越有利于注意的稳定。

③人的主观状态:活动者的积极态度和对事物的兴趣,是保持注意稳定性的重要条件。

3. 注意分配

(1)注意分配的含义　注意分配指将注意分配到不同活动中,如"眼观六路、耳听八方"。通常用双作业操作研究注意分配,即让被试同时完成两种作业,观察他们完成作业的情况,如可用双手协调器。

(2)注意分配的影响因素

①活动的熟练程度:同时进行两种或几种活动时,若有一种活动达到相当熟练,甚至自动化的程度时,注意分配实现起来就比较容易。

②同时进行的几种活动之间的关系:有内在联系的活动有助于注意分配。

③注意分配的技巧。

4. 注意转移

(1)注意转移的含义　注意转移指主体根据新的需要及时主动地把注意从一个对象转移到另一个对象上去的特性。如,学生上完第一节课后,自觉准备好第二节课;学生从听课转移到记笔记等。

(2)注意转移的影响因素

①原来活动吸引程度:注意转移前所从事的活动吸引力越大,注意转移越困难。

②引起注意转移的新事物特点:新注意对象吸引力越强,越符合需要和兴趣,注意转移越容易。

③神经过程的灵活性:高级神经活动类型为灵活型的人,注意转移要比安静型的人容易。

(五)注意的认知理论

1. 注意选择的认知理论

(1)过滤器理论(瓶颈理论、单通道模型)　彻里给被试的两耳同时呈现两种材料,让被试大声追随一个耳朵听到的材料(追随耳),并检查被试从另一耳朵所获得的信息(非追随耳)。结果发现,被试从非追随耳得到的信息很少。这说明,追随耳的信息受到注意,得到进一步加工、处理,非追随耳的信息没有得到注意。

布罗德本特在双耳分听实验基础上提出了过滤器理论。该理论认为,人的神经系统加工信息的容量是有限的,不可能对所有的感觉信息进行加工,这样就需要一个过滤器对信息进行选择,选择较少的信息进入高级分析阶段,其他信息被阻断在外。过滤器工作方式是"全或无"的。

(2)衰减理论　格雷通过耳机给被试两耳依次分别呈现一些字母音节和数字,左耳:ob-2-tive;右耳:6-jec-9。要求被试追随一个耳朵听到的声音,并在刺激呈现之后进行报告。结果发现,被试的报告既不是 ob-2-tive 和 6-jec-9,也不是 ob-6,2-jec,tive-9,而是 objective。这说明,非追随耳的部分信息仍然得到了加工。

根据这样的双耳分听实验结果，特瑞斯曼提出了衰减理论。该理论承认过滤器的存在，但她认为过滤器并不是按照“全或无”的方式工作，它既允许信息从注意的通道中通过，也允许从没有注意到的通道经过，只是后者受到衰减，在强度上减弱了，并没有完全消失。不同刺激的激活阈限不同，有些刺激对人有重要意义，激活阈限低，易激活。例：鸡尾酒会效应，在一个很嘈杂的地方，比如拥挤的公车或是鸡尾酒会上，虽然周围很吵，吵到连手机铃声都听不到，但是如果有人叫你的名字，即使他声音不大，你还是会注意到。

(3)后期选择理论(反应选择模型)　在后来的双耳分听实验中，有研究者进行了改进。向被试的双耳同时呈现一些词语，其中包括一些靶子词，这些靶子词随机呈现在右耳或左耳，且数量相同。要求被试不管哪只耳朵听到靶子词，都要做出反应。结果发现，左耳和右耳对靶子词的反应正确率很接近。据此，多伊奇等人提出了后期选择理论，后由诺尔曼加以完善。

该理论认为，过滤器不在于选择知觉刺激，而在于选择对刺激的反应；输入的信息在进入过滤装置或衰减装置之前已经得到了充分的分析，然后再进入过滤或衰减装置，选择是发生在加工后期的反应阶段；选择标准是刺激对人的重要性，重要的反应，不重要的不反应。该理论可解释 Stroop 效应，即斯特鲁普效应，也译作斯特普效应。指字义对报告字体颜色的干扰效应。Stroop 利用的刺激材料在颜色和意义上相矛盾，例如用蓝颜色写“红”这个字，要求被试说出字的颜色，而不是念字的读音，即回答“蓝”。结果发现，说字的颜色时会受到字义的干扰。说明字义和字的颜色都得到了加工，被试需要选择对字义做出反应还是对字的颜色做出反应。

(4)三种理论的比较　过滤器理论与衰减理论都认为高级分析水平的容量有限，必须由过滤器来加以调节；过滤器的位置处于初级分析和高级的意义分析之间，因而这种注意选择都具有知觉性质。但过滤器理论认为过滤器的工作方式遵循“全或无”原则，而衰减理论则认为非追随通道的信息只是受到衰减，在达到兴奋阈限时仍可被识别。这两种理论合称为知觉选择模型。

知觉选择模型认为过滤器位于觉察和识别之间，认为不是所有的输入都能进入高级分析而被识别。而反应选择模型则认为，过滤器位于识别与反应之间，认为凡是进入输入通道的信息都可加以识别，但只有一部分信息才可引起反应。主张知觉选择模型的研究者，一般都运用附加追随耳程序的双耳同时分听方法来研究注意的集中性，而反应选择模型的研究者则运用不附加追随耳的靶子词双耳同时分听方法研究注意的分配性。

2. 注意分配的认知理论

(1)认知资源理论　卡尼曼认为，注意是一种有限的认知资源，对刺激的加工需要占用认知资源，刺激越复杂或加工越复杂，占用的认知资源越多。输入刺激本身并不自动地占用认知资源，在认知系统内，有一个机制负责资源的分配。人对认知资源的分配是灵活的，人可以根据情境把认知资源分配到重要的新异刺激上。例如，一个熟练司机可以毫无困难地一边开车,一边和别人交谈。这是因为,开车对这位熟练的司机而言,并不占用很多认知资源,因此他可以把多余的认知资源分配到交谈上。

(2)双加工理论　谢夫林等人认为,人类的认知加工有两类,自动化加工和受意识控制的加工。自动化加工不受认知资源的限制,不需要注意,是自动化进行的,在习得或形成后,其加工过程比较难改变;意识控制的加工受认知资源的限制,需要注意的参与,可以随环境的变化不断进行调整。

意识控制的加工在经过大量的练习后,有可能转变为自动化加工。例如,一边骑自行车,一边欣赏路边风景;一边看电视,一边织毛衣等。这是因为,骑自行车和打毛衣都是自动化加工,不需要消耗认知资源。

第四章　感　觉

本章中，先讨论感觉的一般概念，然后介绍视觉，这是人类最重要的一种感觉，之后介绍听觉，最后介绍视觉和听觉以外的一些感觉，这些感觉对人适应周围环境也有重要意义。

一、感觉概述

（一）感觉的含义

感觉是人脑对事物的个别属性的认识。

（二）感觉的作用

1. 感觉提供了内外环境的信息　人通过感觉可以认识外部世界的各种属性，也可以认识自己的各种状态。

2. 感觉保证了机体与环境的信息平衡　人要正常生活，必须和环境保持平衡，包括信息的平衡，否则会带来不良影响。如，有人认为大城市中因为信息超载，会使人产生冷漠；“感觉剥夺”的研究也发现，长时间的信息不足将使人产生无法忍受的痛苦和不安。

在感觉剥夺实验研究中，让被试待在缺乏刺激的环境中。具体地说，就是在没有图形知觉（戴上特制眼镜）、限制触觉（套有纸板做的手套和袖头）和听觉（隔音）的环境中，静静地躺在床上。结果发现，尽管每天有很高的报酬，但被试很难坚持2～3天以上。

3. 感觉是一切较高级、较复杂的认知活动的基础，也是人的全部心理现象的基础。

人的知觉、记忆、思维等复杂认识活动，必须借助于感觉提供的原始资料。人的情绪体验，也必须依靠人对环境和身体内部状态的感觉。

（三）感觉的种类

1. 外部感觉和内部感觉

（1）外部感觉　主要指视觉、听觉、嗅觉、味觉和肤觉（包括触觉、压觉、振动觉、温觉、冷觉、痛觉和痒觉等）。

(2)内部感觉　主要指动觉、平衡觉和内脏感觉等,其中动觉是最基本的内部感觉。

2. **近刺激与远刺激**　考夫卡认为,远刺激是来自物体本身的刺激,近刺激是感觉器官直接接收到的刺激。

(四)感觉测量

人的感官只对一定范围内的刺激做出反应,这个刺激范围便是感觉阈限,相应的感觉能力就是感受性。

1. **绝对感受性与绝对感觉阈限**　刚刚能引起感觉的最小刺激量,叫绝对感觉阈限;感官觉察这种微弱刺激的能力,叫绝对感受性。绝对感受性可以用绝对感觉阈限来测量,绝对感受性与绝对感觉阈限在数值上呈反比关系。

2. **差别感受性与差别感觉阈限**　刚刚能引起差别感觉的刺激物间的最小差异量,叫差别感觉阈限或最小可觉差。人对这一最小差异量的感觉能力叫差别感受性。差别感受性与差别感觉阈限也呈反比关系。韦伯发现差别阈限和原刺激量之比是一个常数,用公式可表示为:

$$K = \triangle I/I$$

这就是韦伯定律。感觉通道不同,韦伯分数就不一样,韦伯分数越小,感觉就越敏锐,不过,韦伯定律只适用于中等强度的刺激。

3. **费希纳对数定律**　费希纳提出了对数定律,他假定最小可觉差在主观上相等,因此任何感觉的大小都可由在阈限上增加的最小可觉差决定。在韦伯定律的基础上,他得出公式:

$$P = K\lg I$$

其中I是刺激量,P是感觉量。对数定律也只有在中等强度刺激时才适用。

4. **斯蒂文斯幂定律**　斯蒂文斯提出了刺激强度与感觉关系的幂定律,也叫乘方定律。他认为,心理量并不随刺激量的对数的上升而上升,而是刺激量的幂函数,即感觉到的大小与刺激量的乘方成正比,公式为:

$$P = KIn$$

其中P代表感觉大小,I代表刺激的物理量,K和n是被评定的某类经验的常数。

(五)感觉现象

1. **感觉适应**　感觉适应是指由于持续的刺激作用而导致对刺激的感受性升高或降低的现象。如,明适应和暗适应,“入鲍鱼之肆,久而不闻其臭;入芝兰之室,久而不闻其香”。

2. **感觉后像**　感觉后像是指刺激停止作用后在人脑中暂时保留的印象。同原有感觉相同的为正后像,与原有感觉相反则是负后像。

3. **感觉对比**　感觉对比指不同性质的刺激作用于同一感受器产生的相互作用,使感受性发生变化。感觉对比有两种:同时对比和继时对比。

(1)同时对比　由于某个部位的强刺激会抑制周围部位较弱的刺激,如马赫带。

(2)继时对比　两个刺激物先后作用于同一感受器而产生的对比现象,如吃糖之后吃芦柑就会觉得芦柑很酸;吃了酸食物之后喝白开水,会觉得白开水有点甜。

4. **感觉的相互作用**　某种感觉器官受到刺激而对其他感觉器官的感受性造成影响,使其感受性提高或降低,这种现象称为不同感觉的相互作用。如,人感冒时,感到食而无味。这是因为味道不完全取决于味觉,也受嗅觉的影响。味觉和嗅觉紧密联系在一起相互作用。味觉受到食物气味的影响,当感冒时,我们不能感觉到食物的气味,就会食而无味。

5. **感觉补偿**　指某种感觉缺失后由其他感觉加以弥补的现象,如盲人的听觉和触觉能力较好。

6. **联觉**　联觉是指一种感觉的刺激会产生另一种感觉的现象,如,红黄是“暖色”“甜蜜的嗓音”“绚丽的乐器”等。联觉也是感觉相互作用的一种表现。

二、视觉

(一)视觉的含义

视觉是人眼对可见光的感觉。其中,380～780nm 的光波是视觉的适宜刺激。

(二)色觉的属性

1. **色调**　色调主要取决于占优势的波长。对光源来说,占优势的波长不同,色调也就不同。

2. **明度**　明度是眼睛对光源和物体表面的明暗程度的感觉,主要是由光线强弱决定的一种视觉经验。明度取决于照明强度和物体表面的反射系数。

3. **饱和度**　饱和度指某种颜色的纯、杂程度或鲜明程度。纯的颜色都是高度饱和的。

(三)色觉现象

1. **普肯耶现象**　棒体细胞与锥体细胞对不同波长的光感受性不同所导致的明度感受性差异。当人们从锥体视觉(昼视觉)向棒体视觉(夜视觉)转变时,人眼对光谱的最大感受性向短波方向转变,因而出现了明度的变化。如,夜晚看蓝花会觉得比红花亮。

2. **颜色混合**　包括色光混合和颜料混合。

(1)色光混合　是将具有不同波长的光混合在一起,是一种加法过程,即各种波长的光相加,同时作用于眼睛,是不同色光在视觉系统中的混合。用红、绿、蓝三种原色光按照一定比例混合可以得到光谱上任何一种颜色。

(2)颜料混合　是由不同颜料在调色板上混合之后作用于视觉系统引起的,是一种减法过程,即某些波长的光被吸收之后作用于人眼的过程。

3. **视觉对比** 包括明暗对比和颜色对比。

(1)明暗对比 由光强在空间上的不同分布造成的,如一张灰色的小正方形,放在白色背景上就比放在黑色背景上显得暗。

(2)颜色对比 一个物体的颜色因受到它周围物体颜色的影响而发生色调变化,如一个灰色的小正方形放在蓝色背景上,它将略显黄色,放在黄色背景上,它将略显蓝色,对比使物体的色调向着背景颜色的补色的方向变化。

4. **马赫带** 人们在明暗交界的边界上,常常在亮区看到一条更亮的光带,而在暗区看到一条更暗的线条。马赫带可以用视觉系统中的侧抑制作用加以解释。由于相邻细胞间存在侧抑制的现象,来自明暗交界处亮区一侧的抑制大于来自暗区一侧的抑制,因而使暗区的边界显得更暗;同样,来自明暗交界处暗区一侧的抑制小于亮区一侧的抑制,因而使亮区的边界显得更亮。

5. **视觉适应** 包括暗适应和明适应。

(1)暗适应 人眼由亮处转入暗处时,视觉感受性提高的过程。暗适应的过程主要是视黄醛合成为视紫红质,因此一般来说暗适应时间较长。研究发现,视网膜上的棒体细胞和锥体细胞都参与暗适应过程,但作用的大小及其作用的阶段不同。早期的暗适应由锥体细胞和棒体细胞共同完成,之后,锥体细胞完成暗适应过程,棒体细胞继续起作用,整个暗适应持续大约30~40分钟。另外,飞行员戴红色护目镜能保护暗适应,这是因为红光可以相当有效的刺激锥体细胞而几乎不能刺激棒体细胞,在戴上红色护目镜之后,棒体细胞就几乎处于暗适应状态了。

(2)明适应 与暗适应相反,是人眼由暗处转入亮处时人眼感受性下降的时间过程。明适应的过程视紫红质进行见光分解,锥体细胞起主导作用,因此其过程很快。

6. **视敏度** 视敏度是视觉系统分辨最小物体或物体细节的能力。医学上称之为视力。视敏度的大小通常用视角大小来表示。所谓视角,即物体通过眼睛节点所形成的夹角。

7. **后像** 包括正后像和负后像。后像的品质与刺激物相同叫正后像;后像的品质与刺激物相反叫负后像。颜色视觉一般产生负后像。

8. **闪光融合** 断续的闪光由于频率的增加,人们会产生融合连续的感觉。刚刚能引起融合感觉的刺激的最小频率,叫闪光融合临界频率。

9. **视觉掩蔽** 某种时间条件下,当一个闪光出现在另一个闪光之后,这个闪光能影响到对前一个闪光的觉察。

10. **色觉缺陷** 包括色弱和色盲。

(1)色弱 对某种颜色的感受性偏低。

(2)色盲 丧失对色觉的感受性,一般没有锥体细胞,最常见的是红绿色盲。

(四)视觉的生理基础

1. 折光机制 眼球包括晶状体、房水和玻璃体,这三种屈光介质加上角膜便构成了眼睛的屈光系统。

2. 换能机制 视网膜为三层,最外层是锥体细胞和棒体细胞;第二层含有双极细胞和其他细胞;最内层含有神经节细胞。

棒体细胞主要分布在中央凹周围及视网膜的边缘,对光有较大敏感性,是夜视器官,在昏暗的条件下起作用,主要感受物体的明、暗,对短波的光敏感。锥体细胞主要分布在视网膜中央凹,能清晰地分辨物体细节,是昼视器官,在中等和强的照明条件下起作用,主要感受物体的细节和颜色,对长波的光敏感。网膜中央凹只有锥体细胞,是对光最敏感的部分。

中央凹附近有个对光不敏感的区域叫盲点,来自视网膜的神经节细胞的神经纤维在这里聚合成视神经。光线作用于视觉感受器,视觉细胞中某些化学物质会发生变化,它所释放的能量能激发感受细胞产生神经冲动,这就是视觉感受器的换能作用。棒体细胞中的视觉色素叫视紫红质,由视黄醛和视蛋白构成。在光的作用下,视紫红质发生分解,出现放能反应,释放的能量激发神经冲动。锥体细胞中存在三种不同的视色素,分别对不同波长的光敏感。

3. 视觉传导通路 传递机制由三级神经元实现:一是视网膜双极细胞;二是视神经节细胞,由视神经节发出的神经纤维在视交叉处实现交叉,传到丘脑的外侧膝状体;三是神经元的纤维从外侧膝状体发出,终止于大脑枕叶的纹状区。

4. 视觉中枢机制 视觉感受野是指视网膜上一定区域或范围,当它受刺激时,能激活视觉系统中与这个区域有联系的各层神经细胞的活动,这个区域就是这些神经细胞的感受野。外侧膝状体上一个细胞的感受野是视网膜上一个较小的范围,由于若干个外侧膝状体细胞共同会聚到一个皮质细胞上,因而皮质细胞的感受野是视网膜上的更大的区域。

此外,根据胡伯和威塞尔的研究,外侧膝状体的感受野呈圆形,其中心与周围具有对抗的性质。这种感受野使外侧膝状体细胞能对一个细小的光点做出反应。他们还认为,视觉系统的高级神经元能够对呈现在视网膜上的、具有某种特性的刺激物做出反应,这种高级神经元叫特征觉察器,这种特征觉察器保证了机体对环境中提供的视觉信息做出选择性的反应。

(五)视觉理论

1. 三色说 英国科学家托马斯·杨,假定人的视网膜有红绿蓝三种感受器,每种感受器只对光谱的一个特殊成分敏感。赫尔姆霍茨认为每种感受器都对各种波长的光有反应,但不同的感受器对不同的光更敏感。

该学说不能解释红绿色盲现象，因为红绿色盲不应有黄色感觉(红色与绿色的合成色)。

2. **拮抗说(对立过程理论)** 黑林认为视网膜存在着黑白、红绿、黄蓝三对视素，它们在光刺激下表现为拮抗过程，黑林称之为同化作用和异化作用。例如，在光刺激时，黑白视素异化，产生白色经验；在没有光刺激时，黑白视素同化，产生黑色经验。

研究发现，在网膜水平上，色觉是按三色理论提供的原理产生的；而在视觉系统更高水平上，存在着功能对立的细胞，颜色的信息加工表现为拮抗的过程。

三、听觉

(一)听觉的含义

听觉是人耳对声波的感觉，由物体的振动产生。人耳能接受的声波频率为16～20 000Hz，最敏感的声波频率范围是1 000～4 000Hz。

(二)听觉的属性

1. **音调** 音调主要是由声波频率决定的听觉特性。声波的频率不同，我们听到的音调高低不同。音调不仅决定于频率的高低，而且还受到其他因素的影响，如持续的时间、声音的强度和复合音的音调等。

2. **音响** 音响是由声音强度或声压水平决定的一种听觉特性。强度大，听起来就响；强度小，听起来响度低。

研究表明音响也与频率有关。从等响曲线上可以看出：不同频率的声音，其音响是不一样的；同样的声压水平，其音响可能不同；声压超过一定水平，将使人耳产生痛觉，对应的阈限叫情感阈限。

3. **音色** 音色，即音质，指人的听觉判断声波波形的主观感受。音色是将基本频率和强度相同，但附加成分不同的声音区分开来的特殊品质。

(三)听觉现象

1. **声音的掩蔽** 人们在安静环境中听一个声音，即使这个声音的声压级很低，也可以听到，说明人耳对这个声音的听阈可以很低。但是，在倾听一个声音的同时，如果存在另一个声音(叫作掩蔽声)，就会影响到人耳对所听声音的听闻效果。这时对所听声音的听阈就要提高。这种由于某个声音的存在而使人耳对别的声音听觉灵敏度降低的现象，称为“掩蔽效应”。宛如一个人站在你的面前会遮挡你的视线一样，一个声音也会被另一个声音所掩盖。

2. **听觉疲劳** 声音刺激强度大大超过听觉感受器的正常生理反应限度，或特定声音刺激长时间作用于听觉器官而引起的听觉阈限暂时提高的现象。听觉疲劳的指标为暂时阈移。

3. **听觉适应** 持续的声音刺激引起听觉阈限暂时提高的现象。研究听觉适应的方法是响度平衡法。即,以一定声强的纯音作用于左耳,用另一频率相同但声级可变的声音同时作用于右耳,使两者等响。然后,将右耳的声音停止,让左耳继续听3分钟。在这一适应期后,重新使左右耳等响,这时右耳的等响级常下降。实验表明,最大的适应发生在与适应声相同或相近的频率。

(四)听觉的生理基础

1. 人耳

(1)外耳　外耳包括耳郭和外耳道,收集声波。

(2)中耳　中耳由鼓膜、三块儿听小骨、前庭窗和正圆窗组成,耳道内接鼓膜,传入的声波会引起鼓膜的震动,鼓膜后是三根听小骨,即锤骨、砧骨及镫骨。其中镫骨与前庭窗相接,将声音放大数倍后由前庭窗传到内耳。

(3)内耳　内耳由前庭器官和耳蜗组成,耳蜗内充满液体,其中有一层基底膜。前庭器官是人体对自身运动状态和头在空间位置的感受器。

2. 耳蜗　耳蜗具有换能作用。前庭窗将振动传入耳蜗内的液体,液体中压力的变化引起基底膜的位移,基底膜上的柯蒂氏器包含的毛细胞(听觉感受器)开始兴奋,产生动作电位,从而实现能量的转换,产生听觉神经冲动。

3. 听觉的传导机制和中枢机制　听觉冲动从听神经出发,经过脑干的髓质,传到耳蜗神经核,再到下丘,经过内侧膝状体,传到大脑颞叶听皮质,产生听觉。

(五)听觉理论

关于人耳怎样分析不同频率的声音,产生高低不同的音调,科学家们提出了各种不同的理论。

1. 频率理论　拉瑟福德(Rutherford)认为,内耳的基底膜和镫骨按相同频率运动,振动的数量与声音原有的频率相适应。这种理论也叫电话理论。

2. 共鸣理论(位置理论)　赫尔姆霍茨(Helmholtz)认为,基底膜横纤维的长短不同,靠近蜗底较窄,靠近蜗顶较宽,能够对不同频率的声音产生共鸣。声音频率高,短纤维发生共鸣;声音频率低,长纤维发生共鸣。

3. 行波理论(新的位置理论)　冯·贝克西(Von Bekesy)认为,声波传到人耳,将引起整个基底膜的振动。振动从耳蜗底部开始,逐渐向蜗顶推进,振动的幅度也随之逐渐增高。振动运行到基底膜的某一部位,振幅达到最大值,然后停止前进而消失。声音频率低,最大振幅接近蜗顶;频率高,接近蜗底。

4. 神经齐射理论　韦弗尔(Wever)认为,当声音频率低于400Hz时,听神经个别纤维的发放频率和声音频率是对应的,声音频率提高,神经纤维无法单独做出反应,而是按齐射原则发生作用。

射原则发生作用。

声音频率 5000Hz 以上时,位置理论是对频率进行编码的唯一基础;频率理论适合解释 500Hz 以下的声音,对于 500 ~ 5000Hz,共鸣理论、行波理论和神经齐射理论均可解释。

四、其他感觉

(一)嗅觉

嗅觉是由有气味的气体物质(挥发性的化学物质)引起,是唯一不通过丘脑而直接传入大脑的感觉。其影响因素有:不同性质的刺激物,环境和机体状况,时间因素(适应)等。

嗅觉由大量嗅觉感受器分别对不同的嗅觉刺激做出反应,正如“一把钥匙开一把锁”那样,某种特定的气味被某个嗅觉感受器所接受,并产生特定的嗅觉经验。这就是所谓的锁和钥匙理论。

(二)味觉

味觉的适宜刺激是溶于液体的化学物质,感受器是味蕾。味觉有甜(舌尖敏感)、咸(舌中敏感)、酸(舌两侧敏感)、苦(舌根敏感)四种基本味觉,人对味道的敏感程度依次为:苦、酸、咸、甜。

(三)触觉

触觉是由非均匀分布的压力在皮肤上引起的感觉。皮肤不同部位具有不同的触觉感受性,且皮肤的两点阈在人体疲劳时会有所上升,因此,可以作为判断运动性疲劳的生理指标之一。

(四)动觉

动觉也叫运动感觉,反映着身体各部分的位置、运动以及肌肉紧张程度。感受器存在于肌肉组织、肌腱、韧带和关节中。动觉是随意运动的重要基础。人只能对 10 ~ 1500Hz 的振动产生振动觉。

(五)内脏感觉

内脏感觉也叫机体觉,是由内脏活动作用于脏器壁上的感受器产生的,引起饥饿、饱胀、便意、恶心、疼痛等感觉,内脏感觉性质不确定,缺乏准确的定位,因此又叫“黑暗”感觉。

(六)温度觉

温度觉是一种温度刺激引起的感觉,是由刺激温度与皮肤表面温度的关系来决定的。皮肤表面的温度称为生理零度,高于它引起温觉,低于它引起冷觉。

第五章　知　觉

本章中，首先讨论知觉的基本知识，其次讨论知觉的几种重要特性，再次介绍空间知觉的基本知识，接着介绍时间知觉和运动知觉，最后介绍知觉的一种特殊形态——错觉。

一、知觉概述

（一）知觉的含义和作用

1. 知觉的含义　知觉是客观事物直接作用于感觉器官，在头脑中产生的对事物的整体的反映。

知觉与感觉一样，都是事物直接作用于感觉器官时产生的，同属于对现实的感性反应形式。知觉以感觉为基础，但知觉不是个别感觉信息的简单综合，它比个别感觉的简单相加要复杂得多。知觉中带有相当的主观成分。

2. 知觉的作用　知觉包含了相互联系的几种作用：

（1）觉察　指发现事物的存在，但还不知道它是什么。

（2）分辨　把一个事物或事物的属性与另一个事物或事物的属性区别开来。

（3）确认　人们利用已有的知识经验和当前获得的信息，确定知觉对象是什么，并纳入一定范畴。

（二）知觉的组织原则

1. 接近或邻近性　时间或空间上接近的部分容易组成图形。

2. 相似性　视野中具有相似性的部分容易组成图形。

3. 对称性　视野中对称的部分容易组成图形。

4. 连续性　人们倾向将具有彼此连续或运动方向相同的刺激物，即使其间并无连续关系的刺激组合知觉为一个整体。

5. 共同命运　向着相同方向变化的部分容易被看成一个整体。

6. 封闭性　人们倾向于将图形刺激中的特征聚合成完整的形状，即使其间有断缺之处。

7. **线条朝向** 线条方向相同的易知觉为一个整体。

8. **简单性** 视野中具有简单结构的部分,容易形成图形。

9. **同域原则** 处于同一地带或同一区域的刺激物组合在一起,会形成一个完整形状。

10. **良好图形** 单纯的、规则的、左右对称的,容易被知觉为一个整体。

二、知觉的特性

(一)知觉理解性

1. **知觉理解性的定义** 知觉理解性是指在知觉过程中,以过去知识经验为依据,对知觉对象做出某种解释,使其具有一定的意义。

2. **知觉理解性的影响因素**

(1)个体知识经验 如人们受到以往知识经验的影响,很难对一些"不可能图形"产生理解。此外,心理学家利波出示了A、B、C三张图片(图1-5-1),研究个人先前的知觉经验对后续知觉的影响。A图片是一位年轻女子,C图片是一位老妇人,B图片同时具有两者的特征,既可以被看成是年轻女子,也可以被看成是老妇人。结果发现,若先看A图,再看B图,100%的被试会把B图看成是年轻女子;若先看C图,再看B图,96%的被试会把B图看成是老妇人。因为先前知识经验的不同而导致对同一知觉对象的理解产生差异,充分表明人们对刺激信息的理解在很大程度上受到自己已有知识经验的影响,而形成了知觉定势。

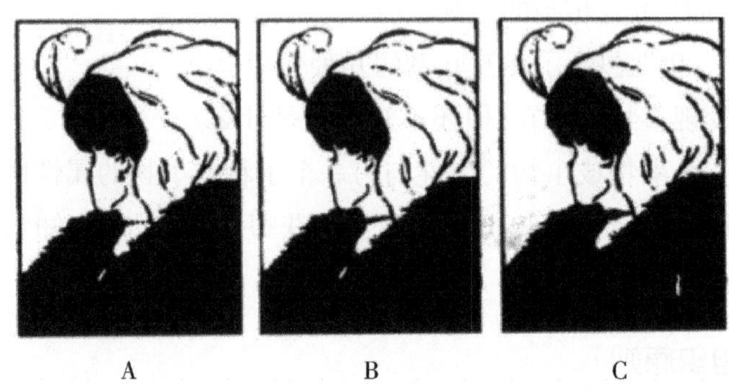

图1-5-1 先前知识经验对知觉理解性的影响

(2)言语指导 当刺激信息判断标志不甚明显的时候,适当的言语指导可以帮助人唤起过去的知识经验,促进对知觉对象的理解。

此外,知觉理解性还受到动机与期望、情绪与兴趣以及定势的影响。

3. **知觉理解性的作用**

(1)有助于对象从背景中分出。

(2)有助于知觉的整体性。

(3)能产生知觉期待和预测。

(二)知觉选择性

1. 知觉选择性的定义 知觉选择性是指在知觉过程中,有选择地把少数事物当成知觉对象,而把其他事物当成知觉背景,如两歧图体现的就是知觉的选择性,它需要知觉对象和背景之间相互转换。

2. 知觉选择性的影响因素

(1)客观刺激物

①刺激物强度大、对比明显、颜色鲜艳时容易成为知觉对象。

②刺激物在空间上的接近、连续或形状相似时,容易成为知觉的对象。

③刺激物符合“良好图形”原则时,容易成为知觉对象。

④刺激物轮廓封闭或趋于封闭时,容易成为知觉的对象。

(2)主观因素 知觉的选择性与知觉者的需要与动机、兴趣与爱好、目的与任务、已有知识经验及刺激物对其意义等也有密切关系。

(三)知觉整体性

1. 知觉整体性的定义 知觉整体性是指人利用已有的知识经验,把直接作用于感觉器官的客观事物的属性、部分综合为一个整体加以识别的能力,如“主观轮廓”这种现象,充分体现了知觉整体性。

2. 知觉整体性的影响因素

(1)刺激物的结构 包括刺激物的空间分布和时间分布;客观刺激物的关键性成分或关键特征对知觉整体性起决定性作用。

(2)个体的知识经验 一个人具有的知识经验,是其对当前知觉活动提供补充信息和整合属性的必要条件。

3. 知觉整体性的作用

(1)大大提高了人知觉事物的能力。

(2)整体知觉会抑制个别成分(部分或细节)的知觉。

内温在实验中,给被试短暂地呈现由许多小字母组成的一个大字母,被试的反应有两种:局部反应和整体反应。在局部反应中,要求被试判断小字母;整体反应中,要求被试判断大字母。结果发现,局部反应时,若大字母和小字母不一致,反应时长;整体反应中,反应时不受组成的小字母的影响。内温称这种现象为“整体优先”。陈霖的实验也证明,在视觉加工的早期,人的视觉系统对刺激的整体性质(拓扑性质)更敏感。在整体加工后,才进行局部成分或特征的分析。

（四）知觉恒常性

1. 知觉恒常性的定义 知觉恒常性是指当知觉的客观条件在一定范围内改变时，知觉映象在相当程度上却保持它的稳定性。

2. 知觉恒常性的种类

（1）形状恒常性 从不同角度观察同一物体时，物体在视网膜上投影的形状是不断变化的，但是，知觉到的物体形状并没有显出很大的变化。

（2）大小恒常性 从不同距离观看同一物体时，物体在视网膜上成像的大小是有变化的。距离大，它在视网膜上成像较小；距离小，它在视网膜上成像较大。但是，当距离增加时，知觉的大小没有很大变化。研究中，艾姆斯小屋的设计就利用了大小恒常性与距离、经验和环境等密切相关的原理。

（3）明度恒常性 在照明条件改变时，物体的相对明度或视亮度保持不变，叫作明度或视亮度恒常性。如，白墙在白天和晚上看，都是白色。

（4）颜色恒常性 一个有颜色的物体在色光照明下，它的表面颜色并不受色光照明的影响，而是保持相对不变。如，用黄光照射蓝色色盘，看到的不是灰色，而是饱和度较小的蓝色。再如，室内家具在不同颜色的灯光下，颜色相对保持不变。

（5）方向恒常性 方向恒常性是指人不随身体部位或视像方向改变而感知物体实际方位的知觉特性。人身体各部位的相对位置时刻在发生变化，与之相应环境中的事物的上下左右关系也随之变化，但知觉对象的方位知觉仍保持稳定。

方向恒常性与人的先前经验和已有知识多少密切相关。如图 1－5－2，其中一张照片的眼睛和嘴巴有轻微变化，但是看起来却非常相似，这就是利用了方向恒常性与人的先前经验和知识多少密切相关的原理（请你倒过来看图，会有惊喜）。

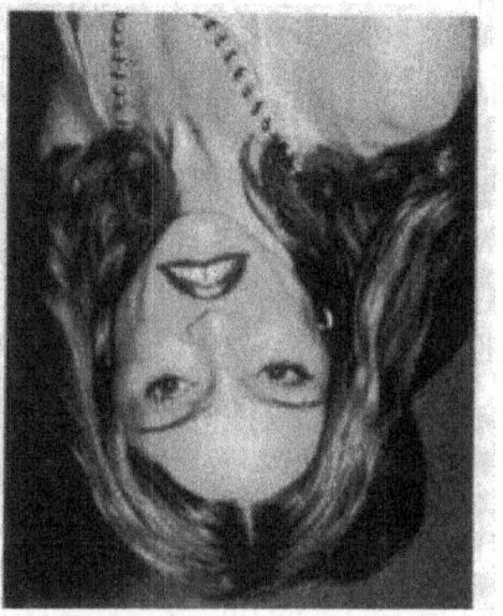

图 1－5－2 方向恒常性与知觉

3. 知觉恒常性的影响因素 环境中各种参照物提供的物体距离、方位和照明条件等视觉线索信息，对知觉恒常性的维持有重要意义。同时，这也说明知识经验对恒常性有重要影响。

4. 知觉恒常性的作用

(1)有助于获得确定的知识。

(2)有助于建筑、艺术等实践部门的工作。

(3)有助于现代计算机技术的发展。

三、空间知觉

(一)形状知觉

形状知觉是脑对物体形状特征的反映,是视觉、触觉、动觉协同活动的结果。

1. 特征觉察 人脑对形状的识别开始于对原始特征的分析与检测,包括点、线、角度、朝向和运动等。

2. 轮廓 轮廓代表了图形及背景的一个分界面,它是视野中临近的成分出现明度或颜色的突然变化时出现的。一个物体的轮廓,不仅受空间上邻近的其他物体轮廓的影响(大小错觉),也受时间上前后出现的物体轮廓的影响,图形掩蔽实验(在短暂呈现条件下,圆盘的轮廓尚未形成,被圆环遮蔽)说明人在知觉物体形状时,轮廓的形成是需要时间的。

当客观上不存在刺激的梯度变化时,人们在一片同质的视野中也能看到轮廓,这种轮廓就叫主观轮廓或错觉轮廓。

3. 图形识别 利用已有的知识经验和当前获得的信息,确定知觉到的图形是什么,叫图形识别。

(二)大小知觉

大小知觉是关于物体大小的知觉,受下列因素的影响。

1. 距离 大小-距离不变假设,即:

$$a = A/D$$

a 指视网膜成像的大小,A 指物体的大小,D 指对象与眼睛的距离。

不同物体与人眼的距离相等时,视网膜上的成像大,说明物体大,视网膜上的成像小,说明物体小;视网膜上的成像恒定时,物体离人眼的距离大,说明物体大;物体离人眼的距离小,说明物体小。

2. 物体熟悉性 物体距离改变时,视网膜成像的大小改变,但熟悉性使人们能准确地知觉到物体的大小。

3. 临近物体的大小对比 相等大小的物体被小物体包围比被大物体包围显得要大。

4. 体态变化 观察者身体姿态发生变化时,大小知觉也会受到影响,俯视或仰视,知觉大小会缩小,直坐时,大小知觉较好。

(三)深度知觉

1. **深度知觉的含义** 深度知觉是关于物体远近距离或深度的知觉。

2. **深度知觉的线索**

(1)肌肉线索 即生理线索。

①调节:晶状体的形状(曲度)由于距离的改变而产生的睫状肌的紧张度的变化,只在1~2m范围内有效,也很不准确。

②辐合:双眼随距离的改变而将视轴汇聚到被注视的物体上。辐合线索既是生理线索,也是双眼线索。

(2)单眼线索

①对象重叠(遮挡):一个物体掩盖或遮挡另一物体,觉得被掩盖或遮挡的物体远。

②线条透视(几何透视):两条向远方延伸的平行线看起来趋于接近的现象。

③空气透视:远处物体显得模糊,细节不如近物清晰。

④相对高度:在其他条件相同时,视野中相对位置高的物体显得远。

⑤纹理梯度(结构级差):视野中物体在网膜上的投影密度发生变化,远处对象密度大,近处对象密度小。

⑥运动视差:当观察者与周围环境的物体相对运动时,近处的物体看上去移动得快,方向相反;远处的物体看上去移动得慢,方向相同。

⑦运动透视:当观察者向前运动时,视野中的景物也会连续活动,近处物体流动的速度大,远处物体流动的速度小。

⑧明暗和阴影:阴影反映了相对于光源的位置,由此产生的物体各部分明暗差异,成为深度知觉或距离知觉的线索;同时,明亮的物体会被知觉为近些,而灰暗或阴影中的物体会被知觉为远些。

⑨相对大小:在平面上,相对大的物体看起来近,而相对小的物体看起来远。

(3)双眼线索 即双眼视差。当人注视一个平面物体时,它的每一点都落在视网膜的对应点上,视像相互吻合。但当人看一个立体物体时,两眼的视像不完全落在视网膜对应的部位,表现为左眼看物体的左边多,右眼看物体的右边多,这样立体物在两眼视网膜上的成像就有了差异,这一差异就是双眼视差,是深度和距离知觉的主要线索。立体电影的制作就是利用了这个原理。

(四)方位知觉

1. **方位知觉的含义** 方位知觉是对物体的空间关系、位置和对有机体自身所在空间位置的知觉。人主要靠视觉和听觉来定向,触觉、动觉、平衡觉等起补充作用。

2. **听觉定向线索** 听觉定向主要来自两耳听觉的差异,即时间差、强度差和位相差。

3. 听觉定向规律

(1)来自人体左右两侧的声源容易分辨。

(2)头部中切面上的声音容易混淆。

(3)以两耳连线的中点为顶点作圆锥,则圆锥面上各点发出的声音容易混淆。

四、时间知觉和运动知觉

(一)时间知觉

1. 时间知觉的定义 时间知觉是指人知觉到客观事物和事件的连续性与顺序性。主要包括时序、时距和时间点知觉三种。

2. 时间知觉的依据

(1)自然界周期现象 如四季交替、月亮圆缺。

(2)有机体节律性活动 如心跳、脉搏等。

(3)计时工具

3. 时间知觉的影响因素

(1)感觉通道的性质 在判断时间的精确性方面,听觉最好,触觉其次,视觉较差。时间知觉的阈限也受感觉通道的影响,视觉的知觉阈限高于听觉。

(2)一定时间内事件的数量和性质 在一定时间内,事件发生的数量越多,性质越复杂,人们倾向于把时间估计得较短;而事件的数量少,性质简单,人们倾向于把时间估计得较长。回忆往事时,情况则相反。

(3)兴趣与情绪 人们对自己感兴趣的东西,会觉得时间过得快。相反,对厌恶、无所谓的事情,会觉得时间过得慢。

(二)运动知觉

1. 运动知觉 物体的运动特性直接作用于人脑,为人们所认识,就是运动知觉。

视网膜上相邻的点受到连续的刺激是运动知觉的信息来源。此外,有关运动觉察器的研究,为解释运动知觉的生理机制,提供了重要依据。当一个运动着的物体移过视网膜时,它将依次刺激视网膜上的一系列感受器,并使相邻感受器受到连续的激发,从而提供了运动的信息。格列高里把这种运动系统叫网像运动系统。

2. 真动 真动是对物体本身真正的空间位移和移动速度的知觉。

刚刚被觉察的单位时间内物体运动的最小视角范围(角速度),叫运动知觉的下阈。运动知觉的阈限受到目标物的视网膜定位、刺激物的照明和持续时间、视野中有无参照点的存在、目标离观察者的距离、知觉者的职业特点等因素的影响。

在运动知觉中，心理学家还研究了生物运动知觉。

3. **似动**

(1)似动的含义　似动是指在一定时间和空间条件下，人们在静止的物体间看到了运动，或在没有连续位移的地方看到了连续的运动。

(2)似动的主要形式

①动景运动：当两个刺激物按一定空间间隔和时间间隔相继呈现时，我们会看到一个刺激物向另一个的连续运动，也叫最佳运动或 Phi 运动。电影、电视、活动性商业广告、霓虹灯等都是利用这个原理。

②诱发运动：由于一个物体的运动使其相邻的一个静止的物体产生运动的印象。视野中细小的对象看上去在动，而大的背景常处于静止状态。如，夜空中的月亮是相对静止的，而浮云是运动的，由于浮云的运动，使人们看到月亮在运动，而云是静止的。

③自主运动：在暗室中，如果你点燃一支烟并注视这个光点，你会看到这个光点似乎在运动，这就是自主运动。

④运动后效：在注视向一个方向运动的物体之后，若将注视点转至静止的物体，会看到静止的物体似乎朝着相反方向在运动。如，注视瀑布的某一处，然后看周围静止的田野，会觉得田野上的一切在向上飞升；注视飞速开过的火车之后，会觉得附近的树木向相反的方向运动。

五、知觉的信息加工

(一)自下而上加工和自上而下加工

1. 自下而上加工　自下而上加工又称数据驱动加工，指知觉系统依赖于直接作用于感官的刺激物的特性，对这些特性的加工。

2. 自上而下加工　自上而下加工又称概念驱动加工，强调知觉者对事物的态度、需要、兴趣爱好，对活动的准备状态和期待，尤其是一般知识经验对知觉加工过程的影响。如阅读文章时，对上下文的理解。

一般而言，知觉活动中非感觉信息越多，所需要的感觉信息就越少，自上而下的加工占优势；相反，非感觉信息少，就需要越多的感觉信息，自下而上的加工就占优势，两者是根据信息的多少和熟悉程度等因素协同作用的。

(二)模式识别理论

模式是指若干元素或成分按一定关系形成的某种刺激结构，即刺激的组合。当个体能够确认他所知觉的模式是什么，并将该模式与其他模式区分开，就是模式识别，其过程是感觉信息与长时记忆中有关信息进行比较，再决定它与长时记忆中的哪个项目有最佳匹配的过程。

1. **模板说**　模板说认为,在人的长时记忆中储存着各式各样的外部模式的复本,即模板,它们与外部的模式有一对一的对应关系。当一个刺激作用于人的感官时,刺激信息得到编码并与储存的各种模板进行比较,然后做出决定,看哪个刺激与此模板有最佳匹配,就把该刺激确认为与哪个模板相同,这样模式就得到了识别。总体而言,模板匹配是一种自下而上的加工模型。

举例:支票账户和信用卡等的编号识别利用的就是模板说的原理。

虽然模板匹配理论的基本观点得到一些实验结果的验证,但仍存在明显的不足:首先,即使引入预处理过程,模板的数量仍然巨大,不仅给人的记忆带来沉重负担,而且使人对事物的识别显得呆板;再次,模板说并没明确说明与知觉活动过程和知识表征有关的一些重要问题。

2. **原型说**　原型说认为,在记忆中储存的不是与外部模式一对一的模板,而是原型。原型是一个类别或范畴的所有个体的概括表征,它反映的是一类客体具有的基本特征。在模式识别中,只要刺激与原型有近似的匹配即可。因此,只要存在相应的原型,新的、不熟悉的模式也可以得到识别。这样使得人的记忆负担减轻,模式识别也更加灵活。总体而言,原型匹配是自下而上的加工。

举例:用有两个翅膀的长筒作为飞机的原型,从而识别各种飞机。

3. **特征说**　特征说认为,模式可以分解为各种特征。特征和特征分析在模式识别中起着关键作用。外部刺激在人的长时记忆中是以各种特征来表征的,在模式识别中,首先要对刺激进行特征分析,抽取刺激的有关特征,加以结合,然后与长时记忆中的各种刺激特征进行比较,一旦获得最佳匹配,外部刺激就被识别了。特征分析模型只有自下而上加工,没有自上而下加工。

谢夫里奇提出一个模式识别的特征匹配模型,称为"魔鬼城堡"模型,认为有四个层次或阶层等级系统,每个层次上的"鬼"执行着某个特定的任务,并依次工作,直到最终实现模式识别。由低到高依次为"映像鬼""特征鬼""认知鬼"和"决策鬼"。在这个过程中有两个重要的特点:一是"特征鬼"对模式的分析是呈阶梯结构的;二是模式识别是平行加工与系列加工共同进行的过程。

举例:F 可以分解为各种特征,一条垂线,两条水平线和三个直角,根据这些基本特征,人脑可以迅速把它识别出来。

4. **结构优势描述理论**　模式识别与其所处的环境信息有密切联系,整体结构在模式识别过程中可以起到有利的作用,它们统称为结构优势效应。常见的结构优势效应有:字词优势效应、字母优势效应、客体优势效应、构型优势效应等。

六、错觉

(一)错觉的含义

错觉是在某种特定条件下对客观事物必然产生的、有某种固定倾向、不符合事物本身特征、歪曲的知觉。错觉的研究有助于揭示人们正常知觉客观世界的规律,且有助于消除错觉对人类实践活动的不利影响,人们也可以利用某些错觉为生产和生活服务。

(二)错觉的种类

1. 大小错觉

(1)缪勒－莱尔错觉　缪勒－莱尔错觉也叫箭形错觉。两条相等的直线,如果一条直线的两端加上向外的两条斜线,另一条直线的两端加上向内的两条斜线,那么前者就显得比后者长得多。在服装设计中,常利用这种原理。如图1－5－3所示,右边的衣服显得比左边短、肥。

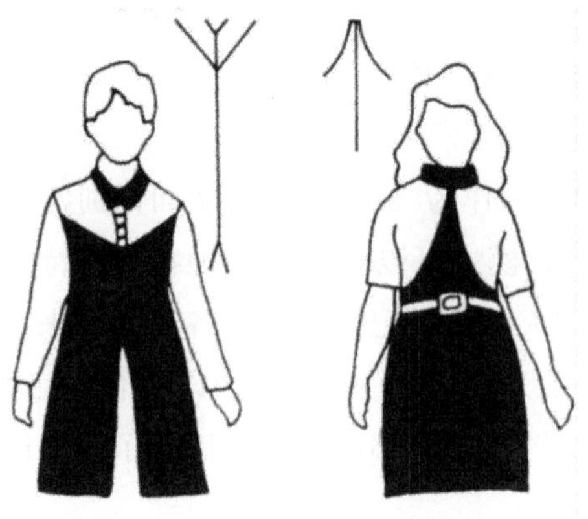

体型变高或变矮的错觉原理

图1－5－3　缪勒－莱尔错觉在服装设计中的应用

(2)潘佐错觉(铁轨错觉)　两条辐合线中间有两条等长的直线,结果一条看上去比另一条长。

(3)垂直－水平错觉　两条等长的直线组成"T"形,一条垂直,一条水平,但看上去垂直线要比水平线长。

(4)贾斯特罗错觉　两条等长的曲线,包含在下图中的比上图中的长些。

(5)多尔波也夫错觉　两个大小一样的圆,其中被大圆的包围的圆显得小,被小圆包围的显得大。

(6)月亮错觉　月亮刚升起时显得大,在天顶时显得小。

2. 形状和方向错觉

(1)佐尔拉错觉　一些平行线由于附加线段的影响而看成不平行的。

(2)冯特错觉　两条直的平行线由于附加线段的影响,看起来好像是弯曲的。

(3)爱因斯坦错觉　许多环形曲线中,正方形四边略显弯曲。

(4)波根多夫错觉　被两条平行线切断的同一条直线,看上去不在一条直线上。

(5)奥尔比逊错觉　一个正方形和一个圆形,添加一些相交于一点的几条线段后看起来不方也不圆。

(6)格里德火花错觉　看着图1-5-4时,眼睛一动空白处就会出现被填充的感觉。

图1-5-4　格里德火花错觉

(三)错觉产生的原因

1. **眼动理论**　眼动理论把错觉归结为刺激取样的误差。当人们扫视图形的某些特定部分时,由于周围轮廓的影响,改变了眼动的方向和范围,造成取样的误差,因而产生各种知觉错误。如,垂直—水平错觉。

2. **神经作用抑制理论**　神经作用抑制理论把错觉归结为知觉系统的神经生理学原因。当两个轮廓彼此接近时,网膜内的侧抑制过程改变了由轮廓所刺激的细胞的活动,因而使神经兴奋分布的中心发生了变化。如,佐尔拉错觉、波根多夫错觉。

3. **深度加工和常性误用理论**　用认知加工观点解释错觉。如,深度加工认为错觉具有认知方面的根源,当人们把知觉三维世界的特点自觉、不自觉地应用于知觉平面物体时,就产生了错觉。从这个意义上说,错觉是知觉恒常性的一种例外,是人们错误地利用了知觉恒常性的结果。如,潘佐错觉。

4. **移情说**　观察者把自己认同为图形的某部分,并将自己的情感投射到图形上面,因而引起视觉变形。例如,箭形错觉。

5. **完形倾向说**　人的知觉系统具有某种完形的倾向,这种倾向夸大了似乎能分开的事物各特征间的距离,因而引起错觉。

6. **透视说**　由于图形通过透视暗示着深度,因而导致图形大小知觉的变化。如,潘佐错觉。

第六章　记　忆

本章首先讨论什么是记忆，记忆的过程和种类，简要介绍记忆的生理机制；然后讨论几种不同的记忆系统。

一、记忆概述

（一）记忆的含义

记忆是人脑积累和保存个体经验的心理过程。用信息加工的术语来讲，就是人脑对外界输入的信息进行编码、存储和提取的过程。

（二）记忆的过程

记忆包括编码、存储和提取三个基本过程。

1. **编码**　编码是人获得个体经验的过程，相当于“记”。

2. **存储**　存储是把感知过的事物、体验过的情感、做过的动作、思考过的问题等，以一定的形式保存在头脑中。知识的存储有时也叫知识的表征，可以是图像、概念或命题。

3. **提取**　提取是从记忆中查找已有信息的过程，相当于“忆”。再认和回忆是提取的基本形式。记忆好坏通过提取表现。

（1）再认　事物再度出现时能认出来。

（2）回忆　事物不在眼前，能重新回想起来。

（三）记忆的种类

1. 根据信息保持时间的长度分类

（1）感觉记忆（瞬时记忆、感觉登记）　客观刺激物停止作用后，感觉信息在极短的时间内被保存下来，是记忆系统的开始阶段。

（2）短时记忆　感觉记忆与长时记忆的中间阶段。

（3）长时记忆　信息经过充分和有一定深度的加工后，在头脑中长时间保留下来。这是一种永久性的存储。

2. 根据长时记忆中储存的内容不同分类

(1)情景记忆　个人亲身经历过的、在一定的时间和地点发生的事件或情景的记忆，易受到各种因素的干扰，不够稳固、不够确定。

(2)语义记忆　对一般知识和规律的记忆，与特殊的地点、时间无关，很少受外界因素的干扰，比较稳定。

3. 根据提取时是否有意识参与分类

(1)内隐记忆　指在个体无法意识到的情况下，过去经验对当前作业产生的无意识影响，又叫自动的无意识记忆。

(2)外显记忆　指在意识的控制下，过去经验对当前作业产生的有意识的影响，又叫受意识控制的记忆。

4. 根据记忆的内容和特点分类

(1)陈述性记忆　对有关事实和事件的记忆，可以通过语言传授而一次性获得，提取往往需要意识的参与。

(2)程序性记忆　如何做事情的记忆，包括对知觉技能、认知技能和运动技能的记忆。这类记忆往往需要通过多次尝试才能逐渐获得；利用这类记忆时往往不需要意识的参与。

5. 根据记忆的具体内容分类

(1)形象记忆　以感知过的事物形象为内容的记忆，又称表象记忆。

(2)情绪记忆　以曾经体验过的情绪或情感为内容，并以亲身感受和深切体验为形式的记忆。

(3)逻辑记忆　又称语词逻辑记忆、意义记忆，指以语词为中介的，对客观事物之间的关系，以及客观事物本身的意义和性质，使用概念、判断、推理等为内容的记忆，主要是以思维成果、逻辑判断、推理等逻辑思维过程为内容的记忆。

(4)动作记忆　又称运动记忆，以过去从事和做过的身体运动、动作及其系统为内容的记忆。

(四)记忆的神经生理机制

1. 记忆的脑学说

(1)整合论　拉什利最早提出整合论，认为记忆是整个脑皮质活动的结果。

(2)定位说　定位说认为，记忆是由脑的特定部位负责。

(3)SPI 理论　图尔文提出的记忆 SPI 理论，用于解释多重记忆系统之间的关系。SPI 理论假定存在五种主要的记忆和记忆系统：程序记忆系统、知觉表征系统、语义记忆系统、初级记忆系统和情境记忆系统。这五种记忆系统在种系发生和个体发展中都存在一定的顺序，在加工过程中也存在一定的联系。

SPI 理论假设这些系统：编码串行，即信息以串行的方式在系统中得到编码；存储并行，即一次编码会在多个记忆系统中产生效应，并保存在不同的脑区内；提取独立，即从一个记忆系统中提取信息可以不受其他系统的影响，各个子系统之间相互独立。

SPI 理论是一种对记忆系统和记忆过程的整合方式，对推进记忆的研究具有重要理论意义。

2. 与记忆相关的脑区

(1)颞叶中部及皮质下结构(海马、杏仁核)　电刺激颞叶，会产生对往事鲜明的回忆；海马损伤会引起顺行性遗忘，即不能储存海马损伤后的记忆，说明海马可能负责巩固记忆，使短时记忆进入长时记忆；海马对空间记忆的保持也有非常重要的作用；杏仁核在与情绪有强烈关联的记忆中有重要作用。

(2)前额叶　在情景记忆、工作记忆、空间记忆、时间顺序记忆以及记忆的编码、存储和提取过程中起着重要作用。

前额叶损伤的病人对事件发生的时间顺序记忆受损。脑功能成像的研究表明，前额叶和情景记忆、工作记忆等有关。研究还发现，左侧额叶言语运动区受损，造成言语记忆缺陷，右侧受损，非言语记忆困难。临床观察还发现，额叶受到严重损伤时，病人会缺乏计划能力，不能形成牢固的行为动机，也不能进行有目的地回忆。

3. 记忆的脑细胞机制

(1)反响回路　反响回路是指神经系统中皮质和皮质下组织之间存在的某种闭合的神经环路。外界刺激作用于神经环路的某一部分时，回路产生神经冲动，刺激停止后，冲动并不立即停止。研究者所做的小白鼠跳台实验证明其可能是短时记忆的生理基础。

(2)突触结构　丰富环境与贫乏环境小白鼠实验发现，丰富环境下的白鼠，其大脑皮质比贫乏环境下的白鼠厚且重，这表明，长时记忆的神经基础包含神经元突触的持久性改变。还有研究表明，神经元和突触结构的改变可能是短时记忆向长时记忆过渡的生理机制。

(3)长时程增强作用　指传递信息的神经元和接收信息的神经元之间突触连接强度增加。根据这种作用，有研究发现海马可能是长时记忆暂时性储存场所。

4. 记忆的生物化学机制

(1)核糖核酸　有研究者认为，记忆是由神经元内部的核糖核酸分子结构来承担的，当神经细胞受到反复刺激，RNA 在这些神经细胞中的浓度会增加，若 RNA 合成被阻断，记忆就遭到破坏。小白鼠走钢丝实验，就是这种说法的证据。

(2)激素　激素能够影响记忆的保持，这可能是因为某些激素能使大脑更好地注意当前输入的信息，从而加强了记忆的保持。

二、感觉记忆

（一）感觉记忆的含义

客观刺激停止后，感觉信息在极短时间内被保存下来，这种记忆叫感觉记忆，也叫瞬时记忆、感觉登记。其编码形式主要依赖于信息的物理特征。

（二）感觉记忆的信息加工

1. **图像记忆** 图像记忆是感觉记忆的主要编码形式。斯伯林在开始研究感觉记忆时，采用整体报告法，即同时呈现若干数字约50ms，呈现后要求被试尽可能多地把数字再现出来。结果发现，被试能报告出的数字正确率平均为4.5个。后来，考虑到被试在回忆数字时，时间也在推移，而感觉记忆本身保持时间较短，因此斯伯林认为，感觉记忆中所保持的信息可能要比报告出来的多。于是，他又设计了部分报告法，他按照4个字母一排，一共三排的方式向被试呈现12个字母，仍然呈现50ms，呈现后随机选其中一排让被试回忆。结果发现，被试能再现出随机一排中的3个字母，换言之，被试能报告的项目数平均为9个（3个字母×3排），即图形记忆的容量约9个。

2. **声像记忆** 除视觉通道外，听觉通道也存在感觉记忆。莫里等人模仿部分报告法，在一个房间的4个角放置了4个扬声器，每个扬声器呈现若干字母，被试坐在能区分出声音来源的位置。字母呈现后，要随机回答出一个角的声音。结果证明其容量约为5个。

（三）感觉记忆的特征

1. 具有鲜明的形象性。
2. 容量较大。
3. 保持时间极短（0.25～2秒）。
4. 感觉记忆向短时记忆转换取决于注意。

三、短时记忆与工作记忆

（一）短时记忆的含义

短时记忆指人对信息的短暂保持和容量有限的记忆，是感觉记忆到长时记忆的中间环节。

（二）短时记忆的信息加工

1. **编码形式** 以听觉编码为主，也存在视觉和语义编码。

康拉德向被试呈现了一些发音相似和形状相似的字母，要求被试记住字母顺序。结果发现,发音相似的字母,其顺序容易混淆,形状相似的很少混淆。这说明听觉编码是短时记忆的一种主要编码形式。

波斯纳在研究中向被试呈现两个字母,要求被试判断两个字母是不是同一个字母。两个字母的呈现方式为同时呈现和先后呈现,字母关系为同形关系(AA)和同音关系(Aa)。结果发现,同时呈现时,同形关系的字母反应更快;先后呈现时,同形关系和同音关系的反应时没有差异。波斯纳认为,同时呈现时,同形关系比同音关系字母具有形状的优势,因此只靠视觉编码就能进行判断,由此推断,短时记忆的编码方式也存在视觉编码。先后呈现时,反应时没有差异,说明此时为听觉编码。

2. 编码的影响因素

(1)觉醒状态　觉醒状态即大脑皮质的兴奋水平,它直接影响记忆编码效果。一天的不同时间,大脑皮质的兴奋水平不同,记忆的效率也不同。

(2)组块水平　将几种水平的信息归并成一个高水平的信息单元,这一过程叫组块。例如,1,9,1,9,5,4,不熟悉中国历史的人会按照6个数字(6个单元)记忆,熟悉中国的人会按照“五四运动”(1个单元)的日期去记忆。

(3)加工深度　认知加工深度也是影响短时记忆编码的因素。研究中,让两组被试分别对一个字表进行特定字母检索任务(浅加工)和语义评定任务(深加工),最后让两组被试都对字表进行回忆,结果发现特定字母检索任务组的被试回忆成绩显著低于语义评定任务组。这表明,加工深度越深,记忆效果越好。

(三)短时记忆的信息存储、提取与遗忘

1. 短时记忆的信息存储　短时记忆中的主要储存方式是组块化和复述。

(1)组块化　组块化,根据个人经验将几种水平的信息归并成一个高水平的信息单元。

(2)复述　复述,即不出声的重复,有机械复述(不断简单地重复)和精细复述(将信息进行分析,使之与已有的经验建立联系)两种形式。研究表明,只有机械复述不能加强记忆,精细复述是短时记忆保持的重要条件。

2. 短时记忆的信息提取　斯腾伯格根据加法反应时实验提出,短时记忆的信息提取是一个完全系列扫描过程。

斯腾伯格在给被试呈现1~6个不等的数字序列,之后呈现一个探测数字,要求被试判断探测数字在刚才的数字序列中有没有出现过,出现过就做肯定反应,没出现过就做否定反应。反应时为因变量指标。斯腾伯格认为,被试可能有三种提取方式:平行扫描(判断时,同时对所有数字进行提取)、自动停止系列扫描(对数字逐个进行提取,一旦找到即停止)和完全系列扫描(对全部数字进行完全检索,再做出判断)。结果发现,短时记忆的信息提取是完全系列扫描。

3. **短时记忆的遗忘** 主要由干扰信息引起。

沃和诺尔曼(1965)让被试听由若干数字组成的数字序列,数字序列呈现后出现一个数字序列中的数字作为探测数字,被试要回答出探测数字后面的是什么数字。数字呈现方式分为两种,一种是每秒4个,一种是每秒1个。这样就可以在间隔数字不变的情况下,改变数字间隔时间,从而把保持时间和干扰信息两种因素分离开来。结果发现,两种情况下,被试回忆正确率都随间隔数字的增加而减少,而不受间隔时间影响。这说明,短时记忆的遗忘主要是由干扰信息引起的。

(四)短时记忆的特征

1. 信息保持时间也很短,一般不超过1分钟。

2. 容量有限,一般为7±2个组块。1956年,米勒发表了《神奇的数字7±2》一文,对此有很详细的阐述。

3. 短时记忆中的信息是有意识的、可操作的。

4. 复述是短时记忆中的信息进入长时记忆的途径。

(五)工作记忆

1. **工作记忆的含义** 工作记忆是指在信息加工过程中,对信息进行暂时存储和加工的、容量有限的记忆系统。如,口算2×4×5×6,你首先必须记住2×4等于8这个结果,其次必须记住8×5等于40这个结果,然后才能进行下一步计算。

2. **工作记忆的成分** 巴德利和希奇认为工作记忆包括四个成分:语音环路、视觉空间模板、情景缓冲器和中央执行系统。

(1)*语音环路* 用于处理以语音为基础的信息,又分为语音存储和发音复述两个部分。康拉德发现,语音类似的刺激,其回忆效果差,证明了语音存储装置的存在。而"词长效应"(词长越长,复述时间会增长,导致给定的时间内,复述次数会减少,回忆量降低)证实了发音复述过程的存在。

(2)*视觉空间模板* 用于处理视觉和空间的信息,信息可以直接进入视觉空间模板,也可以以表象的方式进入空间模板。干扰范式为其存在提供了证据。研究中,在被试执行某任务时,给予不同类型的干扰任务(次任务)。结果发现,当干扰任务为言语任务时,它干扰了言语记忆,不影响空间记忆;当干扰任务为空间任务时,它干扰了空间记忆,不影响言语记忆。

(3)*中央执行系统* 是一个注意资源有限的控制系统,是工作记忆中最重要的成分(核心成分)。其主要功能有:协调语音环路和视觉空间模板活动,注意资源的分配与控制,选择性的注意及转换策略。

(4)*情景缓冲器* 用于整合视觉、空间和言语信息,是一个容量有限空间,用于整合来自语音环路和视觉空间模板的信息。情景缓冲器与长时记忆相连。

大量研究表明,工作记忆在问题解决、推理和阅读理解等许多复杂认知活动中,起着非常重要的作用。

四、长时记忆

(一)长时记忆的含义

长时记忆是指储存时间在一分钟以上的记忆。多数信息来源于短时记忆,但也有由于印象深刻而一次性获得的,如闪光灯效应。

(二)长时记忆的信息加工

1. **信息编码** 把新信息纳入已有知识框架内,或把一些分散的信息单元组合成一个新的知识框架。将材料进行组织,可以使输入信息有效地进入长时记忆。

2. **编码形式**

(1)*按语义类别编码* 这是长时记忆的主要编码方式,如按照语义关系组成一定系统,并进行归类。

(2)*以语言特点为中介进行编码* 借助语言的某些特点,如发音、字形等,对当前输入的某些信息进行编码。

(3)*其他编码方式*

①主观组织:学习无关联材料时,既不能分类也没有意义联系,这时个体倾向采取主观组织将材料组织成有主观联系的整体。

②表象编码:以表象代码形式编码和存储关于具体事物或事件的信息,主要用于加工和处理非言语对象或事件的知觉信息。

3. **编码的影响因素**

(1)*编码时的意识状态* 在研究中,给被试呈现不同颜色的字母,如 OBPVMORB,要求被试记住其中有几个 O,分别是什么颜色,除了 O 以外,还有哪些字母,它们是什么颜色。结果发现,在有意编码的情况下,被试回答的最准确。

(2)*加工深度* 将被试分为两组:一组被试要记住"主—谓—宾"结构的简单句子;一组用句子中的主语和宾语造句。之后让被试回忆宾语。发现加工深度深的第二组回忆率高于第一组。

(三)长时记忆的信息存储与提取

1. **存储的动态变化** 消退、概括化、完整化、具体化。

(1)*量的方面* 随着时间的推移,长时记忆的保持量逐渐减少。但也有例外,如记忆回涨,学习一天后测得的保持量比学习后立即测得的保持量多。记忆回涨是海马长时程增强作用的体现,随年龄增长而消失。

(2)质的方面 随着时间的推移,长时记忆的内容变得简略和概括,不重要的细节将逐渐趋于消失;内容变得更加完整、合理和有意义;内容变得更加具体,或更为夸张和突出。

卡米克尔给被试呈现了12个刺激图形,然后被试分为两组,一组被试在看图形时听一些物体名称,另一组在看图形时听另一些物体名称。之后,让被试画出看过的图形。结果发现,被试所画图形与原来的图形有很大变化,所画图形与听过名称的物体类似。

2. 存储的条件与方法

(1)组织有效的复习

①复习要及时。

②合理安排分散复习和集中复习:研究表明,分散复习的效果要好于集中复习。

③阅读与重现交替。

④注意排除前后材料的影响:避免前摄抑制和倒摄抑制的现象出现。

(2)利用外部记忆手段 如,记笔记、记卡片、列提纲等。

(3)注意用脑健康与用脑卫生 营养不良,将导致记忆力下降。

3. 信息提取形式

(1)再认

①含义:人们对感知过、思考过或体验过的事物,当它再度呈现时,仍能认识的心理过程。如,好友重复能认出,故地重游处处熟悉。

②影响因素:间隔时间;材料的性质和数量;原有经验的巩固程度;原有事物与重新出现时的相似程度;思维活动的积极性;个性特征。

(2)回忆

①含义:人们过去经历过的事物以形象或概念的形式在头脑中重新出现的过程。

②影响因素:联想(回忆的基础);定势和兴趣;表象和词语的双重搜索可提高完整性与准确性;暗示和再认有助于提取;干扰。

(3)再认比回忆简单、容易。有些事情能够再认,不能回忆。但两者没有本质区别。从个体发展来看,再认比回忆出现的早。

4. 信息提取的线索 包括情境和生理或者心理状态。

(1)情境依存性记忆 是指提取信息时的情境和编码时的情境越相似,越有助于记忆。

(2)状态性依存性记忆 是指提取时的生理或者心理状态和编码时越相似越有助于记忆的现象。如,心情好时,往往回忆更多美好的事情。

以上两种情况提醒我们,在进行记忆活动时,可以遵循编码特异性原则,即保证提取和编码时的状态信息一致。

(四)长时记忆的特征

1. 信息保持时间很长,可终生。
2. 容量无限。
3. 内容会发生重构。
4. 语义编码是主要的编码形式。

五、遗忘

(一)遗忘的含义

遗忘是指记忆内容不能保持或提取时有困难的现象。有不完全遗忘、完全遗忘、临时性遗忘和永久性遗忘。能再认不能回忆叫不完全遗忘;不能再认也不能回忆叫完全遗忘;一时不能再认或回忆叫临时性遗忘;永久不能再认或回忆叫永久性遗忘。

(二)遗忘曲线

艾宾浩斯以无意义音节为材料、采用节省法对记忆进行研究。节省法的计算可以采用下列公式:

节省的百分数 =(初学所用时间 − 重学所用时间)/初学所用时间 ×100%

艾宾浩斯的研究结果发现,刚学完时信息保持量最大,学后短时间内保持量急剧下降,如1小时内保持量降低到44.2%,然后渐渐稳定下降,最后趋于稳定。据此,他绘制了著名的艾宾浩斯遗忘曲线。如图1-6-1所示。

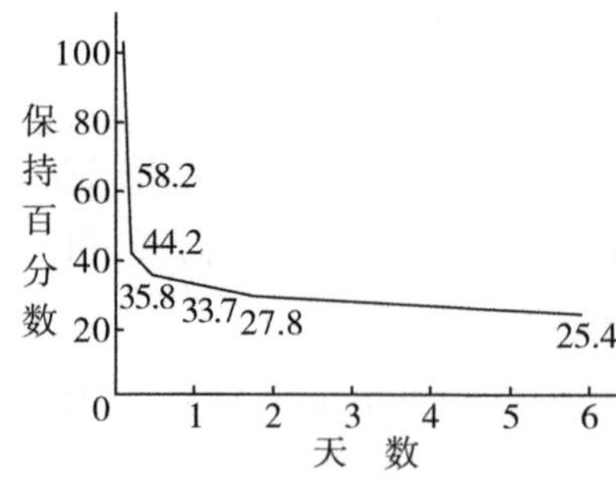

图1-6-1　艾宾浩斯遗忘曲线

(三)遗忘理论

1. **衰退说**　衰退理论认为,对材料的识记会在大脑皮质留下痕迹。遗忘是由于这些痕迹得不到强化而逐渐减弱以致消失所致。

2. **干扰说**　干扰理论认为,遗忘是因为学习和回忆之间受到其他刺激的干扰所致。一旦干扰被排除,记忆就能恢复。干扰说可以用前摄抑制和倒摄抑制进行解释。

(1)前摄抑制　指先学习的材料对识记和回忆后学习的材料的干扰作用。

(2)倒摄抑制　指后学习的材料对识记和回忆先前学习的材料的干扰作用。

前摄抑制和倒摄抑制也可以解释系列位置效应,即材料中间部位同时受两种抑制影响,因而识记与回忆较为困难。

3. 压抑说　弗洛伊德认为,遗忘是由于情绪或动机的压抑作用引起的。有些经验进入人的意识会使人产生痛苦的体验,因此被压抑到无意识中。一旦这种压抑解除,记忆就能恢复。

4. 提取失败　该理论认为储存在长时记忆中的信息是永远不会丢失的,之所以对一些事情想不起来,是因为提取有关信息时没有找到适当的提取线索。

(四)影响遗忘的因素

1. 时间　很明显,识记后经历的时间越长,记忆的效果越差。

2. 识记材料的性质与数量　熟练的动作和形象的材料遗忘得慢;有意义的材料比无意义的材料遗忘要慢得多;学习程度相等情况下,识记材料越多,遗忘得越快。

3. 学习材料的意义　对无重要意义、不符合自己需要和兴趣的、在生活中处于次要地位的信息遗忘得快。

4. 学习的程度　对材料的识记没有一次能达到无误背诵的称为低度学习,容易遗忘;若达到恰能成诵后还继续学习一段时间,就叫过度学习,适当的过度学习(150%)记忆效果更好。

5. 识记材料的系列位置　在回忆系列材料时,材料的顺序对记忆效果有重要影响。如,近因效应和首因效应。近因效应是指最后呈现的材料较容易回忆,遗忘较少;首因效应是指最先呈现的材料较易回忆,遗忘较少。见图1-6-2。

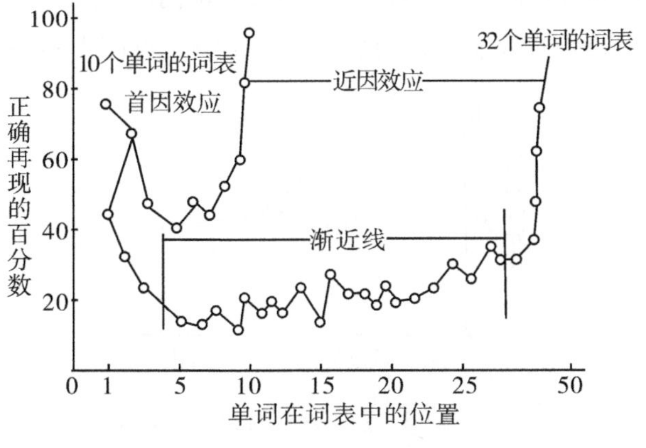

图1-6-2　系列位置效应

6. 识记者的态度　识记者对识记材料的需要、兴趣等,对遗忘的快慢也有影响。研究发现,不重要的、不引起人们兴趣的、不符合人的需要的容易出现遗忘。

六、内隐记忆

(一)内隐记忆的含义

过去经验对个体当前活动的一种无意识影响,叫作内隐记忆或自动的、无意识的记忆。

(二)内隐记忆的经典测量

1. **知觉辨认** 在实验中,被试首先学习一系列单字,然后要求在速示条件下对学过的单字以及另外一些未学过的单字进行辨认。

2. **词干补笔** 被试学习一系列单字后,测验时提供单字的头几个字母,让被试补写其余几个字母而构成一个有意义的单字。

(三)内隐记忆与外显记忆的区别

1. **加工深度对内隐记忆无影响,对外显记忆有影响** 实验中,所有被试看一张单词字表,之后分成四组:

(1)评定字的喜爱程度,不要求记忆。

(2)评定字的喜爱程度,并记忆。

(3)检索包含某个特定字母的单词,不要求记忆。

(4)检索包含某个特定字母的单词,并要求记忆。

显然,评定喜爱程度比检索特定字母加工深度更深。实验最后要求有识记任务的被试组以每个词的前三个字母为提示进行再认,测量外显记忆;对没有识记任务的被试,以每个词的前三个字母为提示写出想到的第一个词,测量内隐记忆。结果发现,被试的内隐记忆未受到任务类型的影响,外显记忆明显受到了影响。见图 1－6－3。

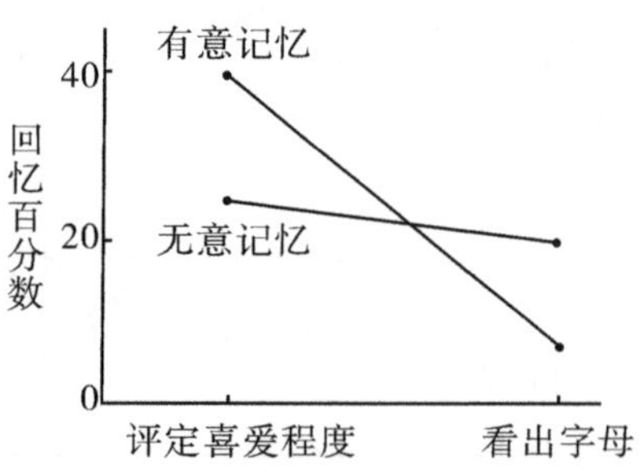

图 1－6－3 加工深度对记忆的影响

2. **内隐记忆相对外显记忆保持时间较持久** 图尔文等人利用再认任务和词干补笔任务进行了研究,结果发现,被试的再认成绩在一周之后出现了显著下降,而词干补笔的结果前后没有显著变化,即依然会填充成之前见过的词,这表明内隐记忆能够保持较长时间。

3. **记忆负荷量对内隐记忆遗忘几乎无影响，对外显记忆影响很大** 罗德格发现，用再认测量的外显记忆成绩随着所学词汇数目的增加而逐渐下降，而用知觉辨认测量的内隐记忆成绩并没有受到词汇数目增加的影响。

4. **呈现方式对内隐记忆有很大影响，对外显记忆则几乎没有影响** 加考比等人研究发现，以听觉形式呈现的刺激以视觉形式进行测验时，这种感觉通道的改变会严重影响内隐记忆的成绩，而对外显记忆没有影响。这种现象被称为“感觉通道效应”。

5. **干扰因素对内隐记忆无影响，对外显记忆有影响** 陈世平和杨治良在实验中先让被试进行词对联想学习，同时利用干扰词对该词对进行干扰。之后分别利用线索回忆任务来测量外显记忆的成绩，而利用词对补全任务来测量内隐记忆的成绩。结果发现，干扰词影响外显记忆成绩，很少影响内隐记忆的成绩。

第七章 思 维

本章介绍四方面内容。一是思维概述，包括思维的概念和种类；二是思维的基本单位，包括表象和想象、概念等；三是思维的过程，包括推理、问题解决和决策等；四是一种特殊的思维形式，创造性思维。

一、思维概述

（一）思维的含义

思维是借助语言、表象或动作实现的对客观事物概括和间接的认识，是认识的高级形式。思维能揭示事物的本质特征和内部联系，并主要表现在概念形成和问题解决的活动中。

（二）思维的特征

1. **概括性** 思维的概括性是指在大量感性材料的基础上，把一类事物共同的特征和规律抽取出来，加以概括。概括一定程度上表现了思维的水平，是人们形成概念的前提，也是思维活动能迅速迁移的基础。

2. **间接性** 思维的间接性是指人们借助一定的媒介和知识经验对客观事物进行间接的认识。由于间接性，人们才可能超越感知觉提供的信息，揭示事物的本质和规律。如，通过一个事物认识其他事物，从事物的外部特征认识其内部变化及联系，推测事物的发展变化进程等。

3. **思维是对经验的改组** 思维不是简单地再现经验，而是对已有的知识经验进行改组、建构的过程。

（三）思维的种类

1. **直观动作思维、形象思维与逻辑思维** 主要是根据思维任务的性质、内容和解决问题的方法来进行分类。

（1）直观动作思维 又称实践思维，是通过实际操作解决问题的思维活动。

(2)形象思维　指人们利用头脑中的具体形象来解决问题。

(3)逻辑思维　运用概念、理论知识来解决问题时的思维,是人类思维的典型形式。

2. 经验思维与理论思维

(1)经验思维　凭借日常生活经验进行思维的活动。

(2)理论思维　根据科学的概念和论断,判断事物,解决问题。

3. 直觉思维与分析思维

(1)直觉思维　人们在面临新问题、新事物和现象时,能迅速理解并做出判断的思维活动,具有快速性、跳跃性、坚信感和或然性。

(2)分析思维　即逻辑思维。它是遵循严密的逻辑规律,逐步推导,得出合乎逻辑的结论。

4. 辐合思维和发散思维

(1)辐合思维　人们根据已知的信息,利用规律解决问题,它是一种有方向、有范围、有条理的思维方式。

(2)发散思维　人们沿着不同的方向思考,重新组织当前的信息和记忆系统中存储的信息,产生出大量、独特的新思想。

5. 常规思维和创造性思维

(1)常规思维　也叫再造性思维,是指人们运用已获得的知识经验,按现成的方案和程序直接解决问题。

(2)创造性思维　重新组织已有的知识经验,提出新的方案或程序,并创造出新的思维成果的思维活动。创造性思维是人类思维的高级形式,是多种思维的综合表现。

(四)思维的过程

思维是通过一系列比较复杂的操作来实现的。人们在头脑中,运用存储在长时记忆中的知识经验,对外界输入的信息进行分析、综合、比较、抽象和概括的过程,这就是思维过程,或称之为思维操作。

1. 分析与综合(思维的基本过程)

(1)分析　在头脑中把事物的整体分解为各个部分或各个属性。人们的分析往往从事物的特征入手。

(2)综合　在头脑中把事物的各个部分、特征、属性结合起来,了解它们之间的联系,形成一个整体的过程。

2. 比较与分类

(1)比较　把各种事物和现象加以对比,确定它们的异同点以及关系。分析是比较的前提。

(2)分类　在头脑中根据事物或现象的异同点,把它们区分为不同种类的思维过程。

3. 抽象与概括

(1)抽象　在头脑中把同类事物或现象的共同的、本质的特征抽取出来,并舍弃个别的、非本质的特征的过程。

(2)概括　在抽象的基础上,形成对事物概括的认识。一般分为两种,初级概括是在感觉、知觉、表象水平上的概括;高级概括是根据事物的内在联系和本质特征进行的概括。

4. 具体化与系统化

(1)具体化　在头脑中把抽象、概括出来的一般概念、原理与理论同具体事物联系起来。

(2)系统化　在头脑中把学到的知识分门别类地按一定程序组成层次分明的整体系统。

二、概念

(一)概念的含义

概念是人脑对客观事物的本质特征的认识,是具有共同属性的一类事物的总称,是思维的最基本形式。每一个概念都包括内涵与外延两方面。内涵是指概念的质,即概念所反映的事物的本质特征;外延是指概念的量,即概念的范围;概念的内涵增加,外延就会变小。

(二)概念的种类

1. 根据概念所包含的属性的抽象与概括程度进行分类

(1)具体概念　描述事物具体属性和指代属性的概念。

(2)抽象概念　描述事物内在、本质属性的概念。

2. 根据概念反映事物属性的数量及其相互关系进行分类

(1)合取概念　根据一类事物中单个或多个相同属性形成的概念,这些属性在概念中必须同时存在。例如,毛笔:有毛、是笔。

(2)析取概念　根据不同的标准,结合单个或多个属性所形成的概念,也叫选言概念,例如,好学生:品德好是好学生,成绩好也可以是好学生。

(3)关系概念　根据事物之间的相互关系形成的概念,例如,高低、上下等。

3. 根据概念形成的自然性进行分类

(1)自然概念　在人类历史发展中自然形成的概念,其内涵和外延通由事物自身的特性决定。

(2)人工概念　在实验室条件下,为模拟自然概念的形成过程,人为制造的概念,其内涵和外延通常都是人为确定的。

4. 根据概念形成的途径进行分类

(1)前科学概念　在日常生活中通过人际交往的经验积累而形成的概念,又称日常概念。

(2)科学概念 在科学研究中，经过假设、检验后逐渐形成的，反映客观事物本质特征及内在联系的概念，又称明确概念。

(三)概念形成

1. 概念形成的含义 概念形成是指个体以直接经验为基础，从许多同类事物的不同例证中独立发现和获得客观事物的共同特征的过程。

2. 概念形成的理论

(1)假设检验说 布鲁纳认为，概念形成过程是不断提出假设、验证假设的过程。当某种假设被证明是正确的，概念也就形成了。

(2)内隐学习说 里伯认为，当刺激结构高度复杂时，采用比较被动的、无意识的学习方式可能更有效，这些抽象概念的复杂结构就是在这种无意识的内隐学习中获得的。

(3)样例学习说 茹什(Rosch)认为，自然概念的形成以样例学习为主，即在掌握概念时，不是掌握它的一个或者几个本质特征，而是对概念样例的记忆。

(4)社会实践说 奥苏贝尔认为，社会实践活动是概念形成的条件和基础，实践活动是推动概念发展的动力。

(5)共同要素说 赫尔认为，概念的形成是将一类概念的共同特征抽取出来，并对它们做出反应的过程。赫尔是用联想理论解释概念形成的主要代表人物，他认为概念形成就是把某种反应(即概念反应)与一组具有一种或多种要素的刺激联结在一起。对一个人而言，一种新的刺激，尽管具有以往从未见过的许多特征，但是，如果这种刺激具有一些与某个已知概念共同的要素，那么就会唤起概念反应。

3. 概念形成的策略 布鲁纳发现，实验中被试连续做出的选择或决定遵循一定的顺序，有四种策略。

(1)保守性聚焦 指把第一个肯定实例包含的全部属性都看作未知概念的有关属性而建立假设，然后每次只改变其中一个属性来对这个假设进行检验。保守性聚焦给记忆带来的负担最轻，因此是一种更有效的概念形成策略。

(2)冒险性聚焦 指把第一个肯定实例包含的全部属性都看作是未知概念的有关属性而建立假设，然后同时改变其中几个属性来检验这个假设。

(3)同时性扫描 根据第一个肯定实例所包含的部分属性形成多个部分假设，然后对多个部分假设进行检验。

(4)继时性扫描 在已形成的部分假设的基础上，每次只检验一种假设，若这种假设被证明正确，就保留它，否则就采用另一个假设。

4. 概念形成的阶段

(1)阶段一：抽象化 首先要了解客观事物的属性或特征，因此必须对具体事物各种特征和属性进行抽象。

(2)阶段二:类化　对客观事物的各种属性及其特征进行归类。

(3)阶段三:辨别　从发觉客观事物的属性或特征,到对这些属性或特征的认同,然后过渡到对客观事物属性或特征之间差异的认识,都需要辨别。

5. 人工概念形成的实验研究　赫尔首次用汉字的偏旁部首作概念,用无意义音节给它们命名。然后采用配对学习的方法,将汉字与某一无意义音节配对呈现。实验程序是,用12个汉字组成一个单元代表一个概念,共12个单元,每次呈现一个单元的刺激,直到被试自动将偏旁与无意义音节联系起来为止。这说明被试抓住了这些汉字的共同特征,同时排除了无关因素,形成了概念。

布鲁纳通过图片选取探讨了概念形成的过程。实验设计了81张图片,图片上的属性按性质分为四类:图形,图数,颜色,边线数量。81张图片上的不同结合,可以构成许多概念。实验程序是,同时将81张图片呈现给被试,说明图片都有哪些属性以及怎样将图片结合成概念。然后指着一张图片对被试说:我现在心中有一个概念,概念上的属性可以在这张图片上看到,请你按自己的想法,每次指一张图片给我看,对与错我随时反馈给你,看看能否发现我心中的概念。结果发现,被试形成概念的过程是假设检验的过程。

(四)概念掌握

1. 概念掌握的定义　概念掌握是个体掌握同类客观事物或现象的本质特征或属性及其内在联系的过程,涉及新概念与原有概念间的联系和差异,是概念的同化过程,依赖学习者认知结构中同化概念的相关信息和呈现概念表述是否清晰两个条件。

2. 概念掌握的学习模式

(1)类属学习　指个体把新概念纳入自己认知结构的相关部分,使它们之间相互作用并建立联系的过程。包括派生类属学习和相关类属学习两种形式。

①派生类属学习:个体认知结构中原有的概念是一个上位概念,学习的新概念或接收到的新信息,只是这个上位概念的一个特征(属性)或一个例证。例如,学习完"笔"的概念,学习"圆珠笔"。

②相关类属学习:个体认知结构中原有概念是一个上位概念,学习的新概念或接收到的信息,只是对这个上位概念的深化、扩充、修饰或限定。例如,原有概念的"爱国行为"包括"挂五星红旗""治理雾霾"等,现在有"学习先进科学技术,加快社会主义现代化建设"。

(2)总括学习　指在若干已有的从属概念的基础上再学习一个上位概念。例如,掌握了"铅笔""橡皮""笔记本",学习"文具"。

(3)并列结合学习　新知识与学习者认知结构中原有观念的概括层次相同,两者既非上位关系又非下位关系时。例如,学习了"质量和能量",再学习"遗传和变异"。

3. 概念掌握的影响因素

(1)学习材料　具有较多属性和特征的学习材料,较难掌握其概念。

(2)学习者自身因素 学习者的知识经验、年龄、性别、智力、动机、情绪、疲劳程度等个体差异,以及由此产生的学习策略,都会影响概念的掌握。

(3)下定义 下定义有助于知识的系统化,有助于深刻、全面地理解和存储知识,并不断掌握新的概念。

(4)科学概念的理解 掌握科学概念是学生学习的重要内容和任务。

(五)概念结构的理论

1. **层次网络模型** 柯林斯认为,概念是以结点的形式存储在概念网络中,每个概念具有一定的特征,这些特征实际上也是概念。各类属概念按逻辑的上下位关系组织在一起,概念间通过连线表示它们的类属关系,这样彼此具有类属关系的概念组成了一个概念网络。在每一层概念的结点上,只存储该概念的独有特征,而同层各概念共有的特征,存储在上一层的概念结点上。在网络中,层次越高的概念,其抽象概括的水平越高。

2. **特征表理论** 波纳认为,概念的语义特征可以分解为定义性特征和特异性特征。定义性特征是定义一个概念所必须具备的,它相当于概念的本质特征。特异性特征是具有描述功能的特征,它相当于概念的非本质特征。概念的结构由概念的定义性特征和整合这些特征的规则构成,这些规则也称概念规则,包括肯定、否定、析取、合取、条件等。

3. **原型模型** 茹什(Rosch)认为概念主要是以原型来表征的。所谓原型是指最能代表该概念范畴的成员。

4. **激活扩散模型** 柯林斯在层次网络模型的基础上,提出了激活扩散模型。该模型认为,在概念网络中,连线的长短表示概念联系的紧密程度,连线越短,概念间的联系越紧密。当一个概念被加工时,其意义激活会自动传递到相关的概念,使得相关概念的意义也得到激活,而且激活的强度随着传递距离的增加而降低。该模型成功解释了"语义启动效应"。

三、推理

(一)推理的含义

从具体事物或现象中归纳出一般规律,或者根据一般原理推出新结论的思维活动,前者叫归纳推理,本质上就是概念的形成;而后者就是演绎推理,本质上属于问题解决的范畴。

(二)推理的种类

1. **演绎推理**

(1)三段论推理 三段论推理由两个假定真实的前提和一个可能符合也可能不符合这两个前提的结论组成。人们的推理并不一定总是遵循严格的逻辑规则,如,所有的 A 都是B,所有的C都是B,很多人会得出所有的A都是C的结论。研究者认为,在进行三段论推理时出现错误有以下几种解释。

①前提气氛效应:武德沃思认为,推理前提中所使用的逻辑术语产生了一种前提气氛,促使被试容易接受包含有统一术语的结论的现象。

②换位理论:查普曼认为,三段论推理中的错误是由于人们错误的解释了前提。

③心理模型理论:约翰逊—莱尔德等人认为,人们推理的过程就是创建并检验心理模型的过程。三段论推理中的错误是由于对前提加工不充分,只创建了一个心理模型理论。

(2)条件推理　条件推理是人们利用条件进行推断并得出新结论的过程。在条件推理中,个体倾向"证实",而不是"证伪",如沃森的"四卡片选择任务",翻卡片验证一条规则:若卡片的一面是元音字母,则另一面是偶数。结果发现,只有4%的人做出了正确选择,即认为应该翻卡片"E"和"7"。见图1-7-1。

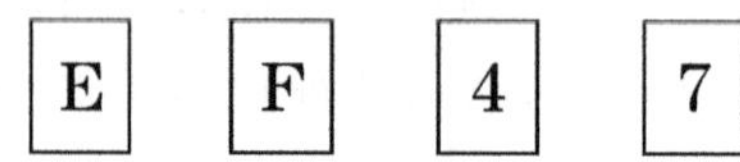

图1-7-1　沃森的"四卡片选择任务"

(3)线性推理　线性推理又称关系推理,在这种推理中,所给予的两个前提说明了三个逻辑项之间的可传递关系。由于三个逻辑项之间线性的特点,所以又称线性三段论推理。休腾洛切尔等人认为,线性推理的前提是以表象的方式复现在人脑中,并按照一定的空间系列进行操作。

2.归纳推理　归纳推理是指从特殊事例到一般结论的推理,它是一个人认知发展和智力水平的重要指标,分为完全归纳推理和不完全归纳推理两类。

(1)完全归纳推理　在前提中将该类事物的全部对象加以考察,进而得出一般结论的归纳推理。

(2)不完全归纳推理　在前提中只考察该类事物的部分对象进而得出一般结论的归纳推理。

四、问题解决

(一)问题的种类

1.界定清晰和界定含糊的问题

(1)界定清晰问题　界定清晰问题是指初始状态、目标状态以及由初始状态达到目标状态的一系列过程都很清楚的问题。

(2)界定含糊的问题　界定含糊的问题是指问题的初始状态或目标状态没有清楚的说明,或两者都没有明确的说明,这些问题具有很大的不确定性。

2. 对抗性和非对抗性问题

(1)对抗性问题　对抗性问题是指解决问题时,不仅要考虑自己的解题活动,而且这种活动还会受对手解题活动的影响。

(2)非对抗性问题　非对抗性问题是指解决问题时,没有对手参与。

3. 语义丰富和语义贫乏的问题

(1)语义丰富问题　在语义丰富问题中,解题者对所要解决的问题具有很多相关的知识。

(2)语义贫乏问题　在语义贫乏问题中,解题者对所要解决的问题没有相关经验。

(二)问题解决的含义

问题解决是由一定的情境引起,按照一定目标,运用各种认知活动、技能等,经过一系列思维操作(关键和核心部分)使问题得以解决的过程;具有目标指向性、操作系列性和操作认知性。

(三)问题解决的思维过程

问题解决的思维过程就是在问题空间下,经过思考与推理,达到目的的心理历程。具体可分为四个阶段:发现问题、分析(明确)问题、提出假设、验证假设。

认知心理学家用问题空间的概念说明问题解决的过程。问题空间是指问题解决者对所要解决的问题的一切可能的认识状态,包括对问题的初始状态和目标状态的认识,以及如何从初始状态转化为目标状态的认知操作等。问题解决就是对问题空间进行搜索,找到一条从问题的初始状态到达目标状态的通路。

(四)问题解决的策略

1. 算法式　算法式指在问题空间中随机搜索所有可能的解决问题的方法,逐个尝试,直至选择一种有效方法解决问题。一般情况下,算法式策略能保证问题的解决,但费时费力。

2. 启发法　启发法指人根据一定的经验,在问题空间内进行较少的搜索,以达到问题解决的方法。启发法不能完全保证问题解决的成功,但较省时省力。下面是几种常用的启发法策略。

(1)手段—目的分析　所谓手段—目的分析就是将需要达到问题的目标状态分成若干子目标,通过实现一系列的子目标最终达到总的目标;而且,有时人们为达到目的,不得不暂时扩大目标与初始状态的差异。如,河内塔问题的解决。

(2)爬山法　爬山法是采用一定方法逐步降低初始状态和目标状态的距离,以达到问题解决的一种方法;爬山法是一种只向前不退后的策略。

(3)逆向搜索　逆向搜索就是从问题的目标状态开始搜索,直至找到通往初始状态的方法,又称“反推法”。

(4)选择性搜索　选择性搜索是根据已知的信息和某些有关规则,选择问题解决的突破口,从突破中获得更多信息,以便进一步搜索,直到解决问题。

(5)类比迁移策略　类比迁移策略就是把先前解决问题的经验应用到解决新问题上的策略,即找出先前解决过的问题与新问题之间可能存在的相似性,运用这些相似性信息去解决新问题。

(五)影响问题解决的因素

1. 知识

(1)知识的数量　专家与新手相比,记忆存储的信息量大,组块多,因而解决问题的正确率高、速度快。

(2)知识的组织方式　专家根据问题的深层结构进行分类,新手根据问题的表面结构特征进行分类,因而专家解决问题的质量高。

(3)知识表征的方式　同样的问题,不同人可以有不同表征方式,有时候只有知识表征方式发生改变,问题才可得到解决。九点连线问题是其经典研究证据。

2. 定势　先前的心理操作所引起的对活动的准备状态,也叫心向,既有积极作用也有消极作用。陆钦斯量水实验是其经典研究证据。

3. 功能固着　人们把某种功能赋予了某种物体的倾向叫作功能固着。在它的影响下人们不易摆脱事物用途的固有观念,因而直接影响到问题解决。邓克尔盒子问题是其经典研究证据。

4. 动机　一般而言,中等强度的动机水平,有利于问题的解决。

5. 情绪　紧张、惶恐、烦躁、压抑等消极情绪会阻碍问题的解决;乐观、平静、积极的情绪有助于问题的解决。

6. 人际关系　人处在一个复杂的社会中,解决问题不仅受到个人心理因素的影响,也会受到人们之间相互关系的影响,例如,互不信任的人际关系就会妨碍问题的解决。

7. 原型启发　原型启发是指因受到某种事物的启发而找到问题解决途径或方法的现象。

8. 个性特征　一个有远大理想、意志坚强、勇于进取、富于自信、有创新意识、顽强、坚韧、果断、勤奋的人常能克服各种困难,善于迅速、正确地解决问题。

五、决策

(一)决策的含义

决策是指在几种备选的方案中进行选择的过程。决策的好坏直接影响行动的效果。

决策可以分为确定性决策和风险决策。确定性决策是指,在确定的条件下,对备选的方案做出选择的过程。风险决策是指在不确定的条件下做出选择的过程。

(二)决策的理性观

1. **古典决策理论** 该理论的理性观建立在“经济人假设”的基础上。决策者具有完全的理性能力。决策者总是追求个人利益的最大化。

2. **行为决策理论** 西蒙认为,决策是对行动目标与手段的探索、判断、评价,直至最后选择的过程。决策者的理性是有限的理性,无法找到所有的解决问题的方案,因此最优的决策不太可能实现。决策的标准是满意性原则,即决策时个体仅仅考虑几个选项,一旦感到满意,就会立即停止搜索。决策受时间、精力等其他资源有限性的制约。因此,要考虑决策的时效性问题,还必须考虑决策的后果。人们解决问题的有效方法是靠以往的经验,即采取启发法,而不是采用严格建立在数理逻辑推理基础上的、考虑各种条件后的算法策略进行的决策。

(三)决策过程研究

1. **期望效用理论** 期望效用理论采用严格的数学方法来说明决策者对效用的偏好问题,且假设决策者追求效用的最大化。冯·诺依曼和摩根斯坦提出,期望效用值可用下面的公式表示:

$$EU = \sum P_i \cdot U(X_i)$$

其中,$U(X_i)$指结果 i 的效用,P_i指事件 X_i发生的客观概率。

2. **前景理论** 2002 年诺贝尔经济学奖获得者卡尼曼提出了前景理论,力图描述人们是如何进行决策的。

大多数人在面临获得的时候是“风险规避”的,在面临损失的时候是“风险偏好”的。该理论提出了损失厌恶的概念,即人们对损失比对获得更敏感。

卡尼曼继承了西蒙的启发式策略研究结果,认为人们在决策时采用的策略有以下三种。

(1)*代表性启发法* 人们估计事件发生的概率时,受它与其所属总体的基本特性相似程度的影响。如,心理学家关于让被试判断一段话描述的是“工程师”还是“律师”的研究。

(2)*易得性启发法* 人们倾向于根据事件或者现象在记忆中获得的难易程度来评估其概率,即根据事件或现象在记忆中是否容易提取出来做判断和决策。如,人们往往认为英文中“以 R 开头的单词”比“R 是第三个字母的单词”多。

(3)*锚定和调整启发法* 人们根据给定的信息做出最初的估计(锚定)后,以后根据当前的问题对最初的估计做出调整,但是调整的幅度不大。如,人们对“8 ×7 ×6 ×5 ×4 ×3 ×2 ×1”的估计远远大于对“1 ×2 ×3 ×4 ×5 ×6 ×7 ×8”的估计。

六、创造性思维

(一)创造性思维的含义

创造性思维是指人们运用新颖的方式解决问题,并能产生首创的、有社会价值的产品的认知活动过程。有人认为,远距离联想能力(在彼此相距很远的观念间看出其关系的能力)可作为测量创造力的一个标准。吉尔福特认为,发散思维是创造性的主要成分。

(二)创造性思维的特征

1. **新颖性** 创造性思维最突出的特征是与创造性活动联系在一起,结果具有新颖性。

2. **发散思维与聚合思维的有机结合** 发散思维具有变通性(发散项目的范围或维度)、流畅性(单位时间内发散项目的数量)和独特性(提出超乎寻常、独特新颖的见解,吉尔福特采用《命题测验》来测试独特性)等特点,可以打破原有思维模式,产生新颖独特的思想,但发散思维不能离开聚合思维单独发生作用,必须通过聚合思维,依据一定标准,从众多选择中寻找最佳解决方案。

3. **创造想象的积极参与** 创造性想象可以弥补问题解决时有关事实的不足或尚未发现的细节,提供未知事物的新形象,使创造性思维成果具体化。

4. **灵感状态** 灵感是指人在创造性活动过程中出现的认知飞跃的一种心理状态,是人集中全部经历解决问题时,因偶然因素的触发而突然出现的顿悟现象。

(三)创造性思维的基本过程

1. **定向阶段** 对问题进行定义和确定问题中的重要维度。

2. **准备阶段** 积累有关知识经验,掌握必要的创造技能,搜集有关资料信息。

3. **酝酿阶段** 在已积累的知识经验的基础上,对问题和资料深入地探索和思考的时期。可能出现看似将问题搁到一边不再去想,而实际上仍然在思考的现象。

4. **豁朗阶段** 新思想、新观念、新形象产生的时期,有时很突然。顿悟的产生标志着酝酿阶段的结束。

5. **验证阶段** 对新思想观念进行验证并补充和修正,使其趋于完善的时期,也是对整个创造过程的反思阶段。

(四)影响创造性思维的因素

1. **迁移** 迁移是通向创造性思维的桥梁。

2. **启发** 启发就是从其他事物上看到解决问题的途径,它可以促进思维的飞跃,对解决问题起启发作用的事物叫原型。

3. **定势** 定势对问题解决发生什么性质的影响,取决于人的思维品质。

4. **表征** 表征是信息在头脑中的呈现方式，是问题解决过程的开端，是正确制订计划的直接出发点，有些问题只有采取特定的表征才更有利于问题的解决。

5. **酝酿** 酝酿有助于重新形成问题的表征，进而创造性地解决问题，它是以灵感的形式获得的。

6. **社会因素** 有研究表明，被试知道他人会对自己的成果做出评估时，其创造性会降低。还有研究发现，人们为了竞争而工作时，其创造性会受到限制。

七、表象

（一）表象的含义

表象是人脑对感知过的事物形象的反映。

（二）表象的特征

1. **直观性** 表象以生动具体的形象在头脑中出现。

2. **概括性** 表象表征事物的大体轮廓和主要特征，具有抽象性，是关于某个事物或某类事物的概括形象。

3. **可操作性** 人们可在大脑中对表象进行操作，就像操作客观事物一样。

库泊和谢帕德的心理旋转实验证明，人们会把倾斜的字母在头脑中旋转到直立的位置，然后做出判断。它还说明，人们在完成某种作业时确实可以借助表象进行形象思维，形象思维的支柱就是各种各样的表象。

（三）表象的作用

1. 表象为概念的形成提供了感性基础。

2. 表象促进问题的解决。

（四）表象的种类

1. **记忆表象和想象表象** 记忆表象是过去感知过的事物形象在人脑中的重现；想象表象是人脑在已有表象基础上进行加工改造和整合而形成的新形象。

2. **个别表象和一般表象** 人感知某个事物并形成与此相应的表象，称为个别表象；人感知某一类事物后并概括地形成反映某类事物的表象，称为一般表象。

3. **遗觉像** 刺激停止作用后，脑中依然保持异常清晰、鲜明的表象称遗觉像。一般情况下，这种遗觉像在儿童身上表现得比较明显。

（五）表象的理论

1. **双重编码理论** 佩威奥（Paivio）提出的双重编码理论认为，在人脑中存在两种信息编码和储存系统:一是表象系统,它对具体的事物或事件信息进行编码、存储、转换和提取,其表征类似于知觉;二是言语符号系统,主要用言语听觉、抽象概念或命题形式对信息进行加工。佩维奥认为,表象和言语是相互平行和相互联系的两个认知系统。言语编码加工抽象的语言信息,是序列加工;表象编码加工具体的形象信息,是空间加工。

2. **表象存在论和计算模型** 科斯林(Kosslyn)认为,表象与现实客体的知觉相似,人们可以对表象进行操作,这种操作类似于对具体事物的操作。该理论认为表征生成表象的过程为图示过程、发现过程、放置过程和表象过程。

八、想象

(一)想象的含义

想象是对头脑中已有的形象进行加工改造,形成新形象的过程。

(二)想象的特点

形象性和新颖性是想象活动的基本特点。

(三)想象的过程

1. **黏合** 把客观事物中从未结合过的属性、特征、部分在头脑中结合在一起而形成新的形象。例如,美人鱼、猪八戒、飞马等。

2. **夸张** 又称为强调,通过改变客观事物的正常特点,或者突出某些特点而略去另一些特点在头脑中形成新的想象。例如,千手佛、九头鸟、大人国、小人国等。

3. **典型化** 根据一类事物的共同特征创造新形象的过程,是文学、艺术创作的重要方式。例如,鲁迅指出,人物模特没有专门用过一个人,往往嘴在浙江,脸在北京,衣服在山西,是一个拼凑起来的角色。

4. **联想** 由一个事物联想到另一事物。想象联想不同于记忆联想,它的活动方向服从于创造时占优势的情绪、思想和意图。例如,请替我修理下年代吧,它已不能按时间度过。

(四)想象的种类

根据想象活动是否有目的性,可把想象分为无意想象和有意想象两种。

1. **无意想象** 也叫不随意想象,是一种没有预定目的、不自觉地产生的想象。它是当人们意识减弱时,会在某种刺激作用下,不由自主地想象某种事物的过程。例如,看着天上的浮云,想象各种动物形象。

2. **有意想象** 也叫随意想象,是按一定目的、自觉进行的想象。据新颖程度和形成方式不同又可分为再造想象、创造想象和幻想。

(1)再造想象 根据言语的描述或图示,在人脑中形成相应的新形象的过程。

(2)创造想象 在创造活动中,根据一定的目的、任务,在人脑中独立地创造出新形象的过程。

(3)幻想 指向未来,并与个人愿望相联系的想象,是创造想象的特殊形式,不一定以客观规律为依据,幻想的形象常是人们希望寄托的东西。

(五)想象的功能

1. **预见作用** 想象有预见作用,能预见活动的结果,指导人们活动进行的方向。

2. **补充知识经验** 想象有补充知识经验的作用,对那些不能直接感知的事物尤为如此。

3. **代替作用** 想象有代替作用,当某些需要不能得到实际满足时,可以利用想象得到满足。

4. **有助于创造性活动** 想象的新颖性、形象性是人们创造性活动中不可缺少的因素。

5. **调节作用** 对机体的生理活动过程有调节作用,能改变人体外周部分的机能活动过程。

第八章　言　语

本章首先介绍什么是言语，其次讨论言语的中枢机制，再次介绍人们是如何理解和产生言语的，最后简单介绍言语产生的阶段。

一、言语概述

（一）言语的含义

语言是一种社会现象，是人类通过高度结构化的声音组合，或通过书写符号、手势等构成的一种符号系统；言语是运用这种符号系统来交流思想的一种行为。语言离不开言语，言语也离不开语言。

（二）言语的特征

（1）创造性　言语的创造性表现在，人们使用有限数量的词语和组合这些词语的规则，便能产生或理解无数的语句。

（2）结构性　言语受一定规则的约束，只有符合一定规则的言语，才是人们交往时可以接受的。

（3）意义性　言语中的一个词或一句话，都有一定的含义。

（4）指代性　言语中的各种成分都指代一定的事物或抽象的概念。

（5）社会性与个体性　人只能使用社会上已经形成的言语，且言语交流发生在人与人之间，一个人说话的内容常常要受到别人的影响，具有社会性。但，言语行为同时又是一种个体行为，与个体生存和发展的具体条件分不开，因而又具有个体性。

（三）言语的结构

言语是按照层次结构组织起来的。言语表达的基本形式是句子。句子又可以分为短语、词、语素和音位等不同层次。

1. **句子**　句子是独立表达比较完整语义的言语结构单位。关于句子，乔姆斯基提出了转换生成语法理论。乔姆斯基认为，任何一个语句都包含两个层次的结构：表层结构和深层结构。表层结构是指我们实际上能听到或看到的语句形式;深层结构是说话者试图表达的意思。表层结构决定句子的形式,深层结构决定句子的意义。同一个深层结构可以用不同的表层结构来体现,一个表层结构也可以包含两个或多个深层结构。从深层结构转换到表层结构,要通过一定的规则来实现,这些规则包括短语结构规则和转换规则。

2. **词** 词是言语中可以独立运用的最小单位。

3. **语素** 语素是言语中最小的音义结合单位。

4. **音位** 音位是能够区别意义的最小语音单位。

(四)言语的功能

1. **符号功能** 言语是保存和传授社会历史经验的手段。

2. **交际功能** 言语是人们之间进行交际和交流思想的工具。

3. **概括功能** 言语是人类进行思维的武器。

(五)言语的分类(图 1-8-1)

言语分为外部言语和内部言语。外部言语包括口头言语(对话言语和独白言语)和书面言语。没有外部言语就没有有内部言语,内部语言的发展离不开外部言语;若没有内部言语参与,人们就不能顺利地进行外部言语。

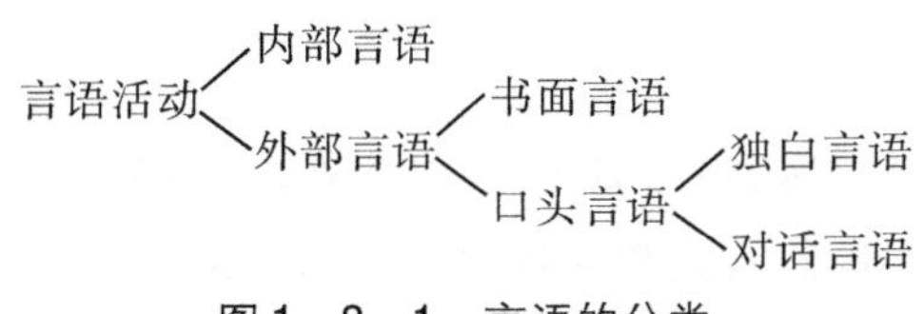

图 1-8-1 言语的分类

1. **对话言语**

(1) 对话言语的含义 对话言语即两个人或几个人直接交际时的言语活动,是最基本的语言形式,口语和书面言语都是在此基础上发展起来的。

(2) 对话言语的特点

①情境性:对话言语是一种情境性言语。

②简略性:对话言语是一种简略的言语。

③直接性和交际性:对话言语是对话双方的直接交际。

④反应性:对话言语是一种反应性言语。

2. **独白言语**

(1) 独白言语的含义 独白言语是个人独自进行的,与叙述思想、情感相联系的,较长而连贯的言语。

(2) 独白言语的特点

①独立性:独白言语是说话者独自进行的言语活动。

②开展性:独白言语是一种开展的言语。

③计划性:独白言语是有准备、有计划进行的言语活动。

3. **书面言语**

(1)书面言语的含义　书面言语是借助文字来表达思想或阅读来接受别人言语的影响,比口语出现的要晚得多。

(2)书面言语的特点

①随意性:书面言语是一种最随意(可以控制)的言语形式。

②开展性:书面言语的开展性最强。

③计划性:书面言语和独白言语一样,也是一种计划性较强的言语形式。

4. **内部言语**

(1)内部言语的含义　内部言语是自问自答或不出声的言语活动,在外部言语的基础上产生的,需要言语器官的参与。

(2)内部言语的特点

①隐蔽性:内部言语是一种不出声的言语,以语音的隐蔽性为特点。

②简略性:内部言语比对话言语更简略,不直接用于交际。

二、言语的中枢机制

(一)言语运动中枢

言语运动中枢,即布洛卡区,位于左半球额叶处,该区病变会引起运动性失语症或表达性失语症,这类病人的发音器官完整无损,但发音困难,说话费力,理解能力也受一定破坏,但病人的阅读和书写能力不受影响。在布洛卡区病变的情况下,有些人不能使用代词、连词,不能处理动词的变化,不能使用复杂的句法结构,其话语是一种电报式言语。另外,布洛卡区损失还可能出现词语反复、丧失说话愿望等情况。

(二)言语听觉中枢

言语听觉中枢,即威尔尼克区,位于左半球颞叶上回,其主要作用是分辨语音,形成语义。该区病变会引起接收性失语症,是一种失认症,病人谈吐自由、语流很快,说话时语音语法好像正常,但说出的话没有意义,还会对词义做出错误的估计。若切断病人的弓形束(联系布洛卡区和威尔尼克区的神经纤维束),也会产生同样现象。病变较轻的形式叫词盲,这种病人可以听到声音,但不能分辨构成语言的复杂声音模式。

(三)言语视觉中枢

言语视觉中枢,位于顶—枕裂叶交界的角回处,负责书面语言与口语间的相互转化。该区病变可引起语义性失语症(听—视失语症),病人能说话,理解口语,但不理解书面语言。

近年来,随着研究的进一步深入,研究者认为,言语的加工不只局限于上述几个区,言语的加工可能分布在脑的更广泛的区域。

三、言语感知

言语感知是指个体在接受他人言语刺激时,对其语音、语调等进行识别、辨认并将其转变为具有符号意义的过程,可以分为听觉阶段、语音阶段和音位阶段。

(一)口头言语感知

1. 口头言语感知的含义 语音是口语的物质外壳或形式,对口头言语的感知效果一般采用言语清晰度和可懂度来测量,研究仪器一般运用语图仪,它可以形象地图示言语听觉的特征。

2. 口头言语感知的影响因素

(1)语音类似性:两个音节包含的共同特征越多,越容易混淆。

(2)语音强度:语音强度越强,清晰度越高,70dB 时,清晰度 100%,超过 130dB,会产生压痛感觉。

(3)噪音掩蔽:噪音对语音的掩蔽依赖于信号、噪音的比率。

(4)语境:语境指言语交际的环境。不过,在单词音位缺损的情况下,被试根据上下文也能将词义猜出,这种现象叫音位恢复效应。

(5)句法与语义的作用:语义和句法信息对提高语言的清晰度有重要作用。

(6)韵律特征:所能感知到言语的轻重缓急的变化,主要表现为重读、韵律结构和语调等。

(二)书面言语感知

1. 书面言语感知的含义 书面言语感知指通过视觉系统接受文字材料提供的信息,对字词做出正确判断和分辨,包括单词再认和句子阅读。

2. 书面言语感知的影响因素

(1)视知觉广度。

(2)知识经验。

(3)阅读技能形成。

四、言语理解

(一)言语理解的含义

言语理解又叫言语领会,指听懂别人说话或看懂文字材料,以正确感知语言为基础,积极主动地建构意义的过程,是一种自上而下加工和自下而上加工相互作用的过程。

（二）言语理解的种类

1. **词汇理解** 词汇理解也叫词汇识别或词汇通达，是人们通过感觉接受输入的信息并在大脑中揭示词义的过程。其影响因素如下：

（1）单词的部位信息和字形结构 如左右结构的汉字较上下结构、独体结构的汉字，再认较容易。

（2）正字法规则 使文字拼写须合乎标准方法。它是人们识别字词时必须依赖的一种内隐知识。

（3）字母长度或笔画数量 在词的使用频率相同的条件下，一个词包含的字母、音位或音节数越多，那么这个词的识别时间就越长，这就是所谓的词长效应。

（4）字词的使用频率 单词的使用频率越高，对词的觉察阈限就越低，即频率效应。

（5）语音 语音中介启动实验研究发现，语音在语义获得过程中有非常重要的作用。

（6）语境 语境提供的信息可以促进或抑制对单词的识别。

（7）语义特征 低频具体词的识别比低频抽象词的识别容易，多义词的识别比单义词时间短。

2. **句子理解** 句子理解是指在字词理解基础上，通过对组成句子各成分的句法和语义分析，获得句子意义的过程。其影响因素如下：

（1）句子的类型 研究发现，对否定句的理解难于肯定句。句子—图画验证任务研究表明，判断句子的时间依次为：真肯定＜假肯定＜假否定＜真否定。

（2）词序 比较固定的词序提供了句子理解的线索，如汉语的“主谓宾”词序。

（3）语境 语境提供了各种背景的知识，能帮助人们迅速、准确地理解言语。

（4）句法分析与语义分析 句法分析决定着人们怎样对句子的组成成分切分。在理解句子过程中，人们采用一定的句法分析策略来帮助理解。

①标准句策略：依据词序进行理解。

②最小依附策略：在句法分析时，人们会倾向于用最简单的结构来进行理解。

③晚终止策略：针对如何从复杂句子中划分出从句。句子分析时，不急于根据前面的材料对句子的结构做出判断。

在句子理解过程中，语义分析也起很大作用。如，在语义知识的帮助下，即使词序出现颠倒，人们对语音材料的理解也不会产生误解。

3. **语篇理解** 语篇理解又称文本理解，是语言理解的高级水平，是在理解字、词、句子的基础上，运用推理、整合等方式揭示话语意义的过程。其影响因素如下：

（1）推理 推理可以在语篇已有信息的基础上增加信息，或者在语篇的不同成分间建立联结。

（2）语境 语境能使读者头脑中已有的知识和当前话语的信息很好地整合起来，促进对语篇的理解。

(3)图式和策略　图式是有组织的知识单元,说明了一组信息在头脑中最一般的排列或可以预期的排列方式。常见的图示有故事图式和事件图式,其作用有预期、补充信息和对课文信息的选择性加工。对图式的有效使用可以看作是阅读的一种策略。

(4)文章标记　文章标记是指在文章不同位置出现,本身不给文章带来任何新内容,但有助于强调文章的结构或具体内容的词、短语和句子或特殊符号。

(三)言语理解的影响因素

言语理解不仅依赖于能否正确感知以上语言材料,还依赖于人已有认知结构和各种形式的知识经验。言语理解是一种积极的思维过程,是一种自下而上的加工和自上而下的加工相互作用的过程,是根据所获得的言语材料去建构意义的过程。

五、言语产生

言语产生也叫言语表达,是指人们通过发音器官或手的活动,用言语把所要表达的思想说出或写出的心理过程,包括言语产生(口语)、书写产生(书面语)和手势语三种形式。

(一)言语产生

1. 言语产生的研究方法

(1)语误分析　语误分析是指通过对日常生活中的自发言语进行记录,分析其中发生的言语失误,来了解言语产生过程的规律。

(2)基于反应时间的实验室实验　给被试同时呈现图片和单词,并使图片和单词在语义或者语音方面产生相互干扰,从而实时探测言语产生的过程。这种“图—词”干扰范式,对于研究言语产生的阶段和时间进程有重要作用。

2. 言语产生的阶段　词汇产生可以分为词汇选择阶段、语音形式编码阶段和发音运动阶段。马蒂斯把言语产生分为选择意义阶段、句法结构产生阶段、语音产生阶段和运动阶段。安德森认为,言语产生包括构造阶段、转化阶段和执行阶段。勒韦认为,言语产生包括概念化阶段、公式化阶段和发音阶段。

(二)书写产生

海耶斯和弗拉沃认为,书写产生包括三个阶段:计划阶段、转换阶段和回顾阶段。

(三)手势语产生

手势语的产生跟口语产生一样,也存在不同的加工阶段。汤普森等人发现,在手势语中也存在“手边现象”,它类似于口语中的“舌尖现象”,即话到嘴边却说不出来。

第九章　情绪和情感

本章首先介绍情绪和情感的含义、功能、维度及其种类，然后介绍几种主要的表情，接着介绍情绪和情感的神经生物学机制，最后介绍情绪理论。

一、情绪和情感概述

（一）情绪和情感的含义

情绪和情感是人对客观事物的态度体验和相应的行为反应，反映的是客观事物与人的需要的关系，包括独特的主观体验、外部表现和生理唤醒三种成分。

(1) *主观体验*　主观体验是个体对不同情绪状态的自我感受。其研究一般采用自我报告法，即请被试描述自己所产生的情绪体验。

(2) *外部表现*　情绪的外部表现，通常称之为表情。如，高兴时额眉平展、面颊上提、嘴角上翘。

(3) *生理唤醒*　生理唤醒是一种生理的激活水平。如，满意、愉快时心跳节律正常，恐惧、暴怒时心跳加速、血压升高、呼吸频率增加等。测谎仪就是根据情绪状态下个体不能控制的生理变化原理设计的。

（二）情绪和情感的功能

1. **适应功能**　情绪和情感是有机体适应生存和发展的一种重要方式，人们通过各种情绪、情感，了解自身或他人的处境与状况，适应社会的需要，求得更好的生存和发展。

2. **动机功能**　情绪、情感是动机系统的一个基本成分。它能激励人的活动，提高活动效率。

3. **组织功能**　积极情绪有协调作用；而消极情绪有破坏、瓦解作用。

4. **信号功能**　情绪和情感在人际间具有传递信息，沟通思想的功能。也可称为社会功能。

(三)情绪和情感的关系

情绪和情感是与人的特定主观愿望或需要相联系的,曾统称为感情。情绪主要指感情过程,具有较大的情境性、激动性和暂时性,往往随着情境的改变和需要的满足而减弱消失,是人类和动物都具有的。情感常用来描述那些具有稳定的、深刻的社会意义的感情,更多的作为一种体验和感受,具有较大的稳定性、深刻性和持久性。

情绪和情感相互依存、不可分离。稳定的情感是在情绪的基础上形成的,而且通过情绪来表达。情绪也离不开情感,情绪的变化反映着情感的深度,在情绪中蕴含着情感。

(四)情绪和情感的种类

1. 情绪的种类

(1)基本情绪和复合情绪

①基本情绪:人与动物共有的情绪,在发生上有共同的原型和模式,是先天的。每一种基本情绪都具有独立的神经生理机制、内部体验和外部表现,并具有不同的适应功能。普拉切克根据研究提出 8 种基本情绪:恐惧、惊讶、悲伤、厌恶、愤怒、期待、快乐和信任。还有人认为基本情绪有惊奇、快乐、愤怒、恐惧、悲哀、厌恶六种。

②复合情绪:由基本情绪的不同组合派生出来。

(2)心境、激情和应激　根据发生的强度、持续时间及外部表现可分为心境、激情和应激三种状态。

①心境:心境指人比较平静、微弱而持久的情绪状态,具有弥漫性。它不是关于某一事物的特定体验,而是以同样的态度体验对待一切事物。

②激情:激情是一种强烈的、爆发性的、为时短促的情绪状态,这种情绪状态通常由对个人有重大意义的事件引起的,如,重大成功后的喜悦,亲人突然亡故的悲痛。激情往往伴随明显的外部行为表现和生理变化。激情状态下往往出现“意识狭窄现象”,即认识活动的范围缩小,理智分析能力受到抑制,自我控制能力减弱等。

③应激:应激是指人对某种意外环境刺激做出的适应性反应,具有超压性、超负荷性。人在应激状态下,会引起一系列生物性反应,如肌肉紧张度、血压、心率、呼吸以及腺体活动等都会明显变化。汉斯·赛里认为应激分为警觉、阻抗和衰竭三个阶段。应激是在某些情况下可能导致疾病的机制之一,如创伤后应激障碍(post – traumatic stress disorder, PTSD)。

2. 情感的种类

(1)道德感　道德感是根据一定的道德标准,在评价人的思想、意图和行为时所产生的主观体验。道德属于社会历史范畴,不同时代、不同民族、不同阶级有着不同的道德评价标准,即具有社会性和历史性。

(2)理智感　理智感是在智力活动过程中,认知和评价事物时所产生的情感体验。理智感是人们学习科学知识、认识和掌握事物发展规律的一种重要动力，其作用的大小同个人已有的知识水平、学习的愿望有关。

(3)美感　美感是根据一定的审美标准在评价自然特征和社会行为特征时所产生的情感体验。人的审美标准既反映事物的客观属性，又受个人的思想观点和价值观念的影响。

(五)情绪的维度与两极性

1. 情绪维度与两极性定义

(1)情绪维度　情绪维度是情绪所固有的某些特征，如情绪的动力性、激动性、强度和紧张度。

(2)情绪两极性　情绪特征的变化具有两极性，即存在对立状态。动力性有增力和减力，激动性有激动和平静，强度有强弱，紧张度有紧张和松弛。

2. 情绪维度理论　冯特认为，情绪由愉快－不愉快、激动－平静、紧张－松弛三个维度组成。普拉切克认为，情绪具有强度、相似性和两极性三个维度。施洛伯格认为，情绪的维度有愉快－不愉快、注意－拒绝和激活水平三个维度。伊扎德采用因素分析法，提出情绪有愉快度、紧张度、激动度和确信度四个维度。罗素(Russell)，采用情绪词评价和归类法，提出情绪具有愉快度和强度两个维度。

二、表情

(一)表情的含义

情绪与情感发生时，身体各部位的动作、姿态也会发生明显变化，这些行为反应被称为表情。

(二)表情的种类

1. 面部表情　面部表情是指通过眼部肌肉、颜面肌肉和口部肌肉的变化来表现各种情绪状态。例如，咬牙切齿、张口结舌。

吉特的研究表明，快乐、痛苦表情最易辨认，怀疑、怜悯表情最难辨认。艾克曼的研究发现，人脸的不同部位具有不同的表情作用，如眼睛对表达忧伤重要，口部对表达快乐与厌恶最重要。另外，艾克曼还发现，不同文化的被试在识别愉快、恐惧、发怒、悲伤、惊奇和厌恶等表情上具有高度一致性。这从一定程度上支持达尔文在《人类和动物的情绪表情》中的观点，即表情是天生的。

2. 姿态表情　姿态表情可以分为身体表情和手势表情。人在不同的情绪状态下，身体姿态会发生变化，例如，捧腹大笑、坐立不安、紧缩双肩等。手势也可以单独用来表达情感、思想,例如,振臂高呼、双手一摊、手舞足蹈等。

3. **语调表情** 语调表情也是表达情绪的重要形式。如,朗朗笑声表达快乐的情绪,呻吟表达痛苦的情绪。语调的高低、强弱、抑扬顿挫等可表达不同情绪。

三、情绪的脑中枢机制

(一)下丘脑

下丘脑是情绪及动机性行为产生的重要脑结构,实验证明下丘脑存在"快乐中枢"。

(二)网状结构

网状结构的唤醒功能是情绪产生的必要条件;靠近下丘脑部位接受来自中枢和外围两方面的冲动,向下发放各种情绪外部表现;向上传送激活某种情绪状态,产生主观体验。

(三)杏仁核

杏仁核是恐惧反应的中枢,对识别和产生消极情感有重要作用。

(四)前额皮质

左侧前额叶与趋近系统和积极情感有关,右侧前额叶与退缩系统和消极情感有关。

(五)海马和前部扣带回

海马在情绪调节中有重要作用;扣带回前下部主要与情绪加工有关,扣带回后上部与认知功能有关。

(六)大脑皮质

大脑两半球对情绪的控制和调节存在一定的差别,积极情绪引起左半球较多的脑电活动,消极情绪则导致右半球较多的脑电活动。

四、情绪的理论

(一)早期的情绪理论

1. **詹姆斯-兰格理论(外周理论)** 情绪是植物性神经系统活动的产物。詹姆斯认为,情绪是对身体变化的觉知,人们由于哭泣而悲伤,由于打斗而愤怒。兰格认为情绪是内脏活动的结果。两人基本观点相同,都认为情绪是对身体生理变化的知觉,直接由生理变化引起。

2. **坎农-巴德学说** 坎农对詹姆斯-兰格理论提出了三点质疑:①各种情绪状态下,

机体生理变化差异不大;②机体生理变化缓慢,情绪变化快;③机体某些变化由药物引起,但药物不能引起情绪变化。为此,坎农认为情绪的中心不在外周神经系统,而在中枢神经系统的丘脑。外界刺激引起感觉器官的神经冲动,通过内导神经传至丘脑;再由丘脑同时向上向下发出神经冲动,向上传至大脑,产生情绪的主观体验,向下传至交感神经,引起机体的生理变化,如血压升高、心跳加快、瞳孔放大、内分泌增多和肌肉紧张等。使个体生理上进入应激准备状态。因此,情绪体验和生理变化是同时发生的,它们都受丘脑的控制。坎农的情绪学说得到巴德的支持和发展,故后人称坎农的情绪学说为坎农－巴德情绪学说。

(二)情绪的认知理论

1. **阿诺德"评定－兴奋"说** 该学说强调认知评价在情绪中的作用,刺激情境并不直接决定情绪的性质,从刺激出现到情绪的产生,要经过对刺激的估量和评价。情绪产生的过程是"刺激情景－评估－情绪",同一刺激情景,由于对它的评估不同,会产生不同的情绪体验。情绪的产生是大脑皮质和皮下组织协同活动的结果,大脑皮质的兴奋是情绪行为的重要条件。刺激作用于感受器,产生神经冲动,神经冲动经过丘脑,上传至大脑皮质,在皮质中得到评估,形成主观体验,再将这种体验通过外导神经将皮质的冲动传导至丘脑的交感神经,将兴奋发放到血管和内脏,所产生的变化使其获得感觉。

2. **沙赫特－辛格情绪理论** 情绪唤醒实验表明,对于特定的情绪来说,有三个必不可少的因素:个体必须体验到高度的生理唤醒;个体必须对生理状态的变化进行认知性的唤醒;相应的环境因素。情绪状态是认知过程、生理状态和环境因素共同作用的结果。

沙赫特和辛格给被试注射一种药物,告诉他们是测定这种新药对视力的影响。但实际上注射的是肾上腺素,肾上腺素能引起心跳加快、血压升高、手发抖、脸发热等情绪生理反应。被试被分为三组:告诉第一组,注射这种新药会出现心跳加快、手发抖、脸发热等反应;告诉第二组,注射这种新药可能会发麻、发痒、头痛等;未给予第三组任何说明。每组被试再分为两个小组,分别被安排到两种实验情境,一种愉快环境,一种愤怒环境。如果情绪是由生理状态引起的,那么三组被试的生理状态一样,情绪反应也应相同;如果情绪是由环境因素决定的,那么三组被试所处环境一样,情绪反应也应相同;但事实并非如此。实验结果发现,第二组和第三组的被试,在愉快环境中显示出愉快情绪,在愤怒环境中显示出愤怒情绪,而第一组被试则没有愉快或愤怒的体验。这说明,注射肾上腺素虽然引起了典型的情绪唤醒状态,但它的单独作用不能引起人的情绪。同样,环境因素也不能单独决定人的情绪;而认知对人的情绪的产生起着决定性的作用。

3. **拉扎勒斯认知－评价理论** 情绪是人与环境相互作用的产物,是个体对环境事件知觉到有害或有益的反应,因此在情绪活动中,人们需要不断评价刺激事件与自身的关系。具体有三个层次的评价。①初评价:指人确认刺激事件与自己是否有利害关系,以及这种关系的程度。②次评价:指对自己反应行为的调节和控制。③再评价:指对自己的情绪和行为反应有效性和适宜性的评价。

(三)情绪的动机 - 分化理论

伊扎德认为情绪是人格系统的组成部分,是人格系统的动力核心。情绪系统与认知、行为等人格系统建立联系,实现情绪与其他系统的相互作用。

情绪是分化的,存在着具有不同体验的独立情绪,这些独立的情绪具有动机功能。情绪是人格系统的组成部分,是人格系统的核心动力。情绪的分化是进化过程的产物,具有灵活多样的适应功能,且在有机体的适应和生存上起着核心的作用。

第十章　动机、需要与意志

本章首先论述了动机的含义和功能，之后介绍了人类的各种不同的动机，然后阐述了几种重要的动机理论，最后简单介绍意志的基本知识。动机是一个十分重要的研究领域，掌握了动机形成和发展的规律，就可以掌握人们行为的规律，从而提高活动效率。

一、动机概述

（一）动机的含义

动机是由目标或对象引导、激发和维持个体活动的一种内在心理过程或内部动力。需要和诱因分别是动机产生的内部和外部因素，动机的产生必定需要一个外部对象。

（二）动机的功能

1. **激活功能**　动机是个体能动性的一个主要方面，它具有发动行为的作用，能推动个体产生某种活动，使个体由静止状态转向活动状态。

2. **指向功能**　动机能将行为指向一定的对象或目标。

3. **维持和调整功能**　动机维持功能表现为行为的坚持性，动机激发的某种活动能否坚持下去，受到动机的支配和调节。

（三）生理动机和社会动机

1. **生理性动机**　生理性动机也叫驱力，以有机体自身的生物学需要为基础，一般具有周期性；饥、渴、性、睡眠、排泄、疼痛、母性等都属于生理性动机。

2. **社会性动机**　社会性动机以人的社会文化需要为基础，是后天习得的；如，兴趣、权力动机、交往动机、成就动机、认识动机和学习动机等。

（1）*兴趣*　兴趣是探究某种事物或从事某种活动的心理倾向，以认识或探索外界的需要为基础，是推动人们认识事物、探求真理的重要动机。

（2）*权力动机*　权力动机是指支配和影响他人以及周围环境的内在驱力。

（3）*交往动机*　交往动机是指，愿意归属于某一团体，喜欢与人交往，希望得到别人的关心、友谊、支持、合作与赞赏的动机。

(4)成就动机　成就动机是指,希望从事有重要意义的、有一定困难的、具有挑战性的活动,在活动中能取得完满的优异结果和成绩,并能超过他人的动机。

(5)学习动机　学习动机是直接推动学生进行学习的内部动力。

(四)动机与行为效率的关系

动机与行为效率的关系体现为耶基斯－多德森定律,如图1－10－1所示。

1. 动机强度与行为效率之间呈倒U形曲线关系,中等强度的动机最有利于任务的完成。

2. 动机的最佳水平随任务性质的不同而不同。在比较容易的任务中,行为效率随动机的提高而上升,随着任务难度的增加,动机最佳水平有逐渐下降趋势。

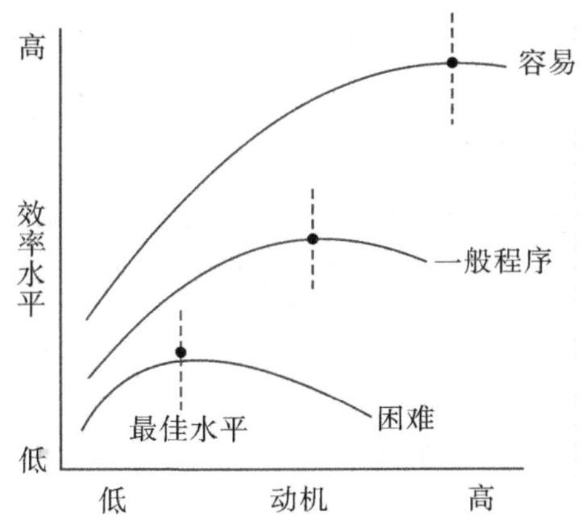

图1－10－1　耶基斯－多德森定律

(五)动机的理论

1. **本能论**　詹姆斯认为,人的行为依赖本能的指引,人除了具有动物本能外,还具有社会本能,如爱、社交、同情和诚实等。麦独孤系统提出了动机的本能理论,认为人类所有的行为都是以本能为基础的;本能是人类一切思想与行为的基本源泉和动力;本能具有能量、行为和目标指向三个成分;个人和民族的性格与意志也是由本能逐渐发展而形成的;本能有18种。洛伦茨认为,本能是由遗传决定的、受特异能量驱动的物种特有的固定动作模式;个体的经验可以转化成本能行为,行为是本能与学习交互作用的结果(印刻现象)。弗洛伊德认为,本能是行为的推动力、内在动力;人的一切行为由生物本能直接或间接驱动;人有生本能和死本能两种本能。

2. **驱力理论**　赫尔认为,个体要生存就有需要,需要产生驱力,驱力供给机体力量或能量,使需要得到满足,进而减少驱力。驱力给行为提供能量,而习惯决定着行为的方向,他认为有的驱力来自内部刺激,不需要习得,称为原始驱力;有些驱力来自外部刺激,是通过学习得到的,称为获得性驱力。驱力(D)、习惯强度(H)和抑制(I)共同决定了个体的行

为潜能(P),即:

$$P = D \times H - I$$

3. **唤醒理论** 赫布和柏林认为唤醒是指由外部刺激引起的大脑皮质的兴奋状态。一般来说人们喜欢中等程度的刺激,它带来最佳的唤醒水平,刺激水平太高或太低,个体都会感到不舒服。三个原理如下:

(1)人们偏好最佳的唤醒水平 每一个人都有自己的最佳唤醒水平,且都会追求达到这一最佳唤醒水平。

(2)简化原理 即重复进行的刺激能使唤醒水平降低。

(3)个人经验对于偏好的影响 富有经验的个体偏好于复杂的刺激。

4. **诱因理论** 诱因指能满足个体需要的刺激物,它具有激发或诱使个体朝向目标的作用。斯彭斯认为诱因(K)也是激发人行为的重要因素,$P = D \times H \times K - I$ 。

5. **认知理论**

(1)期待价值理论 托尔曼提出,行为产生不是由于强化,而是由于个体对目标的期待。期待为刺激与刺激的联系或反应和刺激的联系。如看见闪电就期待雷声,这是由刺激引起的期待;平时努力学习就会期待在考试中取得好成绩,这是由反应引起的期待。期待是重要的,它帮助个体获得目标。

(2)归因理论 海德认为,行为的原因有内部和外部原因;罗特提出了“控制点”;韦纳系统提出了动机的成败归因理论。个体对自己的行为及其结果有归因倾向,归因是复杂而多维度的,不同的归因方式影响个体今后的学习动机。人们倾向于将活动成败的原因归结为能力高低、努力程度、任务难易、运气好坏等因素,这些因素又能分别纳入内部归因和外部归因、稳定性归因和不稳定归因、可控制归因和不可控归因等三个维度之中。归因的内外源维度影响个体对成败的情绪体验;稳定性维度影响个体对未来成败的预期;可控性维度影响个体今后努力学习的行为。

(3)自我功效理论 班杜拉认为,期待是决定行为的先行甚至决定性的因素。强化的效果存在于期待奖赏或惩罚之中,是一种期待强化;期待分为结果期待和效果期待。结果期待是对行为结果的估计,效果期待是对自己能否完成某一行为的推测和判断,即自我效能感,它的高低直接决定个体进行某种活动的动机水平。自我效能感的影响因素有成功和失败的经验、替代性经验、言语说服、情绪唤起。成功的经验往往提高个体的自我效能感,而多次失败的经验则会降低自我效能感。个体通过观察他人的行为而获得的信息,对自我效能感也有重要作用。他人的建议、劝告、解释和激励等也可能改变人们的自我效能感。正情绪可以增强自我效能感,负情绪则会减弱自我效能感。

(4)成就目标理论 德韦克等人的成就目标定向理论是以内隐能力理论为基础发展而来的一种学习动机理论。持能力增长观的个体认为,能力是可以改变的,随着学习的进行而提高;持能力实体观的个体则认为,能力是固定的,不会随学习而改变。

由于人们持有不同的内隐能力观，因而导致他们形成了不同的成就目标观。持能力增长观的个体倾向于确立掌握目标、任务目标和自我标准，他们希望通过学习来掌握知识、提高能力，认为自己比之前进步就是成功。持能力实体观的个体则倾向于确立表现目标和他人标准，他们希望在学习过程中证明自己的高能或避免表现自己的低能，认为比别人表现的优越才是成功。

(5)自我决定理论　德西认为，自我在动机过程中起能动作用，自我决定是一种涉及经验选择的人类机能品质，它组成内在的动机。自我决定不仅是人的一种选择能力，还是个体的一种需要，人们具有基本的内在自我决定的倾向，人们行为的决定因素是自我决定，而不是强化、驱力或其他任何力量。

(6)逆转理论　阿普特尔认为，人们的心理需要是对立的，有四对相反的动机状态：目的—超越目的、顺从—逆反、控制—同情、自我中心—他人取向，不同状态派生不同的动机模式。每对动机都是按相反方向对应排列的，在当前任务中每对动机的两种状态中只有一个能激活。

逆转理论是试图解释人类的动机是如何从一端向另一端转化的。比如，跳伞员在跳伞前是焦虑的，在伞打开时感到兴奋，这是从焦虑向兴奋的转化，也就是目的向超越目的转化。

二、需要

(一)需要的含义

需要是有机体内部的一种不平衡状态，它表现在有机体对内部环境或外部生活条件的一种稳定的需求，并成为有机体活动的源泉。需要是由个体对某种客观事物的要求引起的，这种要求可能来自有机体内部，也可能来自个体周围的环境。需要是个体活动的基本动力，是个体行为的重要源泉。人的各种活动或行为都是在需要的推动下进行的。需要与动机的关系体现在动机是在需要的基础上产生的。当人的某种需要没有得到满足时，它会推动人去寻找满足需要的对象，从而产生活动的动机。当需要推动人们去活动，并把活动引向某一目标时，需要就成为人的动机。

(二)需要的种类

1. **按需要的起源分类**　可以划分为自然需要(生理需要)和社会需要。

(1)生理需要　生理需要是为保存和维持有机体生命和种族延续所必需的，包括：饮食、运动、睡眠、排泄、性的需要等。

(2)社会需要　社会需要是人们为了提高自己的物质和文化生活水平而产生社会性需要，包括对知识、劳动、艺术创作的需要，对人际交往、尊重、道德、名誉地位、友谊和爱情的需要，对娱乐消遣、享受的需要等。

2. **按需要指向的对象分类**　可分为物质需要和精神需要。

（1）物质需要　物质需要是指人对物质对象的需求，包括对衣、食、住有关物品的需要，对工具和日常生活用品的需要；物质需要既包括生理需要又包括社会需要。

（2）精神需要　精神需要是指人对社会精神生活及其产品的需求，包括对知识的需要、对文化艺术的需要、对审美与道德的需要等；这些需要既是精神需要又是社会需要。

3. **莫里的分类**　莫里将需要分为基本需要和次级需要。

（1）基本需要　基本需要是身体能量的需要，生理的满足。

（2）次级需要　次级需要是心理能量的需要，精神或情绪的满足。

（三）需要的层次理论

马斯洛认为，个体的需要具有层次性，由低级到高级分别是生理需要、安全需要、归属与爱的需要、尊重的需要和自我实现的需要；人的需要是与生俱来的。

1. **需要的五个层次**

（1）生理需要　人对食物、空气、水分、睡眠、性的需要。它们在人的所有需要中是最重要的，也是最有力量的。

（2）安全需要　对组织、秩序、安全感和可预见性的需要；表现为寻求稳定、安全、受到保护、有秩序、能免除恐惧和焦虑等。

（3）归属与爱的需要　一个人渴望与人建立一种良好关系，并在其群体和家庭中拥有地位的需要。

（4）尊重的需要　包括自尊和希望受到别人的尊重，即基于自我评价产生的自重、自爱和期望受到他人、群体和社会认可。

（5）自我实现的需要　人们追求实现自己的能力或潜能，并使之完善化，即各种潜能得到充分发挥的需要。

2. **各种需要之间的关系**

（1）生理需要、安全需要、归属与爱的需要、尊重的需要为低级需要，它们直接关系到个体的生存，又叫基本需要、缺失性需要；高级需要在个体发展中出现较晚，不是维持个体生存所绝对必需的，也叫成长性需要。

（2）需要是相互联系、彼此影响的，只有在低级需要基本得到满足或部分得到满足之后，较高层次的需要才会产生。

（3）在某一特定的时间和条件下往往有多种需要，但有一种需要占优势（优势需要），它决定人们的行为。婴儿期生理需要占优势，青少年期尊重需要开始占优势，青年中期、晚期自我实现的需要占优势。

（4）一种需要获得满足后，其作用就逐渐减弱，另一种需要就上升为优势需要，成为行为的新动力。

（5）新的需要的产生经历了一个从无到有、从弱到强、逐步演进的波浪式前进的过程。

后期,马斯洛在成长性需要中又提出了认知的需要和审美的需要。

三、意志

(一)意志的含义

意志是有意识地支配、调节行为,通过克服困难,以实现预定目的的心理过程。

(二)意志的特征

1. **目的性** 意志行动是有目的的行动,自觉的目的性是人的意志行动的前提,这是人与动物间的本质区别。

2. **坚韧性** 一个人遇到困难所采取的态度与克服困难的能力,是衡量人的意志力强弱的客观标准,克服困难是意志行动的核心。

3. **随意性** 随意运动是意志行动的基础,意志行动必然是随意运动。

(三)意志行动过程

意志通过行动表现出来,意志行动可分为采取决定和执行决定两个阶段。

1. **采取决定** 在思想上权衡行动的动机、确定目的、选择方法、做出行动的决定。

2. **执行决定** 执行意志准备阶段所做出的决定,执行决定阶段是意志行动的关键阶段。

(四)意志行动中的动机冲突

在意志行动中人们常常具有两个以上的目标,而这些目标不可能同时实现,因而促使了意志行动中的目标冲突或动机斗争。

1. **双趋冲突** 两种或两种以上目标同时吸引人们,但只能选择其中一种目标。如,鱼和熊掌不可兼得。

2. **双避冲突** 两种或两种以上的目标都是人们力求回避的,而又只能回避其中一种。如,小明得了虫牙,但又迟迟不肯就医。

3. **趋避冲突** 同一物体对人们既有吸引力,又有排斥力。如,美食当前,想吃,却又怕长胖。

4. **多重趋避冲突** 面对多个目标,每个目标分别具有吸引和排斥两方面的作用,无法简单地选择一个目标而回避另一个,必须进行多重选择。如,某人想跳槽去另外一个城市,那里工资高、住房条件好,但又担心去一个新城市适应不了,子女教育问题难解决,若留在原单位,虽然工资低且住房条件差些,但工作和生活环境早已习惯,也比较安定,子女教育问题也已解决。

(五)意志的品质

意志品质是构成人意志的某些比较稳定的方面。

1. **独立性(自觉性)** 独立性是指个体不屈服于周围人们的压力,不随波逐流,而是根据自己的认识和信念,独立采取决定、执行决定的品质;与独立性相反的品质是受暗示性和独断性。

2. **果断性** 果断性是指个体有能力及时采取有充分根据的决定,并在深思熟虑的基础上实现这些决定的品质;与果断性相反的品质是优柔寡断和草率决定。

3. **坚定性(顽强性)** 坚定性是指个体长时间坚信自己决定的合理性,并坚持不懈地执行决定的品质;与坚定性相反的品质是动摇性和顽固性。

4. **自制力** 自制力是指个体善于掌握和支配自己行动的品质;与自制力相反的品质是怯懦和任性。

第十一章　能　力

本章首先介绍了能力的科学概念，其次介绍了能力的种类和结构、有关能力的几种理论，然后介绍了情绪智力，最后介绍能力发展的个体差异。

一、能力概述

（一）能力的含义

能力是直接影响活动效率、保证活动任务得以顺利完成的个性心理特征。

（二）能力、才能和天才

要完成某种活动，往往需要多种能力的结合，这种结合在一起的能力叫才能。能力的高度发展称为天才，天才是能力的独特组合，它使人能够顺利地、独立地、创造性地完成某些复杂的活动。

（三）能力与知识、技能的关系

1. 区别

(1)分属范畴不同　知识是人们所掌握的改造自然和改造社会的历史经验，即人脑对客观事物的主观表征；技能是指人们通过练习而获得的动作方式和动作系统，可分为操作技能和心智技能；能力是知识掌握和技能形成过程中表现出来的心理特性。

例如，理解一个数学公式。与数字任务有关的感知、记忆、想象和思维方式可归为认知技能的范围；推导这一公式的步骤、推导过程中需要运用其他公式或原理，属于知识；在推导过程中的思维分析以及概括等，则属于能力。

(2)概括水平不同　知识和技能虽具有概括性，但对某些知识或某种具体技能来说，仍比较具体；而能力是对人的心理活动过程、活动方式和知识活动的概括，相对较为抽象。

(3)发展水平不同步　知识获得快，技能需要练习过程，能力的形成与发展比知识获得和技能掌握得晚。

2. 联系

(1)能力是在掌握知识和技能的过程中形成和发展起来的,依赖知识、技能的获得。

(2)能力是获得和掌握知识与技能的前提,又是获得和掌握知识与技能的结果。

(3)能力高低影响知识和技能的水平;技能是知识转化为能力的中间环节,知识和能力又是掌握技能的前提,技能的形成和发展有助于知识的获得和巩固。

二、能力的种类

(一)一般能力与特殊能力

1. 一般能力 一般能力是在不同种类的活动中都会表现出来的能力。如,观察力、记忆力、抽象概括能力、想象力、创造力等,其中抽象概括能力是一般能力的核心。

2. 特殊能力 特殊能力是在某种专业活动中表现出来的能力。如,画家的色彩鉴别力、音乐家区别旋律的能力、感受节奏的能力等。

(二)模仿能力和创造能力

1. 模仿能力 模仿能力又称再造能力,是通过观察别人的行为和活动来仿效他人的言行举止的能力。

2. 创造能力 创造能力是指不受成规的束缚而能够灵活运用知识经验,产生新思想,发现和创造新事物的能力。

(三)流体智力和晶体智力

流体智力是指一般的学习和行为智力,是在信息加工和问题解决中表现出来的智力,主要与人的生理结构和功能有关,即主要取决于先天的因素,很少受后天教育因素的影响。流体智力的发展趋势是先提高后降低,一般在 20 岁后达到高峰,30 岁后逐渐降低。

晶体智力是指已经获得的知识和技能,表现为语言、数学知识等智力,它是后天习得的,主要由后天教育和经验决定,是经验的结晶。晶体智力在一生中一直发展。

流体智力和晶体智力存在密切关系。一方面,晶体智力的发展依赖于流体智力;另一方面,对于晶体智力的发展,只有流体智力是不够的,还需要环境作用。

(四)认知能力、操作能力和社交能力

1. 认知能力

(1)认知能力指个体接收、加工、存储和应用信息的能力,是个体顺利完成各项活动任务最重要的心理条件。

(2)对客观事物的观察、记忆、注意、思维和想象的能力都属于认知能力。

2. 操作能力

(1)操作能力指器械操作、工具制作、身体运动等方面的能力,包括劳动能力、艺术表现能力、体育运动能力、仪器操作能力等。

(2)认知能力和操作能力紧密联系,没有认知能力积累的知识经验,操作能力就得不到形成和发展。操作能力不发展,个体的认知能力也无法得到很好的发展。

3. 社交能力

(1)社交能力指个体在社会交往活动中运用适当交往技巧增进与他人心理关系的能力,主要包括观察技能、执行技能和认知技能。

(2)组织管理能力、言语感染能力以及人际沟通能力都是社交能力。

(五)情绪理解、控制和利用的能力

这种能力也叫情绪智力。梅耶尔和萨洛韦认为,情绪智力是指个体监控自己及他人的情绪和情感,并识别、利用这些信息指导自己的思想和行为的能力。包括四个维度:①准确和适当地知觉、评价和表达情绪的能力;②运用情感促进思维的能力;③理解和分析情绪、有效地运用情绪知识的能力;④调节情绪,以促进情绪和智力发展的能力。

巴昂提出了"情绪商数(简称情商,EQ)"这一名词,它代表了一个人的情绪智力。戈尔曼认为,情商是个体的重要生存能力,是一种发掘情感潜能、运用情感能力影响生活各个层面和人生未来的关键品质。戈尔曼还提出了工作 EQ,认为它包括自我觉察、自我管理、社交觉察和人际关系管理四个方面的能力。

三、智力的理论

(一)智力的因素说

1. 独立因素说 桑代克认为,人的能力是由许多独立的成分或因素构成。不同的能力和不同的因素彼此没有关系,能力的发展只是单个能力独立的发展。

2. 二因素说 斯皮尔曼使用因素分析法研究后提出,能力是由一般因素(G 因素)和特殊因素(S 因素)两种因素构成的。G 因素是基本的心理潜能,决定能力高低,S 因素保证人们完成特定作业或活动;完成任何活动都需要这两种因素,活动中包含的 G 因素越多,各作业成绩的正相关越高。

3. 群因素理论 瑟斯顿认为,智力由词语理解、词的流畅性、计算、记忆、推理、空间知觉和知觉速度这七种基本能力或原始能力构成。

(二)智力的结构理论

1. 三维结构模型 吉尔福特认为,智力可分为内容、操作、产品三个维度,人有 150 种智力(5 ×5 ×6)。

(1)内容　内容包括听觉、视觉、符号、语义、行为等5种,是智力活动的对象或材料。

(2)操作　操作包括认知、记忆、发散思维、聚合思维、评价等5种,是智力活动的过程。

(3)产品　产品包括单元、分类、关系、转换、系统、蕴涵等6种,是智力操作所得的结果。

2. 层次结构理论　阜农认为,智力的结构是按层次排列的:最高层次是G因素;第二层为言语、教育方面和操作、机械方面的因素,叫大因素群;第三层次为小因素群,包括言语、数量、机械、信息、空间信息等;第四层次为特殊因素。

(三)智力的信息加工理论

1. 智力三元理论　斯腾伯格认为,完备的智力理论必须说明智力的内在成分、智力成分与经验间的关系以及智力成分的外部作用,这三个方面构成了智力成分亚理论、智力情境亚理论和智力经验亚理论。

(1)智力成分亚理论　认为智力包括三种成分及相应的三个过程,即元成分、操作成分和知识获得成分。

①元成分用于计划、控制和决策等的高级执行过程,在三种成分中起核心作用,用来支配操作成分和知识获得成分。

②操作成分主要用于任务操作时执行不同的策略,包括信息的编码、组合和信息间的比较以及反应等,它负责执行元成分的决策。

③知识获得成分用于获取和保持新信息的过程。

(2)智力情境亚理论　认为智力是指与环境拟合的心理能力,是有目的地适应环境、塑造环境与选择环境的能力。一般来说,个体总是努力适应他所处的环境,力图在个体及其环境之间达到一种和谐。

(3)智力经验亚理论　认为智力包括两种能力,一种是处理新任务和新环境时的能力,一种是信息加工自动化的能力。任务、情境和个体三者存在相互作用。完成复杂任务时,需要运用多种操作化的过程。个体初次遇到某个任务或某一情境时,应对新异性的能力开始发挥作用,多次实践后,积累了对任务和情境的经验,自动化能力才开始起作用。

2. 智力的PASS模型　纳格利尔里和戴斯在鲁利亚的三个机能系统学说的基础上,提出了智力的PASS模型。

PASS是指“计划—注意—同时性加工—继时性加工”(Planning—Arousal—Simultaneous—Successive),包含三层认知系统和四种认知过程。注意系统,又称注意-唤醒系统,是整个系统的基础;同时性加工和继时性加工称为信息加工系统,处于中间层次;计划系统处于最高层次,负责监督、管理、调节其他心理过程。计划、注意、同时性加工和继时性加工是智力活动最一般、最普遍的加工过程,三层系统间呈动态联系,相互影响、相互作用,协调合作保证智力活动的完成。

3. 多元智力理论　加德纳通过对脑损伤病人的研究及对智力特殊群体的分析,提出了多元智力理论。他认为,智力是多元的,由八种相对独立的成分构成,每种智力依据某一社会对它的需要、奖赏以及它对社会的作用,其价值也不同。这八种智力具体包括:①言语智力,阅读、写文章或小说以及用于日常会话。②逻辑—数学智力,数学运算与逻辑思考。③空间智力,认识环境、辨别方向。④音乐智力,对声音的辨别和韵律的表达。⑤运动智力,支配肢体完成精密作业。⑥人际智力,与人交往且能和睦相处的能力。⑦自知智力,认识自己并选择自己的生活方向。⑧自然智力,认识、感知自然界事物。

加德纳认为,每种智力都是一个单独的功能系统,这些系统相互作用,从而产生了外显的智力行为。

4. **成功智力理论** 斯腾伯格认为,成功智力是一种用以达到人生中主要目标的能力,对现实生活的影响举足轻重。成功智力包括分析性智力、创造性智力和实践性智力,三者相互联系。①分析性智力:涉及问题解决和评定思维成果的质量,强调比较、判断、评估等分析思维能力。②创造性智力:涉及发现、创造、想象和假设等创造性思维的能力。③实践性智力:涉及解决实际生活中问题的能力,包括应用知识的能力,其中,问题解决的能力是实践性智力的核心。

成功智力是一个有机整体,用分析性智力发现好的解决办法,用创造性智力找对问题,用实践性智力解决实际问题,只有这三个方面协调、平衡时才最为有效。

四、智力发展的差异

(一)智力发展的一般趋势

童年期和少年期是智力发展的最重要时期,从三岁到十二三岁,智力发展几乎和年龄等速,以后逐渐呈负加速变化。总体智力在18~25岁间达到顶峰,但智力的不同成分达到顶峰的时间不同。成年期是智力发展的最稳定时期,二十五六岁到四十岁,人们常出现富有创造性的活动。流体智力在中年之后有下降趋势,但晶体智力一生都在发展。智力发展趋势存在个体差异,能力高的发展快,达到高峰的时间晚,能力低的发展慢,达到高峰的时间早。

(二)智力发展的差异性

1. **发展水平的差异** 智力在全人口中表现为正态分布。智力的高度发展叫超常或天才;智力发展低于一般人的水平叫智力低下或智力落后,智商在70分以下者为智力落后;中间分成不同的层次。

2. **表现早晚的差异** 有些人小时候就显露出卓越的才华,这叫"早慧"或"人才早熟",如王勃10岁能赋;与之相反的是"大器晚成",指智力的充分发展在较晚的年龄才表现出来,如谢灵顿年轻时放荡不羁,达尔文小时候被认为是智力低下。

3. **结构的差异** 能力有各种各样的成分,他们可以按不同的方式结合起来,形成了人与人之间在能力上的差异。例如,有的人强于想象,有的人强于记忆,有的人强于思维等。不同能力的结合,形成了能力在结构上的差异。

4. **性别差异** 性别差异并未表现在一般智力因素上,而是反映在特殊智力因素中。一般而言,智力的性别体现在以下三个方面。

(1)*数学能力性别差异* 研究发现,女生在计算能力上具有一定优势,但这种优势只表现在中小学阶段;在问题解决上,中学时期女生略好,高中和大学阶段男生较好。还有研究认为,男生在竞争性数学活动中比女生好,女生在合作性数学活动中比男生好。

(2)*言语能力性别差异* 女生的言语能力普遍比男生好。在各种言语能力测验中,以词的流畅性所显示的女性优势最为明显,而言语推理则显示男性优势。

(3)*空间能力性别差异* 研究表明,在空间知觉和心理旋转测验中,男性好于女性;而在空间想象力测验中,男女差异不显著。

(三)影响智力发展的因素

1. **遗传** 心理学家曾从三个方面研究遗传对智力发展的影响:

(1)研究血缘关系疏密不同的人在能力上的相似程度。

(2)研究亲生父母、养父母与子女能力发展的关系。

(3)对分开抚养和一起抚养的同卵双生子进行追踪研究。

结果发现,血缘关系越接近的人,智力发展水平上越接近,相关系数最高达到0.88。不过,心理学家一般认为,遗传对能力的影响主要表现在身体素质上,良好的身体素质是能力发展的前提,但不起决定作用。

2. **环境与教育**

(1)*产前环境* 母体营养状况、怀孕年龄等都会影响胎儿的智力发展。如,有研究发现,母亲30~34岁之间怀孕,孩子患唐氏综合征的概率是之前的5倍。

(2)*早期经验* 丰富的环境刺激有利于儿童能力的发展,母亲的抚爱能增强儿童的安全感,有安全感的孩子喜欢探索环境,而探索环境是能力发展的重要条件。

(3)*学校教育* 课堂教学的有效组织有利于学生能力的发展。如,“严师出高徒”体现的就是教育对能力发展的意义。再比如,弗林认为,弗林效应(即,智力分数的测试结果逐年提高的现象)是由于环境而不是遗传的因素所致。

3. **实践活动** 人的各种能力是在社会实践活动中最终形成的;不同的实践活动也会影响能力的发展。如,施用累能,说的就是能力是在使用中积累的;科用累能,说的是从事不同职业会积累不同的能力。

4. **主观能动性** 一个人刻苦努力,积极向上,具有广泛的兴趣和强烈的求知欲,他的能力就可能得到发展。反之,具有很好的天赋,若不发挥主观能动性,也不能具备很高的能力。

第十二章　人　格

本章首先界定了人格及其基本特性，描述了人格的基本成分，然后介绍了几种人格理论，接着从人格在认知加工方式上的差异角度介绍了认知风格，最后分析了人格形成和发展的影响因素。

一、人格概述

（一）人格的含义

人格是构成一个人的思想、情感及行为的特有统合模式，主要包括气质、性格、认知风格和自我调控系统四个成分。

1. **气质**　气质是表现在心理活动的强度、速度、灵活性与指向性等方面的一种稳定的心理特征。

2. **性格**　性格是与社会道德评价相联系的人格特质，表现为个人的品行道德和行为风格。它是人格的核心成分。

3. **认知风格**　认知风格是个体所偏爱使用的信息加工方式，也叫认知方式。

4. **自我调控系统**　自我调控系统是人格中的内控系统或自控系统，负责对人格的各种成分进行调控，保证人格的完整、统一与和谐。自我调控系统包括自我认知、自我体验和自我控制。

（二）人格的特征

1. **独特性**　在不同的先后天影响下，人们形成了各自独特的心理特点。例如，"人心不同，各如其面"说的就是人格的独特性。

2. **稳定性**　人格具有稳定性，偶然发生的、一时的心理特征不能称为人格。例如，"江山易改，禀性难移"说的就是人格的稳定性。但并不是说人格就是一成不变的，随着自身和环境改变，人格也会有或多或少的变化。

3. **统合性**　人格是由多种成分构成的一个有机整体，具有内在一致性，受自我意识的调控。统合性是心理健康的重要指标，当人格结构各方面彼此和谐一致时，人才是健康的。

4. **功能性** 人格在一定程度上会影响到人的生活方式,甚至会决定某些人的命运(性格决定命运),因而是人生成败的根源之一。

二、人格的理论

(一)人格特质理论

人格特质理论起源于20世纪40年代的美国。特质是决定个体行为的基本特性,是人格的有效组成元素,也是测评人格所常用的基本单位。

1. **共同特质和个人特质** 奥尔波特于1937年首次提出了人格特质理论,他将人格特质分为共同特质和个人特质。

(1)共同特质是指在同一社会文化形态下,多数人或群体所共有的特质;个人特质是指某个体所独有的特质。

(2)个人特质又分为首要特质、中心特质(一般有5~10个)和次要特质。

①首要特质是个体身上所具有的最典型、最概括的人格特质。

②构成个体独特性的那些重要特质属于中心特质。

③次要特质是个体身上不太重要的特征,只有在特殊的情况下才会表现出来。

2. **四层特质模型** 卡特尔利用因素分析法,建立了一个四层特质模型。

(1)*个别特质和共同特质* 个别特质是个体身上所独有的特质;共同特质是某一社会文化形态下,大多数人或一个群体所共有的、相同的特质。

(2)*表面特质和根源特质* 表面特质是指从外部行为可以直接观察到的特质;根源特质是指以相同原因为基础的那些相互联系的特质,它是制约表面特质的基础,是人格的内在因素。两者既可能是个别特质也可能是共同特质,是人格中最重要的一层。卡特尔16PF人格量表测的就是根源特质。

(3)*体质特质和环境特质* 根源特质又可以分为体质特质和环境特质两类。体质特质是由先天的生物因素决定的,如兴奋性、情绪稳定性等;而环境特质是由后天的环境因素决定,如焦虑、有恒性等。

(4)*动力特质、能力特质和气质特质* 这是人格的最下层特质,同时受到遗传和环境两方面的影响。动力特质是指具有动力特征的特质,它使人趋向某一目标,包括生理驱力、态度和情操等;能力特质是表现在知觉和运动方面的差异特质,包括流体智力和晶体智力等;气质特质是决定一个人的情绪反应的速度和强度的特质。三者既可能是体质特质,也可能是环境特质。

3. **三因素模型** 艾森克采用因素分析方法提出了人格的三因素模型。

(1)*外倾性* 表现为内、外向的差异。

(2)*神经质* 表现为情绪稳定性的差异。

(3)精神质　表现为孤独、冷酷、敌视、怪异等偏于负面的人格特征。

艾森克由此编制了艾森克人格问卷,即 EPQ。若以外倾性维度作为 X 轴、神经质维度为 Y 轴作平面图,将构成四个象限,这四个象限与四种气质类型相对应:稳定外倾—多血质;稳定内倾—黏液质;不稳定外倾—胆汁质;不稳定内倾—抑郁质。

4. **大五人格理论**　塔佩斯等用词汇学方法对卡特尔的根源特质变量进行了再分析,发现了五个相对稳定的因素。之后,许多学者进一步对其验证,形成了著名的五因素模型,又称大五模型。高德伯格将其称之为人格心理学的"一场悄悄的革命"。这五个因素具体如下:

(1)外倾性(extraversion)　热情、社交、果断、活跃、冒险、乐观等特质。

(2)宜人性(agreeableness)　信任、直率、利他、依从、谦虚、移情等特质。

(3)责任心(conscientiousness)　胜任、公正、条理、尽职、成就、自律、谨慎、克制等特质。

(4)神经质或情绪稳定性(neuroticism)　焦虑、敌对、压抑、自我意识、冲动、脆弱等特质。

(5)开放性(openness)　想象、审美、情感丰富、求异、创造、智能等特质。

这五个特质的头一个字母构成了"OCEAN"一词,代表了"人格的海洋"。麦克雷和科斯塔据此编制了"大五人格因素测定量表"(NEO－PI－R)。

5. **七因素模型**　特里根等用不同的选词原则,获得了 7 个因素,分别是:正情绪性、负效价、正效价、负情绪性、可靠性、宜人性和因袭性。人格特征量表(IPC－7)是"大七人格模型"的有效测量工具。

6. **中国人的人格特质**　张建新等人 1993 年提出中国人的人格特质有 6 种:外倾性、神经质或情绪稳定性、开放性、宜人性、尽责性和人际关系型。还有中国学者认为,中国人的人格特质有 7 种:外向性、善良、行事风格、才干、情绪性、人际关系和处世态度。

(二)人格类型理论

1. **单一类型理论**　弗兰克·法利提出了 T 型人格,这种理论认为人格类型是依据一群人是否有某一特殊人格来确定的。T 型人格是一种好冒险、爱刺激的人格特征。根据冒险行为的性质,分为 T^+ 型和 T^- 型两种。冒险行为朝向健康、积极、创造性和建设性方向时,就是 T^+ 型人格;冒险性行为具有破坏性时,就是 T^- 型人格。T^+ 型人格又可以分为体格 T^+ 型和智力 T^+ 型,极限运动员代表了体格 T^+ 型,科学家或思想家代表了智力 T^+ 型。

2. **A—B 型人格**　弗里德曼和罗斯曼将人格分为 A 型人格和 B 型人格。

(1)A 型人格　性情急躁,缺乏耐性;他们的成就欲高,上进心强,有苦干精神,工作投入,做事认真负责,时间紧迫感强,富有竞争意识,外向,动作敏捷,说话快,生活常处于紧张状态,但办事匆忙,社会适应性差,属不安定型人格。

(2)B 型人格　性情不温不火,举止稳当,对工作和生活的满足感强,喜欢慢步调的生活节奏。

研究表明:具有 A 型人格特征的人易患冠心病,而 B 型人格的人数只占患者总人数的 1/3。

3. 内—外向人格　荣格认为,人的兴趣和关注指向内还是外,决定一个人的心理倾向,由此提出了内—外向人格类型说,任何人都有内向和外向两种人格,但其中一种可能占优势。内向型的人把兴趣和关注点指向主体,经常出现自我剖析,做事谨慎,深思熟虑,疑虑困惑,交往面窄,有时会出现适应困难。外向型的人则把兴趣和关注点指向外部客体,情感外露,热情,当机立断,独立自主,善于交往,行动敏捷,有时则轻率。

4. 多元类型理论　斯普兰格依据人类社会文化生活的六种价值观,把人划分为经济型、理论型、审美型、权力型、社会型和宗教型 6 种,有研究者据此编制了《价值观研究量表》。

(三)整合理论

特质理论强调个体间的人格差异,类型理论强调全体间的人格差异;特质理论描述了人格的量的差异,类型理论描述了人格的质的差异;特质差异可以通过心理测量来评定,类型理论可以通过观察获得;特质理论显示了下位层面的人格差异,类型理论显示了上位层面的人格差异。二者从不同角度描绘了人格的复杂结构。

整合理论则将以上两种理论的特点综合起来,全面地描述了人格的结构。艾森克是整合理论的代表人物,提出了人格结构的四层模型。

1. 特殊反应层　模型的最下层"特殊反应层"是日常观察到的反应,偶然性与随机性较大,属误差因子。

2. 习惯反应层　上一层"习惯反应层"是由反复进行的日常反应形成的,常与某一情境下的行为有关,属特殊因子。

3. 特质层　再上一层是特质层,是由习惯反应形成的,具有比较强的概括性,属群因子。

4. 类型层　最上层是类型层,由特质形成,影响范围很大,属一般因子。

(四)精神分析人格理论

1. 弗洛伊德的理论

(1)人格结构理论　人格由本我、自我和超我组成,三者相互联系、相互制约,它们之间的关系决定着人格的基本面貌。

①本我:位于人格结构的最底层,是由先天的本能、欲望所组成的能量系统,包括各种

生理需要,本我是无意识,非理性的,遵循快乐原则。

②自我:位于人格结构的中间层,从本我中分化出来的,其作用是调节本我和超我的矛盾,遵循现实原则。

③超我:位于人格结构的最高层,是道德化的自我,它的作用是抑制本我的冲动、对自我进行监控、追求完善的境界,遵循道德原则。

(2)人格发展理论　人格发展的基本动力是本能,人格的发展就是心理性欲的发展;人格发展分为口腔期(0~1岁)、肛门期(1~3岁)、性器期(3~6岁,俄狄浦斯情结)、潜伏期(6~11岁)和生殖期(青少年期)。

(3)自我防御机制　自我防御机制是自我面对有可能的威胁和伤害时一系列的反应机制,当自我受到外界的威胁而引起强烈的焦虑时,焦虑将无意识地激活一系列的防御机制,以某种歪曲现实的方式来保护自我,缓和或消除不安和痛苦。它包括否认、压抑、合理化、移置、投射、反向形成、过度补偿、升华、幽默和认同等多种形式。

2. 荣格的理论

(1)人格结构论　荣格认为,一个完整的人格是由若干不同,但彼此相互联系的系统(层次)组成的,即由意识、个体潜意识和集体潜意识构成。①个体潜意识是潜意识的表层,它包括了一切被遗忘了的记忆、知觉以及被压抑的经验,以"情结"的形式表现出来。②集体潜意识为荣格首创,是指人类在种族进化中所遗留下来的心灵印象,是千百亿年人类集体经验的沉积物,是对外在世界作适当反应所需的潜能,属于人类全体,普遍存在,是个体始终意识不到。其内容以"原型"的形式表现出来。

(2)人格动力论　荣格认为,构成人格结构的心理要素不能静止不动地支配人格,它们要在一定的心理能量作用下建构人格。人格结构本身就是一个具有相对闭合性的动力系统。

(3)人格发展理论　荣格认为,人格的发展就是个性化的过程,即在意识的指导下,使意识的心灵和潜意识内容融洽地结合为一体的过程。人格发展分为童年期、青年期、中年期和老年期。

(4)心理类型理论　荣格根据态度倾向,将人划分为内倾性和外倾性两种类型;又提出了四种心理功能,即思维、情感、感觉和直觉;根据态度和功能的结合,人格类型分为八种:外倾思维型、外倾情感型、外倾直觉型、外倾感觉型、内倾思维型、内倾情感型、内倾感觉型、内倾直觉型。

(五)人本主义人格理论

1. 马斯洛的理论　自我实现是其人格理论的核心,个体之所以存在,生命之所以有意义,就是为了自我实现。

2. 罗杰斯的自我实现理论　罗杰斯强调人的自我存在、自由和自主选择性。其人格理论中最为核心的人格结构是自我概念,它是人格形成、改变和发展的基础,是人能正常发展的主要标志。相对于自我概念又提出“理想自我”,它象征着个体最喜欢拥有的自我概念,真实自我与理想自我的和谐统一就是自我实现。在人格动力系统方面,罗杰斯的基本假设是:有机体有一种先天的“自我实现”的动机,它表现为一个人最大限度地实现各种潜能的趋向,自我实现的动机是与生俱来的。

三、气质

(一)气质的含义

气质是与生俱来的,表现在心理活动的强度、速度、灵活性与指向性等方面的一种稳定的心理特征,相比性格、能力,气质更具有稳定性。气质无好坏之分,不决定人的社会价值,也不直接具有社会道德评价意义。

(二)气质的类型

1. **胆汁质(冲动)** 情绪强烈,爆发快平息快,精力旺盛,争强好胜生机勃勃,为人粗枝大叶,鲁莽冒失。

2. **多血质(活泼)** 情感丰富,外露但不稳定,活泼好动,乐观灵活,善于交往,缺乏耐心,见异思迁。

3. **黏液质(安静)** 情绪平稳,思维灵活性较差,但细致周到,稳重踏实,沉默寡言,交往适度被动但交情深厚。

4. **抑郁质(抑郁)** 情绪体验深刻,细腻持久,多愁善感,思维敏锐,想象丰富,不善交际,孤僻,胆小,优柔寡断。

(三)气质的理论

1. **体液说** 希波克拉底认为构成人的体液有血液、黏液、黄胆汁、黑胆汁,根据某种优势的体液可把人分为多血质、黏液质、胆汁质和抑郁质。后来盖伦进一步确定了气质类型,他认为一般人身上都会具有两种以上的气质类型。

2. **高级神经活动类型说** 巴甫洛夫根据神经活动过程的基本特性,即兴奋过程和抑制过程的强度、平衡性和灵活性,划分了四种基本的神经活动类型。强度是大脑皮质细胞工作的耐力或能力的标志;平衡性是兴奋过程和抑制过程的相对力量,二者大体相同达到平衡;灵活性是兴奋过程和抑制过程相互转换的速度。不同高级神经活动过程对应不同的高级神经活动类型和气质类型:①强、不平衡的特性对应冲动型,胆汁质。②强、平衡、灵活的特性对应活泼型,多血质。③强、平衡、不灵活型的特性对应安静型,黏液质。④弱特性对应抑制型,抑郁质。

3. **阴阳五行说** 太阴、少阴、太阳、少阳、阴阳和平。

4. 体型说

(1)克雷奇默把人的体型分为瘦长型、矮胖型、筋骨型三种。

(2)谢尔顿把人的体型分为内胚层体层、中胚层体层、外胚层体层三种基本体质成分,分别对应内脏优势型、身体紧张型、大脑紧张型三种气质类型。

5. 血型说 古川竹二提出,根据人的血型,把人的气质分为 A 型、B 型、AB 型、O 型四种。

四、性格

(一)性格的含义

性格是与社会道德评价相联系的人格特质,表现为个人的品行道德和行为风格,受价值观、人生观、世界观的影响,是个人有关社会规范、伦理道德方面的各种习性的总称。

(二)性格的特征

人的性格是由各种特征构成的,是一个完整而有序的结构,这个结构包括四种特征。

1. 性格态度特征 对现实态度方面的特征,人对客观现实总是予以一定的态度来反映。

2. 性格意志特征 在对自己行为的自觉调节方式和水平方面的性格特征。

3. 性格情绪特征 在情绪活动时强度、稳定性、持续性和主导心境等方面的特征。

4. 性格理智特征 在认知过程中的性格特征。

四个方面相互联系、相互协调组合成统一的整体,并表现出独特的风格。

(三)性格的类型

1. 根据心理机能优势分类 培因、李波特将其分为理智型、情绪型、意志型。

2. 根据心理活动倾向分类 荣格将其分为内倾型、外倾型。

3. 根据个体独立性程度分类 威特金将其分为场依存型、场独立型。

4. 根据人的社会活动方式及价值观的分类 斯普兰格将其分为经济型、理论型、审美型、权力型、社会型、宗教型。

5. 根据人际关系分类 矢田部达郎将其分为 A 型、B 型、C 型、D 型、E 型。

6. 根据性格、兴趣与职业的关系分类 霍兰德将其分为实际型、调查型、艺术型、社会型、企业型和传统型。

(四)性格与气质的关系

1. 区别

(1)气质是个体心理活动的动力特征,受先天因素影响大,变化较难、较慢;性格主要是后天形成的,具有社会性,变化较易、较快。

(2)气质与行为内容无关,无好坏善恶之分;性格涉及行为内容,表现个体与社会的关系,有好坏之分。

(3)儿童个性结构中,气质特点起重要作用;成人气质成分的作用渐减,性格特征逐渐起核心意义和作用。

2. 联系

(1)气质影响性格动态,即便人形成了性格特征,也保留了各自的色彩。

(2)性格可以在一定程度上掩盖或改造气质,使之符合社会实践要求。

(3)不同气质类型的人可以形成同样的性格特征,相同气质的人可以形成不同的性格特征。

(五)认知风格

个体所偏爱使用的信息加工方式,也叫认知方式。

1. 场独立与场依存 威特金在垂直视知觉的研究中发现了这两种认知风格,表现在个体对外部环境的不同依赖程度上。

(1)*场独立型* 场独立型的个体对内在参照有较大依赖,心理分化水平高,认知重构能力强,在认知中具有优势,与人交往时不够细心、不能体察入微。

(2)*场依存型* 场依存型的个体对外在参照有较大依赖,心理分化水平较低,与别人交往时能考虑对方的感受。

(3)场独立和场依存两者无好坏之分,通常用棒框仪和隐蔽图形测验鉴别。

2. 冲动-沉思型 卡根等人提出,冲动与沉思的差异主要表现在对问题的思考速度上,通常用匹配熟悉图形测验鉴别。

(1)*冲动型* 冲动型的个体反应快、精确性差、信息加工多采用整体性策略。具有这种风格的人面对问题时总是急于求成,不能全面细致地分析问题的各种可能性。

(2)*沉思型* 沉思型的个体反应慢、精确度高、信息加工多采用细节性策略。具有这种风格的人,总是把问题考虑周全以后再做反应,他们看重问题解决的质量。

此外,两种认知风格的人在元认知知识和认知策略、学习能力等方面都存在差异。

3. 同时性加工-继时性加工 达斯等人根据脑功能研究,区分了同时性加工—继时性加工这两种加工风格。

(1)*同时性加工* 同时性加工的个体,在解决问题时,采取宽视野的方式,同时考虑多种假设、多种可能性,解决问题的方式是发散式的,如数学操作、空间问题的操作都依赖于同时性加工。

(2)*继时性加工* 继时性加工的个体,在解决问题时,能一步一步分析问题,每一步只考虑一种假设或属性,提出的假设在时间上具有明显的顺序性,言语操作和记忆都属于继时加工。

一般而言，右脑优势的个体表现出同时性的加工风格，左脑优势的个体表现出继时性加工风格；男性擅长同时性加工，女性擅长继时性加工。

五、影响人格形成与发展的因素

1. **生物遗传因素**　遗传素质是人格形成的自然基础，它为人格形成与发展提供了可能性。

（1）遗传是人格不可缺少的影响因素。

（2）遗传因素对人格的作用程度随人格特质的不同而异。

（3）人格的发展是遗传与环境两种因素交互作用的结果。

在研究生物因素对人格的影响时，许多心理学家认为，双生子研究是最好的方法。因为同卵双生子有相同的基因，他们之间的差异可以归为环境因素。异卵双生子虽然基因不同，但环境相似，因此也提供了环境控制的可能。比较这两种双生子的差异，就可以看出不同环境对相同基因的影响，或者相同环境下不同基因的表现。研究表明，一起抚养的同卵双生子人格相关最高，其次是分开抚养的同卵双生子，然后是异卵双生子。这说明遗传因素在人格形成中有重要作用，同样，由于分开抚养的同卵双生子生长环境不同，其相关低于一起抚养的同卵双生子，说明环境也起重要作用。

2. **家庭环境**　"家庭是制造人格的工厂"，家庭是儿童出生后接触到的最初的教育场所，家庭所处的经济地位和政治地位、家长的教育观念和教育水平、家长的教育态度与教育方式、儿童在家庭中扮演的角色与所处的地位等，都对儿童人格的形成有非常重要的影响。

一般研究者把家庭的教养方式分为权威型、放纵型和民主型三类，不同的教养方式对孩子的人格特征具有不同的影响。比如，权威型父母过于支配，孩子缺乏主动性；放纵型父母过于溺爱，孩子多任性；民主型父母尊重孩子，家庭氛围和谐，孩子乐观、活泼等；可见，民主型教养方式最有利于儿童成长。

3. **早期童年经验**　"早期的亲子关系决定了行为模式，塑造出一切日后的行为"与"三岁看大，七岁看老"都是强调人生早期所发生的事情对人格的影响，但早期经验不单独对人格起作用，它与其他因素共同决定着人格的形成与发展。

4. **学校教育环境**　学校的教育环境对儿童人格的形成起主导作用，在学生集体生活中通过多种活动进行的，例如同辈团体的影响、教师的人格态度与师生关系等。

（1）在专制型教师管理风格下，学生作业效率高、对教师依赖性强、缺乏自主行动、常有不满情绪。

（2）在放任型的教师管理风格中，学生作业效率低、任性、经常发生失败和挫折现象。

（3）在民主型的教师管理风格中，学生完成作业的目标是一贯的，行动积极主动，很少表现不满情绪。

5. **社会文化因素** 社会文化因素对学生人格的影响主要通过社会风尚、大众传媒等得以实现,通过电脑、电视、电影、报刊、文学作品等。

6. **自然环境因素** 生态环境、气候条件、空间拥挤程度等这些物理因素都会影响到人格的形成与发展,例如,天气炎热会使人烦躁不安,对他人采取负面反应,发生反社会行为。

7. **自我调控因素** 以自我意识为核心的自我调控系统是良好人格形成与发展的内在动力。

第二部分　发展心理学

学科地位

发展心理学(developmental psychology)是一门从生命全程的角度描述个体心理发生发展的规律,即毕生心理发展年龄特征的学科。它有助于我们全面、深入地理解个体心理发展的遗传与环境、普遍性与特殊性等基本理论问题,从而树立起关于生命全程的辩证发展观。

知识框架

- 发展心理学
  - 发展心理学概述
  - 发展心理学的基本理论
    - 精神分析发展观
    - 行为主义发展观
    - 维果茨基文化－历史发展观
    - 皮亚杰认知发展理论
    - 布朗芬布伦纳生态系统理论
  - 心理发展的生物学基础与胎儿发育
  - 婴儿心理发展
    - 神经系统的发展、动作的发展
    - 言语的发展
    - 心理过程的发展、气质的发展
    - 社会性的发展
  - 幼儿心理发展
    - 神经系统的发展
    - 游戏
    - 言语的发展
    - 发展心理学
    - 认知的发展
    - 个性与社会性的发展
  - 童年期儿童的心理发展
    - 童年期儿童的学习
    - 言语的发展
    - 认知的发展
    - 个性与社会性的发展
  - 青少年的心理发展
    - 生理发育
    - 言语的发展
    - 认知的发展、自我发展
    - 社会性的发展、情绪
  - 成年期心理发展
    - 成人期发展任务理论
    - 认知发展
    - 人格发展
    - 临终心理

第一章　概　述

心理发展是人类发展的一个重要部分,从种系心理的演变,到个体心理的变化过程,构成了发展心理学的研究领域。

一、发展心理学的研究对象与任务

(一)发展心理学的研究对象

广义发展心理学包括动物心理学(比较心理学)、民族心理学、个体发展心理学;狭义发展心理学指个体发展心理学。

个体发展心理学研究个体从受精卵开始到出生、成熟,直至衰老的生命全程中心理发生、发展的特点和规律,即研究毕生心理发展特点和规律。具体而言,包括两个主要部分:一是人的认知过程(智力活动)的年龄特征,包括知觉、思维等;二是社会性发展的年龄特征,包括动机、性格等。

除此之外,个体发展心理学的研究还必须结合四个方面:①心理发展的社会生活和教育条件;②生理因素的发展;③动作和活动的发展;④言语发展。

在个体发展心理学中,儿童(0～18 岁)心理学是其最核心部分。

(二)发展心理学的研究任务

1. **描述**　描述研究对象的特点和发展状况,这是最基本目的。

2. **解释**　解释心理现象的活动过程与特点的形成原因、发展变化及相互关系。

3. **推断和预测**　对研究对象的发展变化和在特定情境中的反应做出推断和预测。

4. **控制**　根据科学理论控制研究对象的发展,这是最高目标。

二、发展心理学的研究设计

(一)横断设计

1. **横断设计的含义**　横断设计是指在同一时间内,对不同年龄组被试进行观察、测量或实验,以探究心理发展的规律或特点。

2. 横断设计的优点

(1)可同时研究较大样本。

(2)可在较短时间内收集大量数据资料。

(3)省钱、省时、省力。

(4)不存在重复测量的问题。

3. 横断设计的缺点

(1)缺乏系统连续性。

(2)难以确定因果关系。

(3)取样程序较为复杂。

(4)可能存在同辈效应(世代效应、群体效应),即群体中一些年龄差异是由群体成长时所处的社会文化、历史条件和历史事件造成,而非发展的原因。

(二)纵向设计

1. 纵向设计的含义 纵向设计是指在较长的时间内,对同一群被试进行定期的观察、测量或实验,以探究心理发展的规律或特点,也叫追踪设计。

2. 纵向设计的优点

(1)能系统详尽地了解发展的连续过程和量变质变规律。

(2)有助于探明个体的早期发展与未来心理发展的联系,对了解发展的原因与机制十分有益。

3. 纵向设计的缺点

(1)被试随时间逐渐流失。

(2)反复测量降低数据可靠性。

(3)较长的周期使变量增多。

(4)可能存在时代变迁效应,即时代-历史的混淆。

(5)费时费力。

(三)聚合交叉设计

1. 聚合交叉设计的含义 聚合交叉设计是将横断设计和纵向设计结合起来,首先在同一时间内选定不同的群体进行研究,然后再对各个群体进行纵向研究。

2. 聚合交叉设计的优点

(1)该设计既克服了纵向设计的缺点,又保留了横向设计的长处,因而科学性、适用性很强。

(2)该设计既可以在短期内了解各年龄阶段儿童心理特点的总体状况,又可以从纵向发展的角度认识儿童心理特征随年龄增长而出现的变化和发展,还可以探讨社会历史因素对儿童心理发展产生的影响。

3. 聚合交叉设计的缺点

(1)花费多,耗时大。

(2)所得结论推广到别的群体中时仍然有一定问题。

(四)双生子设计

1. 双生子设计的含义 双生子设计是指通过比较两类双胞胎(同卵双生子和异卵双生子)在某一特质或行为上的相似性,可了解遗传、环境对心理发展的影响。多用于智力、人格研究。

2. 双生子设计的原则 同卵双生子基因相同,他们之间的差异都可归结为环境因素。异卵双生子的基因虽然不同,但在环境上有许多相似性,因此提供了环境控制的可能性。完整研究这两种双生子,可以看出不同环境对相同基因的影响,相同环境下不同基因的表现。

值得注意的是,进行双生子研究时通常假设同卵双生子之间的成长环境的相似度一样,但研究表明,这个假设不完全正确。儿童的自身特点会影响环境对他们的反应方式,儿童自身也会选择环境的影响,这就使得同卵双生子之间在环境影响的相似程度上要大于异卵双生子之间的环境影响相似度。因此,同卵双生子在某种发展特征上的相似程度高于异卵双生子,其中,部分原因应该归结于同卵双生子的环境相似度更高,在解释双生子研究的结果时应该持有谨慎的态度。

三、发展心理学的历史

(一)近代西方儿童心理学产生的历史原因

除了与近代社会的发展、近代自然科学的发展密切相关外,有两大因素起了直接的推动作用。

1. 自然主义教育运动 夸美纽斯提倡人文主义教育,他从人的本性出发,把儿童从出生到成熟分为四个年龄阶段,并编写了第一本以儿童年龄特征为基础,系统讲述科学知识的书《世界图解》;此外,他还提出了一系列符合儿童特点并能促进儿童心理发展的教育与教学原则。洛克提出了“白板说”,主张人的心灵“是一张白纸,上面没有任何记号,没有任何观念”,一切观念和知识都是从经验中得来的。在他看来,儿童心理发展的差异是由教育决定的。卢梭在《爱弥儿》中提出,儿童虽然不是成人,但也不是成人的宠物和玩具,成人要尊重儿童,对儿童的教育要遵循“自然的法则”,应按照他们的本性,考虑他们的年龄特征。卢梭提出了四个阶段:①出生 ~2 岁,身体发育较快的时期;②2 ~12 岁,理智睡眠或外部感觉发展时期;③12 ~15岁,发展理智的时期;④15 岁 ~ 成年,激动和激情时期,主要实施道德教育。

2. 进化论的影响 达尔文根据长期观察自己孩子的心理发展而著成的《一个婴儿的传略》(1876)一书是儿童心理学早期专题研究成果之一,它对推动儿童发展的传记法(或日记法)的研究有重要影响。

(二)从儿童发展到个体毕生发展研究

科学儿童心理学诞生于1882年,普莱尔(W. T. Preyer)编写了《儿童心理》,成为儿童心理学的真正创始人,这本书被公认为是第一部科学的、系统的儿童心理学著作,包括三个部分:儿童感知的发展,儿童意志(或动作)的发展,儿童理智(或言语)的发展。

霍尔将儿童心理学研究的年龄范围扩大到青春期,也是最早正式研究老年心理的心理学家,出版了著作《衰老:人的后半生》,但霍尔没有明确提出心理学要研究个体一生的发展。

精神分析学派率先对个体生命全程做了研究。荣格最早提出研究成年期,其发展观涉及三方面:①提出前半生与后半生分期的观点;②重视中年危机;③论述了老年心理,特别是临终前的心理。埃里克森在荣格的基础上将弗洛伊德的年龄划分从青春期扩展至老年期,即生命全程。

发展心理学的问世。1930年何林渥斯最先提出要追求人的心理发展全貌,并编写了世界上第一部发展心理学著作《发展心理学概论》。1935年古德伊洛弗出版《发展心理学》,其科学性和系统性都超过了何林渥斯的《发展心理学概论》。1957年美国《心理学年鉴》用"发展心理学"代替了"儿童心理学"作章名。

孔子关于发展的年龄特征的提法。孔子:"吾十有五而志于学,三十而立,四十而不惑,五十而知天命,六十而耳顺,七十而从心所欲,不逾矩"。这是孔子的生命全程的发展观,初步阐述了人的心理发展的趋势。

第二章　心理发展的基本理论

在发展心理学中,可以看到各色各样的学术观点和科学理论。学习和研究发展心理学,就必须重视学习和研究发展心理学的各派观点和各派理论。

一、心理发展的主要理论

(一)精神分析理论的心理发展观

1. 弗洛伊德的理论

(1)人格动力理论　弗洛伊德认为,人格发展的基本动力是本能,人格的发展就是性(心理性欲)的发展。

(2)人格结构理论　人格由本我、自我和超我组成,三者相互联系、相互制约,它们之间的关系决定着人格的基本面貌。

①本我位于人格结构的最底层,是由先天的本能、欲望所组成的能量系统,包括各种生理需要,本我是无意识,非理性的,遵循快乐原则。

②自我位于人格结构的中间层,从本我中分化出来的,其作用是调节本我和超我的矛盾,遵循现实原则。

③超我位于人格结构的最高层,是道德化的自我,包括良心和自我理想两个部分;它的作用是抑制本我的冲动、对自我进行监控、追求完善的境界,遵循道德原则。

(3)心理发展阶段说　人格发展分为口腔期(0~1岁)、肛门期(1~3岁)、性器期(3~6岁)、潜伏期(6~11岁)和生殖期(青少年期)。

①口腔期:弗洛伊德认为力比多的发展是从嘴开始的。吮吸本能也能产生快感。每个人都经历口腔期的阶段,流露出较早阶段的快感和偏见。往后的发展阶段直至成人,出现的吮吸或咬东西(如咬铅笔等)的愉快,或抽烟和饮酒的快乐,都是口腔快感的发展。

②肛门期:此时儿童的性兴趣集中到肛门区域。排泄时产生的轻松与快感,使儿童体验到了操纵与控制的作用。

③性器期:到了这个阶段,儿童变得依恋于异性父母一方。这一早期的儿子对母亲的

依恋被弗洛伊德描述为“俄狄浦斯情结”(Oedipus Complex),即恋母情结;女儿对父亲的依恋被弗洛伊德描述为“厄勒克特拉情结”“爱烈屈拉情结”(Electra Complex)。因此,前性器期又叫恋父、恋母情结阶段。

④潜伏期:儿童进入潜伏期,其性的发展便呈现一种停滞或退化现象,也可能完全缺乏,也可能不完全缺乏,是一个相当平静的时期。儿童将精力集中到游戏、学习、交往等活动中。

⑤生殖期:又叫青春期。该阶段个体的最重要的任务是要从父母那里摆脱自己,容易与父母产生冲突。同时,该阶段容易产生性的冲动,希望建立两性关系。青少年通常会采取剧烈运动来消耗体力,从而达到排解性的压力或宣泄内心焦虑与不安的目的。

2. 艾里克森的理论 艾里克森接受了弗洛伊德理论的基本框架,但更强调自我的作用,认为人格是生物、心理和社会三方面因素组成的统一体,个体人格发展要经过一系列的阶段,每个阶段都有其特定的目标、任务和冲突。各个阶段互相依存,后一阶段发展任务的完成依赖于早期冲突的解决。艾里克森将心理发展分为八个阶段,具体如下:

第一阶段:婴儿期(0~1岁)。婴儿在本阶段的主要任务是满足生理上的需要,发展信任感,克服不信任感,体验着希望的实现。婴儿从生理需要的满足中,体验着身体的康宁,感到了安全,于是对其周围环境产生了一种基本信任感;反之,婴儿便对周围环境产生了不信任感,即怀疑感。

第二阶段:儿童早期(1~3岁)。这个阶段儿童主要是获得自主感而克服羞怯和疑虑,体验着意志的实现。艾里克森认为这时幼儿除了养成适宜的大小便习惯外,他主要已不满足于停留在狭窄的空间之内,而渴望着探索新的世界。这一阶段发展任务的解决,对于个人今后对社会组织和社会理想的态度将产生重要的影响,对未来的秩序和法制生活做好了准备。

第三阶段:学前期或游戏期(3~6岁)。本阶段儿童的主要发展任务是获得主动感和克服内疚感,体验着目的的实现。艾里克森不认为这个阶段是产生俄狄浦斯情结或爱烈屈拉情节的时期,而是认为,男女儿童虽对自己的异性父母产生了罗曼蒂克的爱慕之情,但能从现实关系中逐渐认识到这种情绪的不现实性,遂产生对同性的自居作用,逐渐从异性同伴中找到了代替自己异性父母的对象,使俄狄浦斯情结或爱烈屈拉情节在发展中获得最终的解决。本阶段也称为游戏期,游戏执行着自我的功能,在解决各种矛盾中体现出自我治疗和自我教育的作用。艾里克森认为,个人未来在社会中所能取得的工作上、经济上的成就,都与儿童在本阶段主动性发展的程度有关。

第四阶段:学龄期(6~12岁)。本阶段的发展任务是获得勤奋感而克服自卑感,体验着能力的实现。学龄期儿童的社会活动范围扩大了,儿童依赖重心已由家庭转移到学校、教室、少年组织等社会机构方面。艾里克森认为,许多人将来对学习和工作的态度和习惯都可溯源于本阶段的勤奋感。

第五阶段:青年期(12~18岁)。这一阶段的发展任务是建立同一感和防止同一感混乱,体验着忠实的实现。这一阶段艾里克森提出了“合法延缓期”的概念,他认为这时的青年承继儿童期之后,自觉没有能力持久地承担义务,感到要做出的决断未免太多太快。因此,在做出最后决断以前要进入一种“暂停”的时期,用以千方百计地延缓承担的义务,以避免同一性提前完结的内心需要。虽然对同一性寻求的拖延可能是痛苦的,但它最后是能导致个人整合的一种更高级形式和真正的社会创新。

第六阶段:成年早期(18~25岁)。发展任务是获得亲密感以避免孤独感,体验着爱情的实现。艾里克森认为这时青年男女已具备能力并自愿准备着去分担相互信任、工作调节、生儿育女和文化娱乐等生活,以期最充分而满意地进入社会。这时,需要在自我同一性巩固的基础上获得共享的同一性,这是获得美满的婚姻而得到亲密感的前提,但由于寻找配偶包含着偶然因素,所以也孕育着害怕独身生活的孤独之感。艾里克森认为,发展亲密感对是否能满意地进入社会有重要作用。

第七阶段:成年中期(25~50岁)。主要为获得繁殖感而避免停滞感,体验着关怀的实现。这时男女建立家庭,他们的兴趣扩展到下一代。这里的繁殖不仅指个人的生殖力,主要是指关心建立和指导下一代成长的需要,因此,有人即使没有自己的孩子,也能达到一种繁殖感。缺乏这种体验的人会倒退到一种假亲密的需要,沉浸于自己的天地之中,只一心专注自己而产生停滞之感。

第八阶段:老年期(成年晚期,50岁以后直至死亡)。主要为获得完善感,避免失望和厌倦感,体验着智慧的实现。这时人生进入了最后阶段,若对自己的一生周期获得了最充分的前景,则产生一种完善感,这种完善感包括一种长期锻炼出来的智慧感和人生哲学,伸延到自己的生命周期以外,与新的一代的生命周期融合而为一体的感觉。一个人达不到这一感觉,就不免恐惧死亡,觉得人生短促,对人生感到厌倦和失望。

艾里克森的发展渐成说有着自己的特色而不同于别人,可以说他的发展过程不是一维性的纵向发展观——一个阶段不发展,另一个阶段就不能到来;而是多维性的,每一个阶段实际上不存在发展不发展的问题,而是发展的方向问题,即发展方向有好有坏,这种发展的好坏是在横向维度上两极之间进行的。

3. **弗洛伊德的理论和艾里克森的理论的区别与联系** 弗洛伊德强调本能的作用,将人格发展局限于母亲—儿童—父亲这个狭隘的三角关系中,特别强调早期经验在人格形成中的作用。而艾里克森则更强调自我的作用,将个体发展置于更广阔的社会背景上,重视社会文化对人格发展的影响,认为人格发展是一个渐成的过程。弗洛伊德对人格发展阶段的划分只到青春期为止,而艾里克森则将人格发展阶段扩展到了人的一生。但是,艾里克森的发展理论是对弗洛伊德的继承、扩展与修正。

(二)行为主义的心理发展观

1.华生的理论 华生认为,心理的本质是行为。各种心理现象只是行为的组成因素,都可用客观的S—R公式来论证。华生是名副其实的环境决定论者,主要体现在:①否认遗传的作用;②夸大环境和教育的作用;③认为学习(包括情绪)的基础都是条件反射。

关于环境决定论,华生有一句名言:“给我一打健康的婴儿,一个由我支配的特殊的环境,让我在这个环境里养育他们,我可担保,任意选择一个,不论他父母的才干、倾向、爱好如何,他父母的职业及种族如何,我都可以按照我的意愿把他们训练成为任何一种人物——医生、律师、艺术家、大商人,甚至乞丐或强盗。”华生进行了一项臭名昭著的小阿尔伯特实验,为其观点提供依据,证明情绪也可以通过条件反射习得。当小阿尔伯特与小动物玩耍时,华生会制造一声巨响,经过多次匹配,导致小阿尔伯特对小动物甚至带毛的物品都产生了恐惧情绪。

2.斯金纳的理论 斯金纳的操作性条件反射,强调塑造、强化与消退、及时强化等原则。在斯金纳看来,强化作用是塑造行为的基础。行为是由伴随它的强化刺激所控制的。强化在行为发展过程中起着重要的作用,行为不强化就会消退,即得不到强化的行为是易于消退的。斯金纳强调及时强化,他认为强化不及时是不利于人的行为发展的。斯金纳的理论对儿童实际行为的控制体现在:育儿箱、行为矫正、教学机器和教学程序。

3.班杜拉的理论 班杜拉的社会学习理论从人的社会性角度研究学习问题,强调观察学习,认为人的行为变化不只是由内在因素决定,也不只是由外在因素决定,而是两者相互作用的结果。观察学习是其理论的一个基本概念,指通过观察他人所表现的行为及其结果而进行的学习,包括注意过程、保持过程、动作复现过程和动机过程。班杜拉认为,强化可以分为三种:①直接强化,即通过外界因素对学习者的行为直接进行干预。②替代强化,即学习者如果看到他人成功和赞扬的行为,就会增强产生同样行为倾向;如果看到失败或受罚的行为,就会削弱或抑制发生这种行为的倾向。③自我强化,即行为达到自己设定的标准时,以自己能支配的报酬来增强,维持自己的行为的过程。

班杜拉特别重视社会学习在社会化过程中的作用,他认为:①儿童攻击性的社会化是对于被强化的攻击模式的模仿;②男女儿童性别品质的发展较多的也是通过社会过程(特别是模仿作用)的学习;③自我强化也是社会学习的模式影响的结果;④亲社会行为通过呈现适当的模式也能够施加影响。

(三)维果茨基的文化—历史发展观

维果茨基创立了“文化-历史发展理论”,用以解释人类心理本质上与动物不同的那些高级心理机能。维果茨基认为,工具的使用使人们产生了新的适应方式,即物质生产的间接的方式,这就使人们不再像动物那样以身体的直接方式来适应自然。在人的工具生产中凝结着人类的间接经验，即社会文化知识经验，这就使人类的心理发展规律不再受生物进化规律的制约，而受社会历史发展规律的制约。

1. 发展的原因和标志 维果茨基探讨了人类心理发展的实质，并提出了发展的原因和标志。

(1)发展的实质 维果茨基认为人类心理发展是一个人的心理在环境和教育作用下，从低级心理机能逐渐向高级机能发展的过程。

(2)发展的原因 发展起源于社会文化 - 历史的发展，受社会规律制约；儿童在与成人的交往中通过掌握语言、符号使其在低级的心理机能基础上形成了各种新质的心理机能；高级心理机能是不断内化的结果。

(3)发展的标志 ①心理活动的随意机能；②心理活动的抽象概括机能；③各种心理机能间不断变化、组合形成间接的、以符号或词为中介的心理结构；④心理活动的个性化。

2. 重要思想 维果茨基研究了教学与发展，特别是教学与儿童智力发展的关系，提出了以下三个重要思想。

(1)最近发展区 维果茨基认为，至少要确定两种发展水平。第一种是现有发展水平；第二种是在指导的情况下所达到的解决问题的水平，即通过教学所获得的潜力。这两者之间的差异就是“最近发展区”，儿童需要在别人的帮助下消除这种差异。教学创造着最近发展区，第一种发展水平与第二种发展水平之间的动力状态是由教学决定的。

(2) 教学应当走在发展的前面 这是维果茨基对教学与发展关系问题的最主要理论。教学“可以定义为人为的发展”，教学决定着智力的发展，这种决定作用既表现在智力发展的内容、水平和智力活动的特点上，也表现在智力发展的速度上。

(3) 学习的最佳期限 维果茨基认为，如果脱离了学习某一技能的最佳年龄，从发展的观点来看是不利的，它会造成儿童智力发展的障碍。因此，开始某一种教学，必须以成熟与发育为前提，但更重要的是教学必须首先建立在正在开始形成的心理机能的基础上，走在心理机能形成的前面。

3. 内化学说 维果茨基分析了智力形成的过程，提出了“内化学说”。心理活动的内化学说的基础是他的工具理论。学生早年还不能使用语言这个工具来组织自己的心理活动，其形式是“直接的和不随意的、低级的、自然的”，只有掌握了语言这个工具之后，才能转化为“间接的和随意的、高级的、社会历史的”心理机能。新的高级的社会历史的心理活动形式，首先是作为外部形式的活动而形成的，以后才“内化”，转化为内部活动。

4. 维果茨基理论对教学的影响

(1)研究者在维果茨基搭建支架的基础上，提出了支架式教学。

(2)教师要不断获得学生发展的反馈，提供处于其最近发展区内、难度适当的学习材料。

(3)教师要安排能力水平不同的学生进行合作学习,接受能力较强的同伴的指导是促进儿童在最近发展区内发展的最有效的一种方式。

(4)维果茨基的理论在情境认知理论及其教学模式中也有一定的应用。

(5)要重视社会文化对儿童的影响。

(四)皮亚杰的认知发展理论

1. **发展的实质与原因** 皮亚杰认为,认知发展是一种建构的过程,是个体在与环境不断的相互作用中实现的。智力既非起源于先天的成熟,亦非起源于后天的经验,而是起源于主体的动作。这种动作的本质是主体对客体的适应。适应的本质在于取得机体与环境的平衡。

2. **影响认知发展的因素** 皮亚杰认为影响认知发展的因素有成熟、物理因素、社会环境和平衡。

(1)成熟 成熟是指有机体的成长,特别是大脑和神经系统的成熟。

(2)物理因素 物理因素又叫自然经验,指个体对物体施加动作过程中的练习和习得的经验的作用,分为物理经验和数理逻辑经验两种。前者指个体作用于物体,获得有关物体特性的信息,如物体的大小、轻重、颜色等。后者指理解动作与动作之间协调的结果,如理解数量守恒。皮亚杰特别强调数理逻辑经验对儿童认知发展的作用。

(3)社会环境 社会环境又叫社会经验,指社会环境中人与人之间的相互作用和社会文化的传递,主要有言语、教育和社会生活等。皮亚杰认为,社会经验对人的影响比自然环境的影响大得多。

(4)平衡 平衡指个体与环境相互作用过程中的自我调节。

3. **发展的结构** 包括图式、同化、顺应和平衡。

(1)图式 图式是动作的结构或组织,这些动作在相同或类似环境中由于不断重复而得到迁移或概括。图式最初来自先天遗传,以后在适应环境的过程中,图式不断得到改变、丰富,低级的动作图式,经过同化、顺应、平衡而逐步产生出新的图式。

(2)同化与顺应 同化与顺应是适应的两种形式。同化是把环境因素纳入机体已有的图式或结构之中,以加强和丰富主体的动作。顺应是改变主体动作以适应客观变化。同化和顺应既是相互对立,又彼此联系。皮亚杰认为,同化只是数量上的变化,不引起图式的改变或创新;顺应是质量上的变化,促进创立新图式或调整原有图式。

(3)平衡 个体就通过同化和顺应这两种形式来达到机体与环境的平衡。如果机体和环境失去平衡,就需要改变行为以重建平衡。这种不断的"平衡—不平衡—平衡"的过程,就是心理发展的过程。

4. **思维结构的要素** 有整体性、转换性和自调性三个基本特征。

(1)整体性 结构的整体性是说结构具有内部的融贯性,各成分在结构中的安排是有机的联系,而不是独立成分的混合,整体与其成分都由一个内在规律所决定。

(2)转换性　结构的转换性是指结构并不是静止的,而是有一些内在的规律控制着结构的运动和发展。

(3)自调性　结构的自调性是说平衡在结构中对图式的调节作用,也就是说,结构由于其本身的规律而自行调节,并不借助于外在的因素,所以结构是自调的、封闭的。

5.认知发展阶段论　皮亚杰认为,心理发展过程具有连续性、阶段性和顺序性,每个阶段具有其独特的结构。儿童思维发展依次经过四个阶段。

(1)感知运动阶段　约0~2岁。感知运动阶段是智力的萌芽期,是以后发展的基础,在儿童的心理发展中具有重要的意义。这一阶段的儿童只能依靠自己的肌肉动作和感觉应付外界事物。动作表现为外显活动,尚未内化,还不能在头脑中进行。通过与外界的交往,动作慢慢协调起来,逐渐知道自己的动作与动作对外物所起的作用之间的关系,并能有意识地进行某种活动。进而,开始把自己和外物区别开来,有了客体永久性观念,知道物体在看不见摸不着的时候仍继续存在。

证明婴儿对客体存在的认识依存于其对客体所做动作的证据:A非B错误。当着婴儿的面将玩具藏在两块相同的盖布A和B的一块下面,例如藏在A之下,9个月的婴儿会伸手掀开A找出玩具,重复一次婴儿仍然能从A中找到玩具;然后当着婴儿的面将该玩具藏在B之下,结果婴儿继续到A之下去寻找那个玩具。皮亚杰将这种现象称为A非B错误。它说明此时的婴儿对客体存在的认识,还依存于他对客体所做出的动作之中。

(2)前运算阶段　约2~7岁　前运算阶段又称前逻辑阶段。在这一阶段,动作虽然内化了,但尚未形成从事逻辑思维所需要的心理结构,还不能进行运算,因而它是具体运算的准备期。这一时期的幼儿只能以表象进行思维,他们的思维是表面的、原始的和混乱的。具体而言,该阶段儿童思维具有相对具体性、具体形象性、不可逆性、自我中心性、刻板性、集中化等特点。

(3)具体运算阶段　约7~11岁,相当于童年期。在这一阶段,儿童形成了初步的运算结构,出现了逻辑思维,已有可逆性,发展了去中心化,即在同一时间内,儿童不再仅能集中注意情境或问题的一个方面,而能注意几个方面,不仅能注意事物的静止状态,还能看到动态的转变。与此同时,儿童思维也出现了可逆性,能逆转思维的方向。去中心化的发展和可逆性的出现,儿童就有了守恒概念。守恒概念是运算结构是否形成的重要标志。

(4)形式运算阶段　约11岁~15岁。形式运算阶段表现为获得抽象思维能力和从可得到的信息得出结论。思维已超越了对具体的可感知的事物的依赖,使形式从内容中解脱出来。本阶段的儿童的思维是以命题形式进行的;能够根据逻辑推理、归纳或演绎的方式来解决问题;其思维发展水平已接近成人的水平。

(五)生态系统理论

布朗芬布伦纳认为,真实自然的环境是影响儿童青少年发展的主要源泉,个体是受他周围环境多种水平影响的复杂关系系统。环境是互相关联的从内向外的一层包一层的结构系统,每层环境与人的关系都是双向的、有交互作用的,都对心理发展有重要影响。

生态系统理论把环境分为四个层次。

1. **微观系统** 微观系统是环境的最内层,是个体直接接触的环境及与环境相互作用的模式。例如,家庭、托儿所、幼儿园和学校等。

2. **中介系统** 中介系统是指各种微观环境之间的联系。例如,学校和家庭对孩子教育的一致性程度。

3. **外层系统** 外层系统是个体未直接参与其中,但却对其成长产生影响的环境以及这些环境的联系和相互作用。例如,邻里社区、儿童医疗保险、父母职业和工作单位、亲戚朋友等。

4. **宏观系统** 宏观系统是环境的最外层,指社会文化价值观、风俗、法律及别的文化资源,不直接满足儿童需要,对较内层各个环境系统提供支持。

环境是动态的、不断变化的,是一个“动力变化的系统”。随时间不断流逝,人的生态系统也在不断变化。个体的发展既不是被动地接受环境的影响,也不是单独取决于个人的内部力量。人既是环境的产物又是环境的创造者。

(六)蒙台梭利的心理发展观

1. 儿童心理发展主要在于内部自然发展。
2. 儿童和成人有本质区别,要用发展的观点看待儿童。
3. 儿童的心理发展存在敏感期。
4. 儿童的心理发展存在阶段性。
5. 促进儿童心理发展的条件有提供“有准备的”环境、自由教育和蒙台梭利式的教师。

二、心理发展的基本问题

(一)关于遗传与环境的争论

关于发展是在出生之前就由遗传和生物因素预先决定的,还是受后天经验和环境因素决定的这个问题形成了遗传与环境之争,或者说是天性与教养之争。

1. 遗传因素

(1)大脑和神经系统的发育 人类心理发展遗传效应的体现离不开大脑和神经系统,这是儿童心理发展的物质基础。

(2)遗传对心理发展的影响

①屈赖恩(R. C. Tryon)的选择性繁殖实验,看到了一些遗传效应。依据走迷津能力的高低,将一群最初未加挑选的白鼠分类,选择其中聪明的公鼠与聪明的母鼠配对、繁殖,迟钝的公鼠与迟钝的母鼠配对、繁殖,对子代白鼠走迷津的能力进行考查。结果发现,到第七代,聪明组白鼠走迷津的能力大大高于迟钝组白鼠。这说明,动物某些行为能力具有明显的遗传效应。

②在人类心理与行为的发展方面,高尔顿坚持以遗传的观点来解释个体差异。高尔顿运用名人家谱调查法,即研究具有血缘关系的同一家族中某种心理特征或心理疾病发生的概率,来了解这种心理特征或疾病是否具有一定遗传基础。高尔顿从英国的政治家、法官、军官、文学家、科学家和艺术家等名人中选出977人,调查他们的亲属中有多少人成名。结果发现,名人的家属中有322人也同样出名。而对照组是人数相等的普通人,家属中只有1个名人。据此,高尔顿认为能力由遗传决定。

③对同卵双生子与异卵双生子或普通兄弟姐妹的比较是研究遗传对心理发展作用的最有效的途径。研究发现,遗传特性越接近,人格、智力等层面的相关程度就越高。

2. 环境因素

(1)胎内环境的影响

①母亲的年龄:年龄太小生育,胎儿体重过轻、神经缺陷的可能性增加,这是婴儿死亡的主要原因。年龄太大,也可能得并发症,如贫血;35岁以上生育(特别是第一胎)易出现分娩困难、死胎、患唐氏综合征概率大大增加等现象;高龄孕妇,胎内环境差。

②母亲是否服药:反应停、某些口服避孕药、麻醉剂、抗生素等都会影响胎儿发展;母亲吸烟、酗酒对胎儿的危害也类似。药物影响有两种方式:一种是透过胎盘,对胎儿和母亲造成同样的影响;一种是药物改变了母亲的生理状况,从而改变了宫内环境。

③母亲的情绪:母亲种种激烈的情绪反应,或长时间的消极情绪,会在胎儿身上产生累积效应,从而使孩子一出生就带有不良的心理状态。

(2)早期经验的作用

①动物早期经验剥夺研究:雷生(Rieson)在一项研究中将三只猩猩从出生到七个月饲养在黑暗环境中,第一只完全在黑暗中,第二只每天有一个半小时生活在光亮环境下,第三只每天有一个半小时在中等光线房间里,接受正常视觉刺激。结果发现,第一只视网膜破损,第二只没有这个问题,但视觉追随能力变慢,第三只正常。这说明,每天一个半小时的正常视觉刺激可以防止出现视觉缺陷。另外,还有罗森茨威格的小白鼠实验和哈洛的恒河猴实验,都证明了早期经验剥夺对正常发展的影响。

②生活环境对儿童心理发展的影响:墨森(Mussen)总结了早期进孤儿院的孩子的发展状况,他们爱闹事、更依赖大人、更散漫、多动。西默洛夫(Sameroff)发现,家庭环境危险因素越多,儿童智力分数越低。

研究发现，环境对于那些有危险遗传因素的个体影响更大。环境的影响通常还与关键期、早期经验密切相关。

3. **遗传与环境的辩证关系** 其实，遗传与环境因素对心理发展的作用是相互依存、相互渗透的。环境对个体的某种心理特性或行为的发生发展所起的作用，往往有赖于这种特性或行为的遗传基础。由于个体心理发展的内部条件不同，环境的效应也就不同。同样，个体的遗传作用大小也依赖环境变量。此外，二者在个体发展的不同阶段和不同领域所产生的作用也不一样。

（1）*斯卡尔（Scarr）遗传和环境相互作用关系理论* 个体的遗传类型将影响其对环境的选择和经验，即虽然环境在个体成长过程中起着非常重要的作用，但是，究竟哪些环境因素会起作用以及怎样起作用，还是由个体的遗传特性决定。

（2）*赫罗威兹（Horowitz）机体与环境相互作用方式的模型* 机体分为健康与脆弱两级（遗传素质高与低），两级间是连续体。环境变量是从丰富逐渐过渡到单调。那些机体健壮的儿童，即使在没有丰富刺激和便利设施的环境中，亦有望得到正常发展。而在丰富环境中成长的儿童，即使机体素质较差，其正常发展的可能性仍较大。

总之，遗传与环境对心理发展的作用可以理解为发展的可能性与现实性之间的辩证关系。个体的生物遗传因素规定了发展的潜在可能范围，而个体的环境教育条件确定了发展的现实水平。另外，需要说明的是，遗传决定论者还有霍尔（复演说，个体心理发展是一系列或多或少复演种系进化历史）、詹姆斯等人，环境决定论者有华生等行为主义者。

（二）发展的连续性与阶段性

这一争论围绕发展变化是怎样发生这一主题而展开。

连续发展理论认为，随着机能的发展和经验的获得，儿童以平稳推进的方式发展，认为心理的发展只是数量的变化，只要给予教育和机会，年幼的儿童也能像成人一样行动和思维，如行为主义者的观点。

阶段发展理论认为，儿童的成长必须经过一系列可预测但不可变更的发展阶段，发展到新阶段的变化是突然发生的，每个阶段儿童的能力有质的差异，环境和教育只能适当改变发展的速度，但发展的性质和顺序固定。如皮亚杰、弗洛伊德、埃里克森等人的观点。

目前，多数学者认为个体的心理发展是连续性和阶段性的统一。另外，还有一些解释发展过程的模型：分化－层次模型（如语音获得）、汇聚模型（早期学习）和人本主义模型（某种意义上与汇聚模型相反）。

（三）儿童的主动性与被动性

主动性与被动性的问题，实际上是儿童发展的内外因关系的问题。环境和教育不是机械性决定心理的发展，而是通过心理发展的内部矛盾起作用。

(四)儿童心理发展的“关键期”问题

关键期是指人或动物的某些行为与能力的发展有一定的最佳时间,如在此时给以适当的良性刺激,会促使其行为与能力得到更好的发展;反之,则会阻碍其发展甚至导致行为与能力的缺失。一般认为有四个领域的研究可以证实关键期的存在:鸟类的印刻(来源于习性学家洛伦兹关于“印刻”的研究)、恒河猴的社会性发展、人类语言的习得以及哺乳动物的双眼视觉。关键期并不是突然开始和中止的,它逐渐发展到高峰,然后慢慢消退。不过,有学者认为用敏感期代替关键期较好。

第三章 心理发展的生物学基础与胎儿发育

胎儿期是指从受孕到出生这段时间。胎儿的发展主要受遗传及生物学因素控制，但胎内外的环境及母亲自身的状况，也会对胎儿的发展产生影响。

一、心理发展的生物学基础

（一）遗传与基因

细胞是身体最小的结构单位，细胞核内有染色体，染色体是遗传物质的载体。染色体的功能是储存和传递遗传信息，染色体由 DNA 组成。DNA 由基因序列组成，基因是遗传信息的基本单位，DNA 中碱基对的排列顺序决定了遗传信息。

（二）生命的开始

1. **减数分裂和受精作用** 男性一个性细胞通过减数分裂产生 4 个精细胞，一般可存活 48 小时，女性产生 1 个卵细胞，一般可存活 24 小时，精子和卵子结合产生合子（受精卵）。

2. **有丝分裂和细胞增殖** 受精后 24 ~ 36 小时，受精卵开始有丝分裂，其主要内容是染色体的分裂。细胞以分裂的方式进行增殖，这是生长、发育、繁殖和遗传的基础，是生命体的重要基本特征。

二、胎儿的发展与先天素质

（一）胎儿的发育

1. **胚种阶段（0 ~ 2 周）** 胚种在子宫腔内漂浮 1 ~ 2 天，然后开始慢慢地把自己移植到子宫壁上，这一过程叫着床（移植）。移植后（合子形成后）13 天左右，胚种中的胚胎原胚开始分为外胚层、中胚层和内胚层。外胚层后来发展为表皮、指甲、牙齿、头发、感官及神经系统。中胚层后来发展为真皮、肌肉、肌腱、循环系统和排泄系统。内胚层后来发展为消化系统、肝、胰腺、唾液腺和呼吸系统。

2. **胚胎阶段（3 ~ 8 周）** 胚胎阶段是一个关键阶段，如果有害物质进入胎盘，会产生永久性的、不可逆转的损伤。胚胎阶段的发展遵循从头到脚、由内及外的发展原则。第4周末(一个半月),胚胎的心脏开始泵血,心跳开始。第8周末,胚胎开始变得有点“人样”。骨化意味着胚胎发展即将进入胎儿阶段,即骨细胞的出现是胚胎发展到胎儿的重要标志。

3. **胎儿阶段(9～38周)**　胎儿阶段止于出生之前。所有器官和机能变得更像人,所有系统开始具有整体功能。第8周末至第9周初,生殖系统开始发展,到第12周,胎儿完全成了人形。9到12周,胎儿活动开始出现个体差异。到16周末,母亲能感受到腹中胎儿的活动。17到20周,开始分睡眠、清醒,开始新陈代谢。25到28周,胎儿大脑皮质出现特殊功能。28周(7个月)是胎儿出生后能否存活的一个分界期。29到32周,开始对外界声音敏感。

(二)新生儿反射

条件反射是新生儿最早、最明显的有组织的行为模式,是新生儿心理发生的标志。对新生儿而言,反射可以分为生存反射和原始反射两类。

1. **生存反射**　生存反射具有明显的生存适应价值,包括呼吸反射、眨眼反射、瞳孔反射、定向反射、吮吸反射、吞咽反射。

2. **原始反射**　原始反射几乎没有用处,是进化的痕迹,包括巴宾斯基反射、抓握反射(达尔文反射)、莫罗反射(惊跳反射)、游泳反射、行走反射、强直性颈部反射。

第四章　婴儿心理发展

婴儿期一般指个体0～3岁的时期，它是儿童生理发育和心理发展最迅速的时期。这个时期婴儿的发展特征是：①学会独立行为，手的动作也有很好的发展；②言语能力获得很大发展；③开始最初的游戏活动；④各种心理活动带有明显的知觉性。

一、婴儿神经系统的发展

（一）婴儿大脑结构的发展

1. 脑重和头围迅速增大　婴儿期是人的一生中脑重增长最快的时期。

2. 大脑皮质　胎儿在六七个月时，脑的基本结构就已经具备；2岁时，脑及其各部分相对大小和比例，已基本上类似于成人大脑，白质已基本髓鞘化。大脑的髓鞘化程度是婴儿脑细胞成熟状态的一个重要指标。

（二）婴儿大脑机能的发展

1. 脑电图　脑电的变化常作为婴儿脑发展的一个重要指标。研究证实：

（1）同步节律α波的出现是婴儿脑成熟的标志。

（2）5个月时是婴儿脑电活动发展的重要阶段。

（3）12～36个月，脑电活动逐渐成熟。

2. 皮质中枢

（1）大脑按照其基因结构的顺序发展，遵循头尾原则和近远原则；婴儿刚出生时大脑皮质功能尚不正常，皮质兴奋还处于弥漫状态。

（2）发展速度最快的区域是脑干和中脑。

3. 大脑单侧化　新生儿阶段就能观察到大脑单侧化倾向，但只有量的区别，没有质的区别，继续发展将导致更大差异。

二、婴儿动作的发展

（一）动作发展的规律

1. **从上到下** 儿童最早发展的动作是头部动作，其次是躯干动作，最后是脚的动作。他们最先学会抬头和转头，然后是翻身和坐，接着是使用臂和手，最后才学会腿和足的运动，能直立、行走、跑跳，即按照抬头→翻身→坐→爬→站立→行走的方向逐步成熟。

2. **由近及远** 儿童动作发展从身体中部开始，越接近躯干的部位，动作发展越早，而远离身体中心的肢端动作发展较迟。以上肢动作为例，肩头和上臂首先成熟，其次是肘、腕、手，手的动作发展最晚。

3. **由粗到细** 儿童首先学会大肌肉、大幅度的粗动作，在此基础上逐渐学会小肌肉的精细动作。

（二）影响动作发展的因素

1. **遗传和成熟** 个体自身的肌肉、骨骼、关节与神经系统在结构与功能上的成熟为动作发展提供了生物前提，是动作发展的物质基础。

格赛尔进行了“双生子爬梯实验”。他让一对同卵双胞胎中的一员在出生后的第46周开始练习爬梯，每天练习10分钟，另外一个在出生后的第53周开始接受同样的训练，两个孩子都练习到54周，前者练了8周，后者练了2周，结果发现，只练了2周的爬楼梯水平与练了8周的一样好。

格塞尔分析说，46周就开始练习爬楼梯，为时尚早，孩子没有做好成熟的准备，所以训练只能取得事倍功半的效果；53周开始爬楼梯，这个时间就非常恰当，孩子做好了成熟的准备，所以训练就能达到事半功倍的效果。这表明成熟对动作发展有重要影响。

为此，格塞尔提出，个体的生理和心理的发展取决于个体的成熟程度，而个体的成熟取决于基因规定的顺序。成熟是推动儿童发展的主要动力，没有足够的成熟，就没有真正的变化。脱离了成熟的条件，学习本身并不能推动发展。儿童在成熟之前，处于学习的准备状态。所谓准备，是指由不成熟到成熟的生理机制的变化过程，只要准备好了，学习就会发生。

关于婴儿成熟有两种理论取向：预先成熟论、可能成熟论。前者认为，后天经验在动作发展中只扮演最普遍的支持者角色；后者认为，机能的发展可以引发或转换出新的结构。

2. **学习与教育** 学习为个体提供了必要的刺激与经验，影响着动作发展的速度、水平以及顺序和倾向等，对个体的动作发展具有一定的促进或阻碍作用。婴儿的学习内容包括经典条件反射学习、操作性条件反射学习、习惯化与去习惯化学习、模仿学习。

3. 营养与健康　营养不良或营养过剩对儿童生理发育的影响，会直接表现在儿童的动作发展上。

4. 环境

(1)气候与动作发展　冬季出生的婴儿较之其他三个季节出生的婴儿，其爬行起始年龄平均提前约2~4周。

(2)文化背景与动作发展　对巴西婴儿的研究发现，巴西婴儿在第3~5个月中整体动作发展分数显著低于美国婴儿。因为巴西母亲认为让婴儿进行坐和爬的练习会损害他们的脊柱和腿，不给予婴儿练习走路的机会，这些做法限制了粗大动作的发展。

三、婴儿言语的发展

(一)言语发展的理论

1. 习得(或经验)论　言语是习得的。强调家庭和社会环境对言语发展的重要作用。

(1)强化说　斯金纳认为，语言的习得是通过操作性条件反射实现的，强化是学习语言的必要条件，强化程序是渐进的。言语发展表现为儿童习得的口头反应的增加。

(2)模仿说　班杜拉、奥尔波特认为，儿童是通过观察、模仿来学习语言的。

2. 先天论　语言能力是人类与生俱来的。

(1)先天语言能力说　乔姆斯基认为，语言是普遍语法能力(知识)的表现，语言获得过程就是由普遍语法向个别语法转换的过程，这个转换是通过语言获得装置(LAD)实现的。儿童获得的是一套支配语言行为的特定的规则系统，因而能产生和理解无限多的新句子，表现出很大的创造性。

(2)自然成熟说　自然成熟说认为，生物遗传是人类获得语言的决定性因素。语言获得是大脑机能成熟的产物，最容易获得语言的时期是从出生到青春期之间。

3. 相互作用论　言语发展是生理成熟、认知发展与不断变化的语言环境之间复杂的相互作用的结果。

(1)认知相互作用论　皮亚杰认为，语言是儿童许多符号功能的一种，认知结构是言语发展的基础，言语结构随着认知结构的发展而发展，个体的认知结构和认知能力源于主体和客体的相互作用。

(2)社会相互作用论　社会相互作用论强调儿童与同伴或成人的交往的作用。

(二)词汇的获得

1. 发音发生过程

(1)简单发音阶段(单音节)。

(2)多音节阶段。

(3)有意义的语音阶段。

2. 言语的发展阶段

(1)0～12个月是前言语阶段,咿呀学语,具有目的性、约定性、指代性。

(2)10～14个月是言语发生阶段,开始"懂得"词义,是与成人交际的开始。

(3)10～15个月是言语发展阶段,每月约掌握1～3个新词。

(4)1～1.5岁是单词句阶段。

(5)19个月时出现"语词爆炸现象"。

(6)1.5～2岁是电报句阶段。

(7)2～3岁是复合句阶段。

3. 词汇获得的特点

(1)继续掌握一些场合限制性较强的词。

(2)已掌握的词开始摆脱场合限制性(婴儿真正掌握词汇、获得概念的重要途径),获得初步的概括意义。

(3)开始直接掌握一些具有概括性和指代性功能的词汇。

(三)语法的获得

20～30个月是掌握语法的关键期,3岁时基本掌握了母语的语法规则系统,在这一过程中,存在"过度规则化"和"规则扩大化"现象,这与婴儿思维的"自我中心性"有关。

四、婴儿心理过程的发展

在婴儿的认知能力中,感知觉最先发展且发展速度最快,在婴儿认知活动中一直占主导地位。

(一)婴儿感觉的发展

1. 视觉 视觉发生于胎儿中晚期,4～5个月的胎儿已具有视觉反应能力,2～4个月的婴儿已发展出颜色知觉,4个月已有颜色偏好,6个月前的婴儿已具有立体觉。

2. 听觉 听觉可以说是与生俱来的,5～6个月的胎儿已经开始建立听觉系统,6个月以前的婴儿能辨别出音色、音高等,初步具备协调听觉与身体运动的能力。

3. 嗅觉 7～8个月的胎儿已具备初步的嗅觉反应能力。

4. 味觉 味觉在婴儿和儿童时期最发达,以后逐渐衰退,新生儿已明显"偏爱"甜食。

5. 触觉 触觉是发生最早,也是最重要的。

(二)婴儿知觉的发展

1. 形状知觉 范茨(Fantz)采用视觉偏好实验发现,出生2天的婴儿就有图形知觉,并呈现出对人脸的偏好。

2. **大小知觉** 一般来说,4 个月以前的婴儿就具有了大小知觉的恒常性。

3. **方位知觉** 婴儿对外界事物的方位知觉是以自我中心来进行定位的,刚出生的新生儿就具有基本的听觉定向能力。

4. **深度知觉** 2 个月的婴儿已经具有深度知觉,但没有对视崖的恐惧感。6 个月能清楚地知觉到深度,并对高度产生惧怕。2 ~3 个月对来物具有保护性闭眼反应。

(三)婴儿知觉的研究方法

1. **视觉偏爱法** 在婴儿研究中,最有效的行为度量是他们的注视行为。在范茨的“偏好实验”中,通过给婴儿呈现两个(或更多)刺激物,观察他更喜欢哪一个,即注视时间最长的那一个,从而获取婴儿知觉发展的相关信息。如,面孔识别方面的研究发现,婴儿很早就开始对面孔感兴趣。

现代的眼动技术不仅能测量婴儿注视哪一个刺激,而且能够精确测量婴儿注视于何处及怎样从刺激的一个部分扫描到另一个部分。

2. **习惯化与去习惯化** 习惯化是婴儿对一个重复出现的刺激逐渐熟悉,兴趣下降,表现为注视时间减少或吸吮频率恢复到基线水平。去习惯化是指当刺激发生变化时,婴儿再次对刺激物产生兴趣,注视时间增加或吸吮频率下降。

其观测指标有:婴儿的心率降低、注视和吮吸等动作停止,表明去习惯化存在;心率加快表明婴儿可能有恐惧情绪,心率降低表明可能存在好奇心理。

研究表明,婴儿能够对各种刺激物——图像、声音、气味、味道和触摸表现出习惯化和去习惯化。在此意义上,该方法是测量婴儿感知觉能力的有效方法。

此外,该研究范式也可以应用于客体永久性、因果性认识等方面的研究。

3. **吉普森和沃克的“视崖实验”** 视崖装置的中央有一个能容纳会爬的婴儿的平台,平台两边覆盖着厚玻璃,平台与两边厚玻璃上铺着同样黑白相间的格子布料。一边的布料与玻璃紧贴,不造成深度,形成“浅滩”;另一边的布料与玻璃相隔数尺距离,造成深度,形成“悬崖”。实验时,让婴儿的母亲先后站在装置的“深”、“浅”两侧召唤婴儿,观察婴儿是否拒绝从有深度错觉的“悬崖”一边爬向母亲,借以研究婴儿的深度知觉的发生。

实验证明,出生 6 个月左右(甚至更早些)的婴儿,尽管母亲向他(她)招手呼唤,诱导其爬向母亲,但均被拒绝。这说明他们已经具有了深度知觉的能力。

4. **研究婴儿知觉恒常性的方法** 鲍尔曾经创造了一种独特的研究婴儿知觉恒常性的方法。在严格控制实验条件和影响因素的基础上,他先让婴儿形成一个看到某个特殊的客体就能转头的条件反射。然后,改变那个使婴儿转头的客体,观察婴儿的反应变化。研究者设想,如果改变婴儿观看的客体,但婴儿对客体反应的频率(如转头的次数)变化很少,这说明婴儿仍把置换的客体知觉为第一个客体;如果反应频率发生了明显变化,那就意味着婴儿把两种客体知觉为不同的客体了。

五、婴儿气质的发展

（一）婴儿气质类型学说

1. 传统的四重类型说　多血质、胆汁质、黏液质、抑郁质。

2. 巴甫洛夫的高级神经活动类型说　巴甫洛夫认为，高级神经活动三种基本特性的不同结合，可以形成四种高级神经活动类型。其中三种是强型，一种是弱型。强型又可分为平衡和不平衡型。平衡型又可分为灵活型和不灵活型。相应于这四种高级神经活动类型，根据其在人的心理活动和行为中的不同表现，可以将人的气质划分为四种不同的类型，即弱型（抑郁质）、强而不平衡型（胆汁质）、强而不灵活型（黏液质）、强而灵活型（多血质）。

3. 托马斯－切斯的三类型学说

（1）容易型　约40%。这类婴儿吃、喝、睡的生理机能有规律，节奏明显，容易适应新环境，也容易接受新事物和不熟悉的人，他们情绪一般积极愉快、爱玩，对成人的交往反应积极。由于他们生活规律、情绪愉快且对成人的抚养活动提供大量的积极反馈，因而容易受到父母最大的关怀和喜爱。

（2）困难型　约10%。他们突出的特点是时常大声哭闹，烦躁易怒，爱发脾气，不易安抚。在饮食、睡眠等生理机能活动方面缺乏规律性，对新事物、新食物、新环境接受很慢。他们的情绪总是不好，在游戏中也表现得不愉快。父母需要费很大的力气才能使他们接受抚爱，又很难得到婴儿的正面反馈。照料这样的孩子，父母往往感到十分烦恼，因而在养育过程中容易造成亲子关系疏远。

（3）迟缓型　约15%。他们不好活动，行为反应强度很弱，情绪总是消极的，且不甚愉快，但也不像困难型婴儿那样哭闹，而是安安静静地退缩。逃避新事物、新刺激，对外界环境和事物的变化适应较慢。但在没有压力的情况下，他们也会对新事物缓慢地发生兴趣，在新环境中能逐渐地活跃起来。这类婴儿随着年龄的增长，随父母养育方式的不同发生分化。

4. 布雷泽尔顿的三类型学说

（1）活泼型　“连哭带斗”来到人世。等不及任何外界刺激就开始呼吸和哭喊。

（2）安静型　从出生时起就不活跃。安安静静。

（3）一般型　介于前两类之间。大多数婴儿都属于这一类。

布雷泽尔顿指出，活泼型和安静型婴儿的父母常常忧虑自己孩子的身心是否正常，其实这是没有必要的，婴儿的气质是各不相同的，但这些婴儿都是正常儿童。

5. 巴斯的活动特型说

（1）情绪性婴儿　常通过行为或心理生理变化而表现出悲伤、恐惧或愤怒的反应。容易对更细微的厌恶性刺激做出反应并且不易被安抚。

(2)活动性婴儿　总是忙于探索外在世界和做一些大肌肉运动，乐于并经常从事一些运动性游戏。巴斯认为，活动性婴儿在儿童期表现为坐不住、爱活动，而到青年期则表现为精力充沛、活动能力强、有事业心、竞争心强等。

(3)社交性婴儿　常愿意与不同的人接触，在社会交往中反应积极。但常会受到挫折或伤害，有时甚至被认为是神经过敏而遭拒绝。

(4)冲动性婴儿　在各种场合或活动中极易冲动，情绪、行为缺乏控制，行为反应的产生、转换和消失都很快。

6. **卡根的抑制和非抑制型说**　抑制型婴儿的主要特征是拘束克制、谨慎小心和温和谦让；非抑制型婴儿则相反，他们无拘无束、自由自在、精力旺盛、自发冲动。

(二)气质的稳定性与可变性

气质具有相对稳定性，但是由于婴儿神经系统和心理活动的高速变化和发展，因此婴儿气质也有一定可变性。

(三)气质对早期教养和发展的意义

一般来讲，容易型婴儿对各种各样教养方式都容易适应，但这种容易适应性也会导致一些行为问题的发生。困难型婴儿的父母从一开始就面临着早期教养和亲子关系的问题。为了使婴儿抚养和家庭生活的正常秩序能够维持下去，家长们必须处理很多问题。对迟缓型婴儿教养的关键在于让他们按照自己的速度和特点去适应环境，即“顺其自然”。

六、婴儿社会性的发展

(一)婴儿的情绪发展

伊扎德认为人类婴儿在出生时，就展示出5种不同的情绪，即惊奇、伤心、厌恶、最初步的微笑和兴趣。我国心理学家孟昭兰指出，新生儿已具有兴趣、痛苦、厌恶和微笑等4种表情。

婴儿的微笑发展。约5周始，婴儿能区分人和其他非社会性刺激，对人的声音、面孔开始有特别的反应，大人的声音、面孔特别容易引起婴儿的微笑，社会性微笑(自发微笑)开始出现。从5周至3.5个月时，婴儿对人的社会性微笑是不加区分的(无选择的社会性微笑)，他们对主要抚养者或家庭其他成员、陌生人的微笑都是一样的。从3.5个月尤其从4个月开始，随着婴儿处理刺激内容能力的增加，能够分辨熟悉的脸和其他人的脸，婴儿开始对不同的人报以不同的微笑，出现有差别、有选择性的社会性微笑。3～4个月时，出现愤怒悲伤。6～8个月，出现依恋、分离焦虑和对陌生人的焦虑。约1岁半时，出现与自我意识相关的情绪，如羞愧、骄傲等。

(二)婴儿的依恋

1. 依恋的概念 依恋是指个体与主要抚养者(通常是母亲)间的最初的社会性联结,也是情感社会化的重要标志。依恋形成于6~8个月之间,分离焦虑和陌生人焦虑(怯生)的出现是依恋形成的标志。依恋具有三个特点:

(1)寻求与依恋对象身体上的亲近。

(2)可以从依恋对象那里获得慰藉、安全感和丰富的刺激。

(3)依恋遭到破坏后,会产生情感上的痛苦。

2. 依恋的阶段 鲍尔比、艾斯沃斯等将婴儿依恋发展分为四个阶段:

第一阶段:无差别的社会反应阶段。0到3个月,前依恋期。这个时期婴儿对人反应的最大特点是不加区分、无差别的反应。

第二阶段:有差别的社会反应阶段。3个月到6月,依恋关系建立期。婴儿对母亲、熟悉的人、陌生人的反应有了区别和选择,对母亲更为偏爱,出现更多的积极情绪,如更多的微笑。但仍不会在父母要离开时表现出反抗行为。

第三阶段:特殊的情感联结阶段。6个月到2岁,依恋关系明确期,积极寻求与专门照顾者的接近。这一时期的标志性事件是分离焦虑和陌生人焦虑(怯生)的出现。即当婴儿的依恋对象要离开时,他们会表现出明显的反抗、哭叫等行为。分离焦虑的出现,意味着婴儿已经理解到父母的消失是暂时的,具备了客体永久性。除了反抗分离,稍大一点的孩子还会出现有意地寻求与父母接近,获得父母的情感支持等行为。当父母在时,视父母为安全基地,进行游戏、探索。

第四阶段,交互关系形成期。2岁以后。此时,儿童能更好地理解父母的目标,理解影响父母离开和出现的因素。分离焦虑逐渐下降。

3. 依恋的类型 艾斯沃斯等人利用婴儿在受到中等程度压力后接近依恋目标的程度以及由于依恋目标而安静下来的程度,设计了一个"陌生情境",以观察儿童在此情境中的反应,从而来判断儿童依恋关系的前史、现状,并对其未来人际关系的发展进行推测。

(1)陌生情境法的标准操作 包括7个步骤:

①婴儿自由探索,母亲在一旁观看。

②陌生人进入,起初沉默不语,然后(1分钟后)与母亲交谈;再过1分钟,陌生人走进婴儿,与其玩游戏。

③母亲离开,陌生人与婴儿留在一起活动。

④母亲返回,安抚婴儿,陌生人离开。

⑤母亲离开,婴儿单独留在室内。

⑥陌生人返回,与婴儿一起活动。

⑦母亲再次返回,重新安抚婴儿,陌生人离开。

研究者观察记录婴儿的行为包括:操纵玩具时的活动方式;啼哭与紧张表情;引起母亲注意的尝试;尝试与陌生人接近的倾向等。研究者特别注意观察的是每次母亲再回来时婴儿的动作与表情。

(2)婴儿对母亲的依恋行为分类　根据实验中婴儿的不同行为表现,研究者将婴儿对母亲的依恋行为分为两种类型:

①安全型依恋(secure attachment):此类婴儿视母亲为安全基地,这类婴儿与母亲在一起时,能安逸地操作玩具,并不总是依偎在母亲身旁,只是偶尔需要靠近或接触母亲,更多的是用眼睛看母亲、对母亲微笑或与母亲有距离地交谈。母亲在场使婴儿感到足够的安全,能在陌生的环境中进行积极的探索和操作,对陌生人的反应也比较积极。当母亲离开时,婴儿的操作、探索行为会受到影响,婴儿明显表现出苦恼、不安,想寻找母亲回来。当母亲回来时,婴儿会立即寻找与母亲的接触,并且很容易经抚慰而平静下来,继续去做游戏。这类婴儿约占65% ~70%。

②不安全型依恋(Insecure attachment):不安全型依恋又可以分为回避型和矛盾型两类。

回避型(avoidant)婴儿对母亲在不在场都无所谓。母亲离开时,他们并不表示反抗,很少有紧张、不安的表现;当母亲回来时,也往往不予理会,表示忽略而不是高兴,自己玩自己的。有时也会欢迎母亲的回来,但时间非常短暂。因此,实际上这类婴儿对母亲并未形成特别密切的感情联结,所以,有人也把这类婴儿称作无依恋婴儿。这类婴儿约占20%。

矛盾型(ambivalent)婴儿在母亲要离开前就显得很警惕,当母亲离开时表现得非常苦恼、极度反抗,任何一次短暂的分离都会引起大喊大叫。但是当母亲回来时,其对母亲的态度又是矛盾的,既寻求与母亲的接触,但同时又反抗与母亲的接触,当母亲亲近他,比如抱他时,他会生气地拒绝、推开。但是要他重新回去做游戏似乎又不太容易,不时地朝母亲这里看。所以,这种类型又常被称为矛盾型依恋。这类婴儿约占10% ~15%。

后来,梅因等人提出了第四种依恋类型——混乱型。这种类型的儿童缺乏对陌生情景的一致策略,行为组织性很差;同时表现出寻求接近与回避的矛盾行为,而且行为缺乏完整性;有时对父母表现出像陌生人一样的谨慎。

4. **依恋的影响因素**　养育者的抚养方式(交往方式)和儿童自身的气质类型之间相互作用,共同影响儿童的依恋类型和依恋安全性。其中,母亲对婴儿所发出的信号的敏感性和其对婴儿是否关心是重要方面。安全型依恋婴儿的母亲对孩子的信号、情绪表达非常敏感,鼓励孩子进行探索,而且喜欢和孩子有亲密的接触。

此外,安斯沃思和其他研究者认为,婴儿对母亲的依恋类型既具有明显的稳定性,但同时在家庭环境经历较大变化、母亲与婴儿的交往发生较大转变时,也可能发生变化,安全型可以转变为不安全型,或者不安全型转变为安全型。

5. **依恋对儿童心理发展的影响** 婴儿是否同母亲形成依恋及依恋性质如何，直接影响婴儿情绪情感、亲社会行为及对人际交往的基本态度。首先，影响儿童的亲子关系。其次，影响儿童与其他人的关系（同伴、师生关系等）或社会技能。第三，影响儿童自身的心理健康（情绪、自尊等）。

6. **关于依恋的恒河猴研究** 哈洛用铁丝为恒河猴做了一个代母，它胸前有一个可以提供奶水的装置；然后，哈洛又用绒布做了一个代母。一个是柔软、温暖的母亲，一个是有着无限耐心、可以24小时提供奶水的母亲。一开始，哈洛把一群恒河猴宝宝和两个代母关在笼子里，很快，令人惊讶的事情发生了。在几天之内，猴宝宝把对猴妈妈的依恋转向了用绒布做成的那个代母。由于绒布代母不能提供奶水，所以猴宝宝只在饥饿的时候，才到铁丝代母那里喝几口奶水，然后又跑回来紧紧抱住绒布代母。

据此，哈洛认为，舒适的接触对于猴子形成依恋比喂养的作用重要，该结论推广到人身上为：仅有舒适的接触也会导致孩子成熟；不能满足孩子成长的需要，会导致不安全的依恋出现。

（三）早期同伴交往

婴儿出生后的后半年出现真正意义上的同伴交往行为，具体可分为三阶段。

1. **以客体为中心的阶段** 婴儿的交往更多地集中在玩具或物品上，而不是婴儿本身。

2. **简单交往阶段** 婴儿已能对同伴的行为做出反应，经常企图去控制另一个婴儿的行为。

3. **互补性交往阶段** 婴儿同伴间的行为趋于互补，出现了更多复杂的社交行为，相互间模仿已普遍，婴儿不仅能较好地控制自己的行为，还可以与同伴展开需要合作的游戏，即出现了社交指向行为、合作游戏、互补和互惠行为等，其中社会性游戏的数量明显增长是其最主要的特征。

第五章　幼儿心理发展

幼儿期指三岁至六七岁这一时期,是进入幼儿园的时期,又称为学前期。进入幼儿期,儿童由于身心的发展和生活范围的扩大,独立性和对世界的好奇心不断增强,同时成人向其提出了新的要求。由于幼儿能力有限,因此渴望独立参加社会实践活动的需要跟从事独立活动的经验及能力之间产生了重大矛盾。幼儿期主要特征有:①游戏是这一时期的主导活动,是促进幼儿心理发展的最好形式;②言语能力不断发展;③认知活动仍然具有具体形象性和不随意性,但是,抽象性和随意性的认知也开始发展;④最初的个性倾向开始形成,社会性进一步发展。

一、幼儿神经系统的发展

(一)幼儿大脑结构的发展

1. 脑重量继续增加　7 岁时基本接近成人脑重。

2. 大脑皮质结构日趋复杂化

(1)神经细胞结构复杂化和神经纤维分支增多、变长。

(2)神经纤维髓鞘化完成。

3. 脑电波

(1)脑电的变化表明,儿童大脑随年龄增长而发展,且不可逆;各脑区按"枕叶→颞叶→顶叶→额叶"的顺序成熟。

(2)脑发展存在两个明显的加速时期,即 5 ~ 6 岁和 13 ~ 14 岁。

(二)幼儿大脑机能的发展

皮质抑制机能的发展是大脑皮质机能发展的重要标志之一,是儿童认识外界事物和调节控制自己行为的生理前提,表现为专注、控制、调节自己的行为。4 岁起,内抑制蓬勃发展,皮质对皮下的控制和调节作用逐渐加强。幼儿的兴奋过程也比以前增强,表现为睡眠时间减少。

二、幼儿的游戏

(一)游戏理论

1. 早期传统理论

(1)霍尔——复演说 游戏是人类祖先的生活特征在儿童身上的重演。

(2)席勒和斯宾塞——精力过剩说 游戏是儿童借以发泄体内过剩精力的一种方式。

(3)彪勒——机能快乐说 游戏是儿童从中获得机体愉快的手段。

(4)格罗斯——生活准备说 游戏是儿童对未来生活的无意识准备,是种本能的练习活动。

(5)拉扎勒斯－帕特瑞克——娱乐放松说 游戏来自放松的需要。

(6)博伊千介克——成熟说 游戏是自由、主动发展、适应环境的表现。

2. 当代游戏理论

(1)精神分析理论 弗洛伊德认为游戏是补偿现实生活中不能满足的愿望和克服创伤性事件的手段。艾里克森认为游戏是思想与情感的一种健康的发泄方式,是自我的机能,在游戏的过程中,儿童可以修复他们的精神创伤,“复活”他们的快乐经验。

(2)认知理论 皮亚杰认为,游戏是儿童认识新的复杂客体和事件的方法,是巩固和扩大概念和技能的方法,是使思维和行为结合起来的手段,儿童在游戏过程中并不会发展出新的认知结构,而是努力使自己的经验适合于先前存在的结构。感知运动期为练习游戏,前运算期出现象征性游戏,具体运算阶段出现了真正的有规则的游戏。

(3)学习理论 桑代克认为,游戏是一种学习行为,遵循效果律和练习律,受到社会文化和教育要求的影响;各种文化和亚文化对不同类型行为的重视和奖励;其差别都会反映在不同文化社会的儿童游戏中。班杜拉认为,在儿童的游戏过程中,他们模仿成人的社会活动,在游戏中,他们学会在坚持自己的权利同时又服从游戏团体中的要求。

3. 其他理论

(1)伯莱恩、艾利斯、哈特和费恩的觉醒－寻求理论 游戏与中枢神经系统活动状态——觉醒有关,游戏是内部动机引起的行为,是由于有机体需要寻求刺激,以维持和调节中枢神经系统的觉醒水平。

(2)巴特森的元交际理论 强调游戏的信息交流特点。元交际是对交流信息的意识,如果意识到“是在游戏”,就是觉察到在和别人交际。

(3)萨顿·史密斯的行为适应说 游戏有利于发展适应性,强调象征性游戏中的“假装”作用,其使儿童有创造的自由,可以发展灵活性和自主感。

(二)游戏种类及其发展

1. 按目的性分类 分为创造性游戏(角色扮演、建筑性游戏、表演游戏)、教学游戏和活动游戏。

2. 按认知发展阶段分类 皮亚杰按认知发展阶段分为练习游戏、象征(假装)游戏和有规则游戏。

3. 按社会化程度分类 帕腾按社会化程度分为无所用心的游戏、旁观者行为、单独游戏、平行游戏、联合游戏、合作游戏,其中,前三种属于非社会化的活动阶段。

(1)无所用心 什么也不做,在房子里走动张望。

(2)旁观行为 看别的儿童游戏,自己不参加,有时开口教别人怎样做,但自己不参加。

(3)单独游戏 多见于2~3岁,和别的儿童不发生关系,单独游戏。

(4)平行游戏 使用别的儿童所用的同样玩具,做同样的游戏,但不和别的儿童一起游戏,2~4岁达到高峰。

(5)联合游戏 和别的儿童一起游戏,有时还互相借用玩具,但尚未组织化,4岁以上达到高峰。

(6)合作游戏 集团意识明显,出现领袖,有规则的组织化游戏,5岁以后。

儿童从4岁左右开始和别的儿童一起游戏的现象日益增加。在平行游戏、联合游戏阶段儿童已经开始意识到别的儿童的存在,似乎有共存感。

三、幼儿言语的发展

(一)词汇的发展

1. 词汇数量增加 幼儿期是词汇数量增加最快的时期。

2. 词汇内容丰富和深化 词汇的抽象性和概括性增加。

3. 词类范围扩大 按照名词→动词→形容词→虚词(连词→介词→助词→语气词)的顺序掌握词汇。

4. 积极词汇增多 积极词汇指能理解、正确使用的词汇;消极词汇指不能理解或理解但不能正确使用的词汇。

(二)句子的发展

1. 从简单句到复合句。
2. 从无修饰句到有修饰句。
3. 从陈述句到多种形式的句子。

(三)口语表达能力的发展

1. 从对话言语到独白言语。
2. 从情境言语到连贯言语,独白言语和连贯言语的发展是口语表达能力发展的重要标志。

3. 幼儿初期言语表达缺乏条理性、连贯性，言语过程中夹杂着丰富的表情和手势。

四、幼儿认知的发展

（一）记忆的发展

1. 记忆容量增加 洪德厚研究发现，幼儿的短时记忆广度在3岁时为3.91个，4岁时5.14个，5岁时5.69个，6岁时6.10个，7岁时6.09个。帕斯柯尔·利昂认为，随年龄增长，儿童的工作记忆中持有信息的能力也在增长，这种能力叫作M空间（记忆空间）。他发现3岁儿童只能在一段时间内处理1个信息单位，5岁儿童能处理7个信息单位。

2. 无意识记忆和有意识记忆的发展 幼儿初期，无意识记忆占优势。幼儿晚期有意识记忆和追忆才逐步发展起来（有意识记忆的出现标志着儿童记忆发展的质变）。

3. 形象记忆与语词记忆的发展 形象记忆仍占主导地位，语词记忆也在发展。

4. 记忆策略和元记忆的形成

（1）记忆策略 5岁之前没有记忆策略，5~7岁处于过渡期，10岁后记忆策略逐步稳定发展起来。有研究表明，3~4岁儿童中有43%的会使用复述策略；6~7岁有79%会使用；7~8岁幼儿会更多地利用到归类策略；另外，8岁以上儿童基本能运用类别搜索策略。

（2）元记忆 元记忆是一种元认知。弗拉韦尔认为，元认知是指主体对自身认知活动的认知，包括对当前正在发生的认知过程和自我认知能力以及两者相互作用的认知。一般可以将元记忆大致区分为关于记忆的元认知知识、元认知自我监控和元认知调节。

①元认知知识：包括关于人（对自己和他人作为记忆主体方面的认识）、任务（对任务难易的认识）和策略三个知识范畴。

②元认知自我监控：将记忆进展与记忆目标相比较，了解自己所处位置。有时包含“元认知体验”。

③元认知调节：包括计划、指导和评价自己的行为。

（二）思维的发展

1. 幼儿思维的特点

（1）具体形象性是主要特点。具体形象性引发经验性、表面性和拟人性，这和幼儿知识经验贫乏及第一信号系统占优势有关。

（2）抽象逻辑性开始萌芽（幼儿中期以后）。

（3）言语在幼儿思维发展中的作用日益增强。

2. 皮亚杰关于幼儿思维的研究

（1）三山实验 在一个立体沙丘模型上错落摆放了三座山丘，首先让儿童从前后、左右不同方位观察这座模型，然后让儿童看四张从前后、左右四个方位所摄的沙丘的照片，让儿童指出和自己站在不同方位的另外一人(实验者或娃娃)所看到的沙丘情景与哪张照片一样。前运算阶段的儿童无一例外地认为别人在另一个角度看到的沙丘和自己所站的角度看到的沙丘是一样的。

这个实验证明了前运算思维缺乏逻辑性的表现之一是具有自我中心性,不具备观点采择能力,即从他人角度看待事物的能力。

(2)守恒实验　在液体守恒实验中,向儿童呈现两只相同的玻璃杯,杯中装有等量的液体,在儿童确知两只杯中的液体是等量的之后,实验者把其中一杯液体倒入旁边一只较高、较细的杯子,液面自然升高。然后问儿童:"新杯子中的液体比原来杯子中的多一些,还是少一些,还是一样多?"结果发现,大多数 3 ~ 4 岁的幼儿会回答"多一些";5 ~ 6 岁儿童比较犹豫(转折期),似乎注意到了杯子的粗细,但是正确率不高;8 岁以上的儿童都能比较顺利地说出正确答案。

与之类似的还有数量守恒实验。给儿童呈现两排数量一样多糖果,前后排列一致,让他们回答两排糖果的数量是否一样多。儿童一般都能回答正确。但是如果实验者把其中的一排扩大或缩小间距,改变其外观形态,然后再让儿童回答两排糖果是否一样多。皮亚杰发现,小于 7 岁的儿童往往回答错误,而年龄大一些的儿童却能认为两排糖果一样多。

另外,还有物质守恒和长度守恒(7 ~ 8 岁掌握),面积守恒和重量守恒(9 ~ 10 岁掌握),体积守恒(12 岁掌握)。

(3)类包含实验　类包含是指一类物体及其子类的关系。原则上,总类的数量大于子类。给儿童呈现 4 朵红花和 2 朵白花,问儿童红花多还是白花多,儿童一般都能正确回答红花多。但是当问红花多还是花多时,幼儿期儿童就不能正确回答。皮亚杰认为,此时处于前运算阶段的儿童不能同时想到一个子类和整个一类。

3. 最初概念的掌握

(1)最初的词的概括和概念的掌握　概念掌握的过程就是从具体形象思维向抽象逻辑思维发展的过程,幼儿晚期才能掌握一些较为抽象的概念。

(2)最初实物概念的掌握　小班儿童掌握的实物概念的内容基本代表其所熟悉的某一个事物或某一些事物;中班儿童能概括出某一些实物的比较突出的特征,尤其是功用上的特征;大班儿童则开始能指出某一实物若干特征的总和,但还不能很好地区分本质和非本质的特征。

(3)最初数概念的掌握　数概念的掌握主要包括数的实际意义、数的顺序和数的组成,林崇德研究表明,儿童数概念的形成经历了最初口头数数、给物说数、按数取物、掌握数的概念等四个阶段,其中 2 ~ 3 岁、5 ~ 6 岁左右是数概念形成和发展的关键年龄;数概念的发展的转折点一般认为是 5 岁左右。

(4)类概念的掌握　维果茨基研究表明,幼儿在分类时不断改变标准,一会儿以形状为标准,一会儿又以颜色或大小为分类依据。维果茨基称之为"链概念"。皮亚杰的研究则认为,幼儿是用主题来分类的,儿童概念发展经历主题概念、链概念、充分必要特征基础上的概念三个阶段。

4. 抽象思维的初步发展 到幼儿晚期,在儿童所能理解的事物范围内,一般能很好地进行合乎事物本身逻辑的判断和推理。

(三)心理理论

1. 心理理论的含义 心理理论是指个体对心理现象和心理状态的认识,它建立在心理与客观世界相区分以及信念和愿望是人类行为之源这样一种认识的基础之上。

儿童心理理论的研究起源于这样一个观念,即对心理状态的认识是我们日常生活认识中的核心,在日常认识中,我们总是论及心理状态、推知他人的意图和信念,并通过推测其心理状态而预测人们的行为。

2. 心理理论的发展研究

(1)*研究起源* 始于普里马科(Premack)和伍德鲁夫(Woodruff)对黑猩猩是否认识心理的猜测。

(2)*儿童对错误信念的认识* 错误信念的掌握往往被视为儿童是否认识到个体能够以不同方式表征同一客体或事件的证据,因此错误信念任务被视为儿童是否具有心理的表征理论的标志。要完成错误信念任务,儿童需要对事物形成正确观点(信念),知道信念有正、误之分,明白正、误的信念可共存。

3. 心理理论的研究范式

(1)*意外转移任务* 儿童观看实验者和一个叫马克西的男孩一起在房间里的图像。实验者在马克西面前把一块巧克力藏在一个盒子下面。然后马克西离开房间一会儿,当他不在时,实验者把巧克力移到另一个地方藏起来。问被试儿童巧克力实际在何处,以及当马克西回来后,他会在什么地方寻找巧克力。

(2)*表征变化任务* 向儿童呈现一个玩具的盒子并问儿童里面是什么。儿童一般回答:“玩具”。然后让儿童看见向玩具盒里放一支铅笔。问儿童,如果现在过来另外一个小朋友,他会认为玩具盒里装的是什么。

测试结果发现,3 岁的儿童不能完成上述两种任务。他们认为主人公会根据现实世界的状况行动,不理解主人公会根据他的错误信念行动。5 岁的儿童能完成。为了正确回答马克西会在哪里找巧克力的问题,儿童必须知道他人有思想和信念,对错取决于他人现在的知识,他人根据他们自己的心理状态,而不是现实世界的状况行动。

4. 心理理论发展的影响因素

(1)*儿童早期与他人的社会交往* 儿童早期与他人的社会交往有助于儿童心理理论的发展。

(2)*假装游戏* 假装游戏是促进儿童的认知能力、社会能力发展的重要因素,它有助于儿童理解心理和现实的区别。

(3)语言的发展　语言的发展与心理理论的关系也十分密切。

(4)进行心理状态问题的探讨　进行心理状态问题的讨论也是影响儿童心理理论发展的重要因素。

5. 心理理论的解释

(1)理论论　该理论认为,人们关于心理的知识是一种日常的“框架”理论,是非正式的“理论”。经验在心理理论中起着某种重要作用:经验通过不断为幼儿提供已有的心理理论所无法解释的信息,最终引起儿童修正和改进该理论。因此,经验的作用方式类似于皮亚杰的平衡化作用机制,即经验引发不平衡并由此达成某种新的较高的平衡状态,形成新的心理理论。

(2)模块论　该理论反对理论论,他们认为,儿童的发展是通过三个特殊领域模块化机制的连续神经成熟而获得的。经验在这一过程中可能起了十分重要的作用,但并不是必需的。这三个机制分别是身体理论机制和两个心理理论机制,这些机制的发展决定了儿童不同的心理理论发展水平。

(3)匹配论　该理论认为,儿童心理理论发展的前提是婴幼儿必须意识到自己与他人在心理活动中处于等价的主体地位,认识到自己与他人在心理活动中的相似性。通过对心理活动情境的不断观察和再认,儿童对这种等价关系的认识不断发展,逐渐获得系统的心理理论知识。

(4)拟化论　该理论认为,儿童对自己的心理状态具有某种内省性觉知,能够通过一种角色拟化过程来推论他人的心理状态,即儿童可以通过想象和在心理上拟化其他人所处的情境来推测他人的心理状态。儿童发展的并不是一种理论而是越来越准确的拟化能力。

五、幼儿个性与社会性发展

(一)幼儿道德认知发展

幼儿道德认知是指幼儿对是非、善恶行为准则和社会道德规范的认识。

1. 皮亚杰的道德认知发展理论　皮亚杰是第一位系统研究儿童道德认知问题的心理学家。

(1)研究方法　皮亚杰认为,道德的成熟包括两方面的内容:对社会规则的理解和认识;对人类关系中平等、互惠的关心,这是公德的基础。

①临床法(谈话法):主要用于研究儿童对游戏规则的意识和执行的发展情况。皮亚杰和儿童一起玩弹子游戏,并观察、记录儿童如何创立和强化游戏规则。然后分析、归纳儿童有关规则认识和使用的阶段性特征。

阶段1:规则还不是有遵循义务的活动。

阶段2:以片面的尊重为基础的强制性规则。

阶段3:规则成为彼此同意的合理的规则。

②对偶故事法:用于研究儿童对过失行为、说谎和社会公正的道德推理的发展。

例如:一个名叫约翰的小男孩在他的房间里,家人叫他吃饭,他走向餐厅。但是在餐厅的门后有一把椅子,上面是摆放了15个杯子的托盘。约翰推开门,门碰翻了托盘,里面的15个杯子都摔碎了。另一个小男孩叫马尔塞洛。一天当他的妈妈不在家时,他想从碗橱里拿些果酱吃。他爬上了椅子使劲伸手去够果酱,但是果酱放得实在太高,他够不着。但是在够的过程中,他碰掉了一个杯子,杯子摔碎了。问:约翰和马尔塞洛谁犯的错误更大?为什么?

(2)道德发展阶段　根据以上考查和研究,皮亚杰将儿童的道德认知发展划分为三个阶段。

①前道德阶段:处于前道德阶段的孩子,对引起事情的原因只有模糊的了解,自我中心、感情泛化、易冲动,行为直接受行为的结果所支配,道德认知不守恒。该阶段儿童既不是道德的,也不是非道德的。

②他律道德阶段:又叫道德实在论阶段,5~10岁,受自身以外的标准支配,认为规则是绝对的、固定不变的,是由权威所给予的,不理解规则可以经过集体协商来制定或改变。在评定是非时,总是抱极端态度,或者是好,或者是坏,认为"公正就是服从权威",按是否遵从权威来判断是非。判断行为的好坏完全根据行为的后果,而不是根据主观动机,具有从他性和情境性。如,6~7岁儿童一般根据主人公在客观上的后果(比如打碎杯子的数量多少,说谎与真实情况的相差程度)做出判断,而年龄大的儿童则能注意行为的动机和意图。

③自律道德阶段:又叫道德相对论阶段,10岁以后,受自己的主观价值标准支配,意识到规则是可变的,判断行为时考虑行为动机和意图,能把自己置于别人位置,惩罚较温和、带有补偿性。

皮亚杰认为,儿童的道德认知是从他律道德向自律道德转化的过程,这种他律性是幼儿认知自我中心和实在论的表现。幼儿期是为道德发展打基础的时期,处于他律道德阶段。

(3)评价　皮亚杰的道德认知发展模型得到了一些研究的实证,基本正确且具有文化普遍性。但很多研究者认为他的方法可能扭曲了结论。有研究表明,皮亚杰可能低估了年幼儿童的道德推理能力。

2.特瑞尔(Turiel)的领域模型

(1)儿童的道德推理包含不同领域的认知,即道德领域和社会领域。道德领域主要包括与公道和正义相关的问题,社会领域包括指引人们社会关系的规则。

(2)儿童在很小的时候就能区分道德推理的道德领域与社会领域。

(3)儿童对道德规则和社会习俗的理解受生长环境和个人经验的影响。①儿童对道德规则的理解主要源于社会交往,主要是同伴;②儿童对社会习俗的理解,源于不同社会情境下的经验,在这些情境中社会习俗各有不同。

(二)幼儿社会性行为发展

1. 侵犯行为

(1)侵犯行为的含义　侵犯行为又称攻击行为,是针对他人的敌视、伤害或破坏性行为。

(2)侵犯行为的理论

①精神分析理论:死本能是敌意性、攻击性冲动的根源。

②生态学理论:人有基本的侵犯本能。所有本能都是进化的产物,它保证了物种的生存和繁衍。

③新行为主义理论:挫折总是导致侵犯行为,攻击行为能够减少挫折带来的痛苦。

④社会学习理论:侵犯行为是通过直接强化或观察学习学得的。

⑤社会信息加工理论:强调认知在侵犯行为中的作用。道奇认为,一个人对挫折、生气或明显的挑衅的反应并不过多依赖于实际呈现的社会线索,而是取决于他怎样加工和解释这一信息。信息加工过程包括译码、解释、寻求反应、反应决策和编码过程。

(3)侵犯行为的发展　2 岁时有物主意识,有了占有感,常因玩具被抢出现沮丧、哭泣;指向人的真正侵犯行为出现在 4 岁左右,并达到顶峰;5 岁开始减少,随年龄增长,身体攻击减少,言语攻击增多。

(4)侵犯行为的性别差异

①男孩普遍比女孩具有攻击性。

②男孩多为身体攻击,女孩多为言语攻击。

③小学高年级以后,男性攻击行为多指向同性;女孩基本上都是指向其他女孩。

④男孩之间的攻击行为比女孩之间或异性之间的攻击行为多得多。

(5)影响侵犯行为的因素

①生物学因素:激素、气质类型等。

②社会文化因素:文化的作用;家庭(武断、冷漠、拒绝、放任的父母,充满矛盾的家庭情绪、强制性的家庭环境都会导致儿童侵犯行为的出现);媒体的影响(电视暴力、拳击赛、电子游戏和互联网)。

(6)侵犯行为的控制

①消除对侵犯行为的奖赏与关注。

②榜样和认知训练。

③移情训练。

④创造减少冲突的环境。

2. 亲社会行为

(1)亲社会行为的含义　亲社会行为是指任何符合社会期望且对他人或社会有益的

行为及趋向。

(2)亲社会行为理论

①社会生物学理论:个体为了维持种族的生存与繁衍,需要牺牲自己以换取“族内适宜性”。

②精神分析理论:亲社会行为发展的必要条件是良好的亲子关系,其中认同起着重要的作用。

③社会学习理论:所有亲社会行为都是强化和社会学习的结果。

④认知理论:随着智力的发展,个体掌握了重要的认知技能,影响了其对亲社会行为推理和行为的动机。

⑤社会规范理论:社会规范是个体社会行为的价值标准,社会规范强调社会对人的亲社会行为的引导作用。

(3)亲社会行为的发展　一般认为,亲社会行为在幼儿期逐渐增加,6~12岁增长显著。

(4)亲社会行为的影响因素

①认知情感因素:观点采择;亲社会行为道德推理(艾森伯格:享乐主义、自我中心的,以他人需要为定向的,以他人赞赏为需要的,移情的,明显内化的);移情;自我概念。

②社会文化因素:文化的影响;强化;榜样的作用。

(5)亲社会行为的训练

①角色扮演训练。

②自我概念训练。

③行为自我强化。

④榜样示范。

(三)性别角色的社会化

性别角色的社会化先后包括理解性别、获得标准、取得认同和形成偏爱四个过程。

1. **性别的认同(理解性别)**　性别的认同是指对自身性别的认识,即对自己生物学特性上是男性还是女性的一个分类;包括正确使用性别标签、理解性别稳定性、理解性别坚定性和理解性别的发生学基础。儿童先理解自我的性别坚定性,然后是同性他人,最后是异性他人。研究发现:一些2岁儿童已能分辨出照片上人的性别,不能确定自己的性别;大多数2.5~3岁的儿童能正确说出自己是男孩或是女孩,但不能理解性别是不变的;3~5岁的儿童还不能理解性别的坚定性,5~7岁儿童才理解性别的坚定性,这也是儿童达到液体和数量守恒的阶段。

2. **性别角色的认同**

(1)性别角色标准　社会对男性和女性的动机、价值、行为方式等方面的期望模式。

(2)性别角色认同　对一个人具有男性特点或女性特点的认识和信念。

(3)性别角色偏爱　对于某一性别相联系的活动或态度的偏爱。研究表明:2.5 岁的儿童就有一些关于性别角色标准的知识;2.5 岁就有性别角色偏爱;6 岁就有性别刻板印象。

3. 性别化的理论

(1)社会生物学理论　社会生物学理论强调两性间发生学和激素的差异在儿童性别化过程中的决定作用。

(2)精神分析理论　精神分析理论认为性别化是儿童与同性别父母认同的结果。

(3)学习理论　学习理论认为性别化是观察学习和直接训练的结果。

(4)认知理论　认知理论认为,儿童首先学会完成性别的分类任务,在此基础上,他们更容易感受、注意、记忆那些与自己性别一致的活动和行为,发展起与自己性别相联系的行为模式。

(5)双性化理论　Bem 提出了双性化理论模型。该理论从心理上把性别角色类型分为男性化、女性化、双性化和未分化等四种。所谓"双性化",是指一个人兼有男性化与女性化的气质,双性化者并非"变态"。相反,研究表明,双性化者兼有男性和女性较为优良的品质,往往具有更强的社会适应能力。

(四)同伴关系

1. 同伴关系的含义　同伴,是指儿童与之相处的具有相同或相近社会认知能力的人。年龄相同或相近的儿童,在某种共同活动中体现出相互协作的关系,就构成了儿童的同伴关系。

2. 同伴关系的作用　同伴关系有利于儿童社会价值的获得、社会能力的培养以及认知和健康人格的发展。

(1)同伴可以满足儿童归属和爱的需要以及尊重的需要。

(2)同伴交往为儿童提供了学习他人反应的机会。

(3)同伴是儿童特殊的信息渠道和参照框架。

(4)同伴是儿童得到情感支持的一个来源。

3. 同伴关系的发展

(1)儿童与同伴的接触次数增加。

(2)不再把成人当作唯一依靠的对象而是主动寻求同伴。

(3)与同伴的交往比以前更密切、频繁和持久。

(4)3 岁起,偏爱同性同伴。

(5)3 ~4 岁之间,对同伴依恋强度增加。

(6)语言发展使同伴间交往更有效。

(7)儿童间从事社会性程度较高的合作性游戏的次数大大增多了。

(8)儿童建立友谊数量增长,但儿童早期的友谊一般是松散、脆弱的。

4. **同伴关系的训练** 儿童不良的行为习惯和个性品质可能引起同伴关系障碍,而这种障碍容易导致消极情感的产生。同伴关系不良将导致社会适应困难,易出现退学、孤僻、退缩、冷漠、压抑、其他问题以及加入不良团伙乃至犯罪。近年来新兴的社会技能训练能通过干预方案改进儿童同伴关系,促进其社会行为发展。干预方案具体包括:

(1)让儿童学习有关交往的新原则和概念(合作、参与等)。

(2)帮助儿童将原则和概念转化为可操作的特殊行为技能(如某种亲社会行为)。

(3)同伴交往活动中树立新的目标。

(4)促使已获得的行为保持并在新情境中的概化。

(5)增强儿童与同伴成功交往的信心。

5. **群体社会化理论** 哈里斯从六个方面阐述了这一理论。

(1)关于情境特殊性的社会化与个性发展

①儿童独立地学习家庭中的行为和家庭外的行为。

②个性是由天生的内核加上特殊情境的行为系统组成。

③随着儿童的年龄逐渐增大,家庭外的行为系统逐渐超越了家庭内的行为系统,并最终成为成人个性的一部分。

(2)家庭外社会化的来源

①人类由于进化的原因倾向于加入和适应一个群体。

②人类有能力从属于多个群体,突出的群体确认依赖于社会情境。

③在家庭外儿童确认的群体是同伴群体。

④群体确认要求采纳群体的态度和行为的准则。

(3)文化通过群体传递

①父母不直接将文化传递给儿童,文化是从父母同伴群体传递给儿童同伴群体的。

②只有在被大部分群体成员分享并支持的情况下,儿童在家庭中习得的行为才被传递到群体。

③通过选择和拒绝成人文化的不同方面以及自己的创造,儿童的同伴群体创造自己的文化。

(4)群体间的文化传递过程拓展了群体间的差异

①群体内偏爱与群体外敌意来源于在进化过程中获得的适应机制。

②对人类而言,群体内偏爱和群体外敌意产生了群体对比效应,这加大了群体间的差异。

(5)同化与分化

①当群体确认明显时,群体内同化与群体间对比最易产生,群体确认在有其他群体存在时变得更为突出。

②群体内同化与群体分化并不相互排斥，儿童在某些方面变得与同伴更相似，在另一些方面则更不相同。

(6)群体内同化和分化的过程加大了群体成员个人之间的差异

①群体内的地位等级——支配或社会权力的差异在人类社会始终存在，并对个性产生长期的影响。

②同伴群体内的社会比较为儿童提供了关于自己优势与弱势的信息。

哈里斯的群体社会化理论启发我们从另一个有别于家庭的、巨大的儿童生活成长的环境——同伴群体，来思考儿童个性的发展。

6. 同伴研究的方法 社会测量技术是一种自我报告式的同伴关系评价技术，它要求儿童自己来评价对他人(同伴)的喜欢程度。主要包括两种方法：

(1)同伴提名 在一个社会群体中，让每个儿童根据给定的同学名单或照片进行限定提名，即让每个孩子说出自己最喜欢与最不喜欢的同伴。

(2) 同伴评定 要求儿童根据具体化的量表对同伴群体内其他全部成员逐一进行评定。可以让儿童选择很喜欢、喜欢、一般、不喜欢等几个级别。

7. 同伴关系的类型

(1)受同伴欢迎的儿童：受到同伴正向提名较多。

(2)被拒斥的儿童：受到同伴负向提名较多。又可分为攻击儿童和退缩儿童。

(3)矛盾的儿童：有争议的儿童，正向提名和负向提名都较多。

(4)被忽视的儿童：正向提名和负向提名都较少。

(5)一般的儿童。

同伴接纳可以有效预测当前和未来的心理适应。而影响同伴接纳的直接因素是体貌特征和社会行为(最有效的预测因素)。

第六章　童年期儿童的心理发展

六七岁至十二三岁是儿童进入小学学习的时期，这是儿童心理发展的一个重要转折期，这一时期的特征主要有：①逐渐掌握书面言语，以具体形象思维为主要形式，并向抽象逻辑思维过渡；②有意识的从事集体活动；③学习成为这一阶段的主导活动；④逐渐掌握书面言语。其发展过程表现出明显的协调性和过渡性。

一、童年期儿童的学习

（一）童年期儿童学习的特点

表现在学习动机、学习兴趣和学习态度（对教师、作业和评分的态度）方面。

1. **学习动机**　年级越低，学习动机越具体，更多地与兴趣相联系。

2. **学习兴趣**

（1）从对学习过程和学习的外部活动更感兴趣，到对学习内容以及需要独立思考完成的作业更感兴趣。

（2）学习兴趣从不分化到分化（小学三年级）。

（3）游戏因素在学习兴趣中的作用逐渐降低。

（4）对关于具体事实经验的知识较感兴趣，对关于抽象因果关系知识的兴趣初步发展。

（5）阅读兴趣从对课内阅读发展到课外阅读，从童话故事发展到文艺作品和通俗科普读物。

（6）对社会生活的兴趣逐步扩大和加深。

3. **学习态度**

（1）小学低年级儿童对老师怀有特殊的尊敬和依恋之情，但到了中年级后，对老师产生怀疑和选择，只有那些好老师才能获得学生的信任。

（2）学龄初的儿童并未形成集体观念，但从中年级开始，集体观念开始形成。

（3）学龄初的儿童还未把作业当成学习的重要组成部分，但在老师的帮助下，逐渐形成对作业自觉负责的态度。

(4)学龄初期儿童逐渐了解了分数的客观意义,从中年级开始,儿童把获得一个优良的分数,看成高质量完成学习这一社会任务的客观表现。

(二)童年期儿童学习的作用

童年期儿童学习带有社会性、目的性、系统性和强制性,在这种特殊的学习过程中,使儿童产生了责任感与义务感,同时意志力也得到了培养。

儿童心理活动的有意性和自觉性明显发展起来,思维也逐渐从具体形象思维过渡到抽象逻辑思维。发展了社会交往技能,提高了社会认知水平,培养了互助、合作的集体精神,并且自我意识也得到了进一步的发展。

(三)童年期儿童学习障碍

2~3年级比较多。

1. 童年期儿童学习障碍的特征

(1)差异性　儿童实际行为与所期望行为之间有显著差异。

(2)缺陷性　学习障碍的儿童有特殊的行动障碍。

(3)集中性　缺陷往往集中在包括语言和算术的基本心理过程中。

(4)排除性　问题不是由听力、视力或普通心理发育迟缓以及情绪问题或缺乏学习机会引起的。

(5)可逆性　依靠合适的教育训练可以加以改善。

(6)贯穿性　学习障碍可以贯穿于毕生发展过程中。

2. 童年期儿童学习障碍的种类

(1)语言障碍。

(2)阅读—书写障碍。

(3)算术障碍。

3. 童年期儿童学习障碍的症状

(1)感知—思维方面。

(2)行为—情绪或社会性方面。

(3)发育迟缓。

(4)自卑引起的品行问题。

4. 童年期儿童学习障碍的原因

(1)幼年轻度脑损伤。

(2)遗传素质。艾尔丝认为,感觉综合失调是儿童学习障碍的重大原因。

(3)缺乏母爱。

(4)环境不良。

5. 童年期儿童学习障碍的预防

(1)避免可能造成损伤的因素。

(2)注意儿童的心理健康,培养健康人格。

(3)关心儿童学习。

二、童年期儿童言语的发展

(一)书面言语的发展

书面言语是言语发展的高级阶段。其掌握顺序为识字→阅读→写作(准备→过渡→独立写作)。二三年级时书面语言逐渐赶上口头言语,四年级时开始表现出优势。

(二)内部言语的发展

内部言语的发展和儿童智力发展水平密切相关,特别是思维水平童年期儿童思维发展还是以具体形象思维为主,因此内部言语并不发达。内部言语的发展分为出声思维阶段、过渡阶段和无声思维阶段三个阶段。

三、童年期儿童认知的发展

(一)思维发展的一般特点

1. 整个童年,逐渐过渡到以抽象逻辑思维为主要形式,但仍带有很大的具体形象性。

2. 从具体形象思维过渡到抽象逻辑思维,且存在着关键年龄(小学四年级,10~11岁)。

3. 儿童思维结构逐渐完整,9~11岁时表现出辩证思维的萌芽。

4. 从具体形象思维发展到抽象逻辑思维,存在着不平衡性。表现在概括能力、比较能力、分类能力和解决问题的能力四个方面。

(二)元认知及其发展

元认知包括元认知知识(对人、任务和策略的知识),元认知体验和元认知监控(计划、监视、调节)组成,被认为是认知活动的核心。

1. **元记忆的发展** 最早出现在5~10岁左右的儿童身上;小学四年级对自己记忆广度的估计已基本达到成熟。

2. **元理解的发展** 10~17岁期间,阅读、元认知知识日益丰富,元认知监控水平不断提高。

3. **元学习的发展** 2岁就表现出语言学习方面的自我调节能力,10~13岁变化较小,13~16岁较大,呈先慢后快趋势。

四、童年期儿童的个性和社会性发展

(一)自我意识发展

自我意识的成熟标志着个性的基本形成,在小学阶段,儿童的自我意识处于客观化时期,是获得社会自我的时期。自我意识的发展存在两个高峰:1 ~3 年级和 5 ~6 年级。角色意识的建立,标志着儿童的社会自我概念趋于完成。

1. **自我概念** 自我概念的发展体现在对自己各方面特点的认识能力上,但这种认识有很大具体性、绝对性。

2. **自我评价** 自我评价的发展是自我意识发展的主要成分和主要标志。是在分析和评论自己的行为和活动基础上产生的。童年期自我评价的主要特点有:

(1)由顺从他人的评价到有独立见解的评价,自我评价的独立性随年龄增长而提高。

(2)从对自己比较笼统的评价到对自己个别方面、多方面优缺点的评价。

(3)约 9 岁时出现对内心品质评价的初步倾向。

(4)评价由具体性向抽象性发展,从对外显行为到内部世界发展。

(5)评价的稳定性逐渐增强。

3. **自我体验** 自我体验发生于幼儿阶段,在小学阶段有较大发展,主要表现在儿童的自尊心上。

(二)社会认知

1. **社会认知的含义** 社会认知是指对自己和他人观点、情绪、思想、动机的认知,以及对社会关系和对集体组织间关系的认知,它与认知能力发展相适应。

2. **社会认知的发展趋势**

(1)从表面到内部。

(2)从简单到复杂。

(3)从呆板到对灵活。

(4)从对自己及即时事件的关心到对他人及长远利益的关心。

(5)从对事物的具体思考到抽象思考。

(6)从弥散性、间断性想法到有组织、有系统的综合性想法。

3. **观点(角色)采择能力的发展**

(1)观点采择能力的含义 观点采择能力是指采取他人的观点来理解他人的思想与情感的一种必需的认知技能。儿童在 7 岁时已克服了思维上的自我中心性,因此该能力在童年期有明显的发展。

(2)弗拉维尔关于儿童观点采择能力的发展模式

①存在阶段。

②需要阶段。

③推断阶段。

④应用阶段。

(3)塞尔曼采用两难问题　“荷妮是一个喜欢爬树的八岁女孩,她的爬树技能是邻近儿童中最好的,一天,她从一棵高树上爬下来时,摔了下来,但并没有受伤。她父亲正好看见了这一情景,他很不安,要求荷妮再也不要爬树了,荷妮允诺了。过后有一天,荷妮和她的朋友肖恩遇见了,肖恩的小猫爬到一棵树上下不来了,如果不立即采取措施的话,小猫就会摔下来了。只有荷妮能爬到树上救下小猫,可她想起了对父亲的承诺。”

儿童听完故事回答几个问题:荷妮知道肖恩对小猫的感情吗?荷妮的父亲发现她爬过树会怎样?荷妮认为父亲发现她爬过树后如何对她?

塞尔曼根据儿童的反应划分了五个阶段。

阶段0:自我中心或无差别的观点,3～6岁,不能认识到自己观点与他人的不同。如,儿童自己喜欢小猫,因而认为荷妮会救小猫,她父亲会很高兴,因为“他喜欢小猫”。

阶段1:社会信息角色采择,6～8岁,开始意识到他人有不同的观点,但不能理解原因。如,认为荷妮的父亲如果不知道其爬树的原因就会很生气,如果知道了就不会生气。

阶段2:自我反省式角色采择,8～10岁,能考虑他人观点,但还不能同时考虑自己和他人的观点。如,荷妮知道父亲会理解她的行为,不会惩罚她。

阶段3:相互性角色采择,10～12岁,能同时考虑自己和他人的观点。如,儿童可以客观地以旁观者的身份来描述荷妮这一两难故事的结果:荷妮要去救小猫,因为她喜欢小猫,但她知道父亲不喜欢她爬树。荷妮的父亲知道荷妮答应不爬树,但他不知道小猫的事,他可能会惩罚她以使她遵守规则。

阶段4:社会和习俗系统的角色替换,12～15岁,能利用社会标准和信息去衡量和判断事件。如:认为荷妮的父亲会生气,并惩罚她的,因为父亲通常会惩罚不听的孩子,但有些儿童认为荷妮父亲的反应依赖于他与一般父亲不同的程度,即不绝对强调服从。

4.社会关系的认知

(1)儿童对他人的认识首先是了解其外部的、具体的特征,如,姓名、身体特征、财产及公开的行为。

(2)儿童对他人行为的归因往往受情境因素和人格品质的影响。

(3)在小学时期,儿童开始根据他人的行动来了解其观点,并进行评判。随着儿童自我意识的加强,儿童更加关心他人对自己的看法。

(4)儿童的友谊概念表现了儿童对社会关系的认识特点,主要反映了儿童对同伴关系的认识,这在儿童的同伴关系的发展中可以看到。儿童对友谊特性的认知结构由五个维度组成，即个人交流和冲突解决、榜样和竞争、互相欣赏、共同活动和互相帮助、亲密交往。对友谊不同维度的认知发展趋势有很大年龄差异，6～8岁的儿童只能认识到友谊特性中一些外在的、行为的特征，以后才能逐渐认识到那些内在的、情感的特征。

(5)儿童对权威关系的认识则更多反映了儿童对成人—儿童关系的认识特点。达蒙，针对4～9岁儿童对权威的认知发展阶段进行了研究，提出了三个水平。水平0:4～7岁，不能区分自己的愿望与权威的要求；水平1:7～9岁，开始重视服从权威的道德定向；水平2:9岁以上，认识到对权威服从既可以自觉自愿，也可以被迫。

(三)交往技能

1. 父母—儿童关系

(1)交往的时间和内容发生变化。

(2)父母在儿童教养方面所处理的日常问题的类型发生了变化。

(3)冲突减少。

(4)父母的控制模式发生了变化。

麦克斯白提出了儿童行为控制模式三阶段，6岁以前父母控制，6～12岁共同控制，12岁以后儿童控制。

2. 同伴交往与团体形成 友谊的发展表现在亲密性、稳定性和选择性上，且是逐渐发展的，6～7岁时认为朋友就是一起玩耍的伙伴，9～11岁时强调相互同情和帮助，认为忠诚是朋友的重要特征。

(1)儿童同伴友谊发展的阶段 塞尔曼认为儿童同伴友谊发展有五阶段。第一阶段:3～7岁，无友谊概念。第二阶段:4～9岁，单向帮助阶段。第三阶段:6～12岁，双向帮助阶段，具有明显的功利性特点。第四阶段:9～15岁，亲密共享阶段，具有强烈的排他性和独占性。第五阶段:12岁以后，最高阶段。

(2)小学儿童同伴交往基本特点

①与同伴交往的时间更多，形式更复杂。

②在同伴交往中传递信息的能力增强。

③更善于利用各种信息来决定自己对他人所采取的行动。

④更善于协调与其他儿童的活动。

(3)同伴团体基本特点

①以一定的规则为基础。

②具有明确或暗含的行为标准。

③限制成员的归属感。

④发展了使成员朝向完成共同目标而一起工作的组织。

3. 师生关系 儿童对教师的态度从绝对服从逐渐转变为辩证的批判，同时，教师期望对学生有广泛的影响。例如，罗森塔尔效应。

罗森塔尔对小学一至六年级学生进行智力测验，从中随机选取20%的学生，告诉这些学生的教师，他们是非常有发展潜力的，将来可能表现出不同寻常的智力水平。8个月后，再次施测智力测验。结果发现，那些随机抽取的所谓有发展前途的学生都表现了出乎意料的进步，尤其是一、二年级的学生更为明显。

（四）道德品质发展

1. 品德的含义 品德是道德品质的简称，是个人道德面貌，是个体依据一定的社会道德准则和行为规范行动时所表现的稳定的心理倾向。品德包含道德认识、道德情感、道德意志、道德行为技能与习惯等心理成分，其中道德认知与情感居于核心地位。品德与道德存在一些区别：

（1）品德与道德的源泉不同。品德是一种个体现象，源于个人需要。道德是一种社会现象，源于社会需要。

（2）品德与道德反映的内容不同。道德是一种社会意识形式，品德是个体意识的一种形式。

（3）品德与道德的表现方式不同。道德以传统、公德、舆论等方式表现，品德是以个人信念、理想等方式表现。

（4）品德与道德属于不同的研究范畴。品德是教育学与心理学研究的对象，道德则是伦理学和社会学研究的对象。

不过，品德与道德也是相互联系、互动发展的。社会道德的发展不但受社会需要驱动，而且受个体原有品德基础制约。品德是社会道德在个体身上的表现，品德的形成与发展都以一定的社会道德为基础。

2. 品德发展的基本特点 品德发展的基本特点是具有协调性。

（1）逐渐形成自觉地运用道德认知来评价和调节道德行为的能力。

（2）道德言行从比较协调到逐渐分化。

（3）自觉纪律的形成和发展在小学儿童品德发展中占有相当显著的地位。

（4）品德发展中存在关键期或转折期（三年级下学期前后，9岁左右）。

3. 道德动机的发展

（1）从服从向独立发展。

（2）从具体、近景向抽象、远景发展。

（3）逐步产生道德动机的斗争，但激烈的冲突较少。

4. 道德意识的发展 皮亚杰认为，6～7岁的儿童从行为结果进行道德判断；10～12岁的儿童更看重行为的动机；9岁左右，大体是由效果判断向动机判断的过渡阶段。但在我国,7 岁时主观判断已明显发展,9 岁时的主观判断已占绝对优势,从外部客观判断到内部主观判断的转折年龄在 6 ~7 岁。

(五)个性形成、发展的影响因素

1. 生物学因素

(1)先天气质　托马斯认为,气质并不直接决定幼儿的个性发展,孩子的气质类型与他的社会环境之间的拟合性,才是真正决定儿童个性发展的因素。

(2)体貌与体格　这是影响个性的间接因素,体貌与体格会影响他人对自己的反应。

(3)成熟速率　身体成熟程度的差异会使同年龄的儿童招致不同的社会心理环境,从而影响情绪、兴趣、能力和社会交往。如,早熟男孩显得更独立、自信,而早熟的女孩可能会经历适应困难。这要考虑:身体发育和所处社会文化特点的匹配程度;生理上与同伴的适应程度。

2. 社会因素—家庭

(1)家庭系统　儿童并不是被动的受影响者,抚养行为与儿童行为之间的关系是相互的;家庭是一个复杂的社会系统,儿童的个性不是由单一因素决定的;家庭系统是社会大系统的一部分,并受到社会系统的影响;系统具有调节功能,随着儿童的发展,父母的教养方式会发生相应的变化。

(2)依恋　依恋是幼儿出生后最早形成的人际关系,是成人后形成的人际关系的缩影;依恋影响未来的心境健康;依恋关系具有传递性,会影响儿童成人后与自己孩子的抚养关系。

(3)父母教养方式　鲍姆瑞德通过追踪研究提出了教养方式的两个维度:要求和反应性。要求指的是父母是否对孩子的行为建立适当的标准,并坚持要求孩子去达到这些标准。反应性指的是对孩子接受和爱的程度及对孩子需求的敏感程度。根据这两个维度,可以将父母的教育方式分为四类。

①权威型(authoritative):父母对孩子提出合理的要求,做出适当的限制,设立恰当的目标,同时表现出对孩子成长的关注和爱,耐心倾听孩子观点,鼓励孩子参与家庭决策。简言之,就是理性、严格、民主、耐心和爱。这是最有利于孩子成长的抚养方法。这种抚养方式下的孩子,社会能力和认知能力都比较出色,自信、自控、乐观、积极。

②专制型(authoritarian):父母对孩子要求很严厉,提出很高的行为标准,孩子稍有抵触,便可能采取惩罚措施。可以用一句话概括:因为我说了,所以你必须这样做。这种方法忽视和抑制了孩子自己的想法和独立性,学前儿童表现出更多的焦虑、退缩等负面情绪和行为。

③溺爱型(permissive):又叫纵容型,父母对孩子充满了爱和期望,但很少对孩子提出什么要求或施加什么压力。这种情况下孩子表现得很不成熟,自我控制能力差。

④忽视型(indifferent):父母对孩子的成长漠不关心,既不会对孩子提出什么要求和行为标准,也不会表现出对孩子的关心。这可以视为对孩子的一种虐待,对情感和物质生活的剥夺。这种环境下的孩子,出现适应障碍的可能性很高。他们对学校生活没兴趣,学习成绩和自控能力较差,并有较高的犯罪倾向。

(4)家庭结构　家庭结构包括核心家庭(夫妇和孩子)、大家庭(几代同堂)和破裂家庭(离异和单亲家庭)三类。不同的家庭结构会影响孩子的许多方面。

3. **社会因素—同伴**　同伴关系为儿童学习技能、交流经验、宣泄情绪、习得社会规则、完善人格提供了充分的机会。

第七章 青少年的心理发展

青少年期是少年期和青年期的总称,少年时期是从十一二岁到十四五岁,这一时期是个体生理发展的又一显著的加速时期,是一个半幼稚、半成熟、独立性与依赖性、自觉性和幼稚性错综复杂的时期;青年期是十四五岁到十七八岁这段时间,这段时期的主要特征是个体的生理和心理都已基本成熟。

一、生理发育

(一)生理变化的主要表现

生理变化主要表现在身体外形的改变、内脏机能的成熟、性成熟三个方面。

(二)第二性征与性成熟

第二性征是性发育的外在表现,是少年身体外形变化的重要标志。生殖系统是人体各系统中发育成熟最晚的,它的成熟标志着人体生理发育的完成。

二、认知发展

抽象逻辑思维包括形式逻辑思维和辩证逻辑思维两种形式。

(一)形式逻辑思维的发展

1. 少年期 少年期处于形式运算阶段,其主要特点是思维的抽象逻辑性(但还属于经验型),主要表现在运用假设、逻辑推理和逻辑法则的运用。同时,在思维品质方面出现矛盾性发展,表现为:思维的批判性和创造性日益增加、片面性和表面性依然明显、自我中心再度出现(表现为独特的自我和假想的观众)。

2. 青年期 进入高中后,抽象逻辑思维(属于理论型)进入成熟期,其中,形式逻辑思维的发展更为完善、占主导地位,具体表现在概念的发展、推理能力的发展(到了高二,推理能力已基本成熟,初步完成了由经验水平向理论水平的转化)和逻辑法则的运用。

(二)辩证逻辑思维的发展

初中三年级时辩证逻辑思维处于迅速发展阶段,是一个重要的转折期;高中学生的辩证逻辑思维已趋于占优势的地位,但形式逻辑思维的发展水平仍然高于辩证逻辑思维水平。青年晚期,辩证逻辑思维才发展为主要的思维形态。

三、自我发展

(一)青少年自我发展的一般特征

1. 少年期一般特征

(1)自我意识的飞跃期。第一个飞跃期在 1 ~3 岁。

(2)个性发展具有不平衡性、极端性和偏执性。

2. 青年期一般特征

(1)自我意识中独立意向发展。

(2)自我意识成分分化,形成理想自我和现实自我。

(3)强烈关心自己的个性成长。

(4)自我评价成熟。

(5)较强的自尊心。

(6)道德意识高度发展。

(二)自我同一性的发展

1. 艾里克森的观点 青春期的发展任务是同一性的确立和防止同一性混乱,在确立自我同一性之前需要的一个心理的“合法延缓期”。价值观和职业目标的确立标志着同一性的建立。

2. 玛西亚的观点 玛西亚认为自我同一性是一种自我结构,是由个人的驱力、信念和生活经历等内在自我建构而成的动态组织;并以探索(exploration)和投入(承诺)(commitment)两个维度划分出了四种经典类型。探索指在达到个人同一性的不同方面(如职业选择、宗教信仰、性别角色等)的过程中努力奋斗、主动探询的过程;投入指在上述领域中所形成的坚定信念以及在实践活动中的投入。

(1)同一性弥散 也叫同一性混乱,出现在个人尚未经历危机或做出承诺之时。这类个体缺乏清晰的方向,既没有致力于某种价值观和目标,也不去努力追求它们。可能从来没有探索过,也可能尝试过,但发现太困难而放弃了。

(2)同一性早闭 也叫同一性停滞、同一性拒斥,出现在个人做出承诺,但尚未经历危机之时。这类个体过早地拥有了未经自身探索的价值取向和目标,并因此而排斥自我同一性的其他可能发展。他们仅仅是接受了权威人物(父母、老师、领导、恋爱对象等)已经为他们选择好了的东西。

(3)同一性延缓　出现在个人身处危机之时。延缓达成意味着迟滞。这类个体尚未确定明确的目标,还处在探索——收集信息和尝试各种活动的过程之中,期望在这一过程中确定自己的价值观和目标来指引未来的生活。

(4)同一性达成　即同一性实现,考虑了各种选择后,经历危机并做出承诺,这是一种最成熟、最高级的同一性状态。具体而言,经过多重选择的探索,同一性达成的个体已经确立了一套清晰的价值观和目标。他们有一种心理上的幸福感、时间上的同一感,知道正在做什么。

玛西亚认为,这四种类型不仅仅是一种分类,还代表着一个建构的过程,是动态的。首先,它们没有必然的好与坏之分;其次,对于每个个体而言,都会经历这四种状态;最后,这四种状态是可以相互转化的。

四、社会性发展

(一)科尔伯格的道德发展理论

科尔伯格以两难故事实验为基础,对道德发展进行了研究。两难故事中最典型的是"海因茨偷药"的故事:

欧洲有个妇人患了癌症,生命垂危。医生认为只有一种药能救她,就是本城一个药剂师最近发明的镭。制造这种药要花很多钱,药剂师索价还要高过成本十倍。他花了200元制造镭,而这点药他竟索价2000元。病妇的丈夫海因茨到处向熟人借钱,一共才借得1000元,只够药费的一半。海因茨不得已,只好告诉药剂师,他的妻子快要死了,请求药剂师便宜一点卖给他,或者允许他赊欠。但药剂师说:"不行,我发明此药就是为了赚钱。"海因茨走投无路竟撬开商店的门,为妻子偷来了药。

讲完这个故事,提出问题:海因茨应该这样做吗?为什么?法官该不该判他的刑?为什么?

科尔伯格根据被试的回答,提出了道德发展的三水平和六阶段理论。

1. 前习俗水平(4~10岁)　儿童处于外在控制时期,服从得到奖赏、逃避惩罚的道德原则;这一时期又分为两个阶段:

(1)阶段一:避免惩罚与服从为定向阶段　该儿童专注于行为后果,遵从他人的规则以避免惩罚、得到奖赏。如,该阶段被试认为海因茨偷药合理,因为不偷药,妻子会病死,他要受到谴责;或者说海因茨不该偷药,因为被抓住会坐牢、受罚的。

(2)阶段二:相对功利为定向阶段　该阶段儿童开始基于自己的利益和他人将给予的回报来考虑服从原则,以被满足的程度来评价行为。如,该阶段赞成偷药行为的被试认为妻子过去替海因茨做饭洗衣,现在病了,该去偷。也有的认为,药店老板发明药就是为了赚钱,所以老板是对的。

2. 习俗水平(10～13 岁) 儿童将权威的标准加以内化,他们服从法则以取悦他人或维持秩序;这一时期又分为两个阶段:

(1)阶段三:寻求认可阶段(以"好孩子"为定向) 该阶段儿童希望取悦他人,帮助他人,会根据行为者的动机、特点以及当前情境评估行为。如,该阶段被试认为海因茨偷药的动机虽然不坏,但是这种行为是违法的,不该这么做。这一阶段的学生道德判断是以个人的行为是否被允许为衡量标准。

(2)阶段四:顺从权威与维护社会秩序阶段 该阶段儿童开始考虑到社会体系和良心,自己的责任,显示出对较高权威的尊重,并力图维持社会秩序。如,该阶段被试认为海因茨偷药为救治妻子,这合乎情理。但偷窃行为又为法律所禁止,因此偷药又是不应该的。这阶段学生要求履行自己的义务,并要求别人也去遵守。

3. 后习俗水平(13 岁以后) 道德观完全内化,儿童认识到道德原则之间的冲突以及如何从中进行选择;这一时期又分为两个阶段:

(1)阶段五:法制观念阶段(以社会契约为定向) 该阶段的人们以理性方式思考,重视多数人的意愿和社会福利,认为依法行事是最好的行为方式。如,该阶段被试对海因茨的行为表示同情,并愿出庭为其辩护,请求减刑。

(2)阶段六:价值观念阶段(以普遍的伦理原则为定向) 该阶段的人们依据自己内在的标准行事,行为受到自我良心的约束。如,该阶段被试对海因茨的行为表示赞许,因为这是对允许药店老板牟取暴利的一种反抗。人的生命比财产更宝贵,为了救人危难,甘愿蒙受屈辱和惩罚的行为是高尚的。这种认识突破了既存的规章制度,不是从具体的道德准则,而是从道德的本质上去进行思考与判断。

科尔伯格认为,并不是每个人都会经历所有这些发展时期,事实上,有些人直到成年也没有超越寻求认可阶段或顺从权威阶段。不过,科尔伯格本人也承认,他的理论中存在一些问题,如记分方法,此外在前提能力问题、可逆性问题、预测性问题、学前儿童的道德判断以及对女性的偏见问题方面,也都受到了质疑。例如,吉列根发现,科尔伯格的被试为男性,因此女孩的道德推理能力是劣于男性,大多处于阶段三。对此,她解释:女性的道德发展有别于男性。男性独立、自信,倾向于将道德两难理解为个体之间的利益冲突,这种道德取向是公正;女孩社会化的重点是去养育、同情和关系他人,即以人际关系为来定义她们的善良感,这是"关心他人的道德"。

(二)反社会行为

1. 反社会行为的含义 反社会行为实际上是和亲社会行为对应的社会行为,是侵犯行为发展到青少年时期的高级别体现。其原因在于,青少年期的冲动和这一时期个体已经具备的一定能力。据国外研究表明,13～14 岁的青少年犯罪率最高。

2. **反社会行为的理论解释模型**

(1)社会信息加工模型　道奇(Dodge)的社会信息加工模型认为,个体对沮丧、愤怒、挑衅的反应并不依赖于出现于情境中的社会线索,而是取决于个体对社会线索的加工和解释。

(2)高压家庭环境理论　帕特森(Patterson)的高压家庭环境理论认为,高度反社会的青少年往往经历过高压的家庭环境。

五、情绪

(一)青少年情绪发展的一般特点

1. **自我意识情绪**　内向体验更深刻,情感生活越来越重要,世界观开始形成,交友范围缩小,重视人际情感。

2. **情感两极性**

(1)外部情绪的两极性。

(2)内心表现的两极性。

(3)意志的两极性。

(4)人际关系的两极性。

(5)容易移情。

3. **心理断乳和反抗**　何林渥斯(L. S. Holing Worth)称青春期为"心理上的断乳期",个体要在心理上脱离父母的保护和对父母的依恋,成长为独立的社会成员。青少年希望成人能尊重他们,承认他们具有独立的人格,因而会出现反抗。

人发展过程中的第一反抗期在2~4岁(幼儿期),第二反抗期则在初中阶段,这与自我意识的两个飞跃期基本重叠。其中,第二反抗期的焦点在于:儿童对自身发展的认识超前,而父母认识滞后。

(1)反抗心理产生的主要原因

①自我意识的突然高涨。

②中枢神经系统兴奋过强。

③独立意识。

(2)反抗心理的表现

①态度强硬、举止粗暴。

②漠不关心,冷淡相对。

③反抗具有迁移性。

4. **心态的不平衡性**

(1)矛盾性心态。

(2)从情感不平衡向情感稳定发展。

5. 由于青少年心理能力的发展和生活经验的丰富，其情绪的表现形式也不再单一，但又不能够像成人的情绪那样稳定，因而表现出了半成熟、半幼稚的两面性。青少年的这些情绪表现特点完全是由于青少年身体和心理的发展所导致的，其典型的特点是：

（1）强烈、狂暴与温和、细腻共存。如，霍尔称青春期为人生中的“疾风骤雨”时期，身体蕴藏极大能量、情绪不稳、易激动、烦躁不安，对外界及自身易产生怀疑、不信任感。

（2）情绪的可变性与固执性共存。

（3）内向性与表现性共存。

（二）常见情绪困扰

1. **烦恼突然增多** 不知如何在公众面前表现；与父母关系出现裂痕；不知如何确立在同伴中的地位。

2. **焦虑** 引起青少年焦虑的原因主要有适应困难和考试。

3. **抑郁** 抑郁是一种感到无力应付外界压力而产生的消极情绪，常伴有厌恶、痛苦、羞愧、自责等情绪体验。如果长期处于抑郁状态，可导致抑郁症。

4. **压抑** 争强好胜的冲动和自尊易受打击的性格使青少年常常处于压抑的心境。

5. **孤独** 青少年短时间内还不能独立处理很多问题，又不愿向人求助，于是产生了一种孤独心境。

6. **自卑感** 青少年自卑感的特点有自我评价过低，概括化、泛化，敏感性和掩饰性。

第八章　成年期心理发展

成年期是指青少年期以后的人生阶段,有研究者将其分为成年初期、成年中期和成年后期,对应于青年期、中年期和老年期。本章将简单介绍成年期发展的一般特点。

一、成年期发展任务理论

(一)艾里克森的理论

1. **成年早期**　获得亲密感以避免孤独感,体验着爱情的实现。

2. **成年中期**　获得繁殖感而避免停滞感,体验着关怀的实现。

3. **老年期**　获得完善感和避免失望和厌倦感,体验着智慧的实现。

(二)哈威格斯特的理论

中年期是一生中的一个特殊时期,它不仅是个体对社会影响最大的时期,也是社会向个体提出最多、最大要求的时期。

1. 履行成年人的公民责任与社会责任。
2. 建立与维持生活的经济标准。
3. 开展成年期业余活动。
4. 帮助未成年的孩子成为有责任心的、幸福的成年人。
5. 同配偶保持和谐的关系。
6. 承受并适应中年人生理上的变化。

(三)莱文森的理论

莱文森认为,成人发展是由一系列交替出现的稳定期和转折期而构成的,发展的问题在于处理现实与可能之间的矛盾;稳定期与转折期的区别就在于生活结构是否发生变化。

莱文森指出 40 ~ 65 岁为中年期,该阶段的发展任务是巩固自己的兴趣、目标及各种承诺。莱文森尤其强调中年转折这一阶段的重要性,是成年初期向成年中期过渡的桥梁。

(四)两种发展观

1. **传统发展观** 传统发展观认为,人自出生到机体成熟直到成年期,其心理活动的变化属于"发展期";成年以后,有一段稳定的时期,然后便开始衰退,年龄越老,心理活动的衰退越明显,这种变化只能称作"老化"而不能叫作"发展"。

这种观点把老年期看作"丧失期":身体健康的丧失、动人容貌的丧失、家庭和社会地位的丧失、智能的丧失等,把老年期心理活动的变化描写成只有衰退而没有发展。这是一种消极的、悲观的发展观。

2. **毕生发展观** 巴尔特斯、斯普兰格(把青年期视为第二次诞生)认为:①发展是贯穿一生的。②发展的形式具有多样性,发展的方向因心理和行为的种类不同而有差异。③任何一种心理和行为的发展过程都是复杂的,发展不是简单的朝着功能增长方向的运动,而是由获得(成长)和丧失(衰退)组成的。④个体的心理发展有很大的可塑性。⑤心理发展是由多重影响系统共同决定的,个体发展的任何一个过程是年龄阶段、历史阶段、非规范事件相互作用的产物。年龄只是影响心理变化的重要因素之一,不是唯一的影响因素。

许多研究表明,人到老年,虽然某些心理功能(如感觉等)有所减退,但另一些复杂的功能(如抽象逻辑思维等)非但不减退,甚至还继续增强。毕生发展观是一种积极的、乐观的老年心理变化观,认为衰老在一定程度上是可以延缓的,可以采取某些干预策略或措施来改善成年晚期的心理状态或延缓心理衰退。如,成功老龄化或积极老龄化现象。

几种具有代表性的毕生发展观如下:

(1)*毕生发展的控制理论* 罗斯鲍姆(Rothbaum)等人认为控制包括初级控制和次级控制的双过程结构。初级控制指改变环境的企图,从而满足个体的需要和欲望。次级控制指的是适应环境并"顺应环境"的企图。对个体适应而言,初级控制的功能大于次级控制,但次级控制的作用(补偿、恢复、维持和提高初级控制)对于个体发展也是不能缺少的。

研究表明,成人期次级控制策略的范围是十分宽广的,且成人期的初级控制水平是基本保持稳定的;而次级控制水平的发展则不断上升,并贯穿于整个成人期,甚至是高龄期。例如,有研究表明,与年轻打字员相比,有些年老的打字员打字速度并不慢。原来,年老打字员知道自己手指击键的速度衰退了,于是就在打字前先看文字,以缩短整个文章的录入时间。

(2)*毕生发展的元理论—发展是带有补偿的选择性最优化的结果* 带有补偿的选择性最优化模型(SOC)将毕生发展的结构框架应用于建构一个发展的总体模式。在此模型中:

①选择指根据可供选择的范围来考虑如何使用有限资源的过程,它主要涉及发展的方向、目标和结果问题。

②最优化指获取、改进和维持那些能有效达到期望结果,并避免非期望结果的手段或资源,与最优化有关的成分会随着领域、发展状态、年龄的不同而变化。

③补偿是指由资源丧失引起的一种功能反应。

选择、最优化和补偿三者的逻辑身份是不断变化的，三者协调产生期望的发展结果，同时使不期望的情况最小化。

(3)毕生发展的总体框架—生物和文化共同进化的结果　巴尔特斯(P. B. Baltes)等人认为，人的行为是生物—基因的和社会—文化的过程与条件共同建构的结果。它包括三个基本原理，这三个原理从总体上描述了生物和文化在一生中的动力学关系。第一个原理是进化选择的优势随年龄增长而衰退；第二个原理是对于文化的需求随年龄增长而增长；第三个原理是文化的效能随年龄增加而下降，即文化的补偿效率和个体的可塑性程度在下降。

根据毕生发展的总体框架，在个体一生中对上述三种目标的相对资源配置存在一个系统转换，即资源从成长向保持和丧失造成的调整转移。在儿童期，主要的资源配置给成长；在成年期，则配置给保持和恢复；在老年期，则主要给因丧失而调整。

(4)社会情绪选择理论　卡斯滕森(Carstensen)等人认为：①社会交往对于人的生存来说至关重要，人的社交兴趣和社会依恋一直都在演化；②人本质上是动机性的动物，期待实现的目标指导着人的行为；③人有着多重甚至相反的目标，目标的选择先于活动。人对生存时间有限性的知觉，影响着对目标进行选择的评估过程。时间知觉是人动机的组成部分，影响着人对社交目标的选择与追求。

根据社会情绪选择理论，社会目标可以分为两种：一种是与知识相关的社交目标，另一种是与情绪相关的社交目标。当人们知觉到时间有限时，与情绪相关的目标会成为基本的追求。如，老年人的目标指向社会交往的质量而非数量，会系统地完善他们的社交网络，以便使可得到的社交伙伴满足其情感需要。

二、认知发展

(一)成人认知发展的主要理论

1. 卡特尔的智力理论

(1)流体智力　是指一般的学习和行为智力，是在信息加工和问题解决中表现出来的智力，主要与人的生理结构和功能有关，即主要决定于先天的因素，很少受后天教育因素的影响。流体智力的发展趋势是先提高后降低，一般在20岁后达到高峰，30岁后逐渐降低。

(2)晶体智力　是指已经获得的知识和技能，表现为语言、数学知识等智力，它是后天习得的，主要由后天教育和经验决定，是经验的结晶。晶体智力在一生中一直发展。

流体智力和晶体智力存在密切关系。一方面，晶体智力的发展依赖于流体智力；另一方面，对于晶体智力的发展，只有流体智力是不够的，还需要环境作用。

2. 智力双重过程理论　巴尔特斯认为，智力发展可以分为两种过程：一种是基础过程，它与思维的基本形式密切相关，主要功能在于负责信息加工和问题解决的组织，所以又叫智力技能，儿童、青少年智力发展以该过程为主；第二种过程叫应用过程，是智力技能和情景、知识相联系的应用,所以又叫实用智力,它主导成年智力的发展。

3. 智力适应理论

沙依认为,个体的智力活动从本质上说是一种适应,智力发展划分为五个阶段:

(1)获取阶段　儿童青少年时期。智力发展的基本特征就是获取信息和解决问题的技能。

(2)实现阶段　青年期。主要任务是为了实现自己的理想和奋斗目标而努力工作,必须将所获得的知识技能应用到实际中去。

(3)责任阶段　中年期。中年人是社会中坚,社会责任重大,家庭、事业,如果有人还在当领导,就转入下个阶段。

(4)行政阶段　承担领导责任,取决于如个人才能、成就、机会等多种因素。

(5)整合阶段　老年期。智力活动转向内心世界,重新整合自己一生的经验。

(二)认知老化的主要理论

1. 感觉功能理论　老年期认知能力的衰退,是由于感觉器官的衰退导致的。

2. 加工速度理论(PST)　中枢神经系统老化导致信息加工系统加工信息的时间过长,造成认知能力衰退。

3. 工作记忆理论　工作记忆广度随年龄老化而减少,从而影响了老年人的心算、推理等认知活动。

4. 抑制理论　抑制机制的作用主要有个:一是防止无关信息进入工作记忆干扰有关信息,二是防止那些不再相关的信息继续留在工作记忆中。随着个体的衰老,这两种抑制机制的效率下降,干扰因素更容易进入到工作记忆中,降低活动效率。

5. 执行功能减退说　神经生物学研究表明,额叶是老化最敏感的区域,认知功能的老化与额叶皮质功能的减退有密切关系。

三、人格发展

(一)自我发展理论

1. 艾里克森　自我发展是人终生的命题。自我意识的发展和自我同一性的建立,决定着个体自我发展的方向和水平,影响着人生观和价值观的形成和稳固。

2. 荣格　人在前半生多以外倾性为主,后半生后多表现出内倾性的特点。

3. 拉文格发展类型说　拉文格(Loevinger)采用句子完成测验,从主体调节过程研究自我发展,认为自我是人格的核心,了解自我的发展也就等于认识了人格的发展。自我的发展是个人与环境交互作用的结果,自我的发展既是过程又是结果。自我发展过程出现的类型划分为八种,每种类型代表着自我发展的一种水平。

(1)前社会阶段　刚出生的婴儿没有自我,他的第一个任务是学会把自己与周围环境区别开来,但是处在这一阶段的儿童,自我与客体是不分的。

(2)共生阶段 儿童在了解了客体稳定性之后,仍有可能认为他与他父母或生活中的一些玩具有着共生的关系。这个阶段,语言起着十分重要的作用。

(3)冲动阶段 儿童的冲动有助于证实他的独立的同一性,儿童的冲动起先是受到强制性制约的,后来还受到直接的奖惩制约。该阶段儿童对其他人的需要是强烈的。

(4)自我保护阶段 儿童认识到存在规则,并学会了期待直接的、短时的奖惩。

(5)遵奉者阶段 少数成年人处于这个水平。这水平的个体行为完全服从于社会规则,如果违反就产生内疚感。这阶段的个体还表现出强烈的归属需要。

(6)公正阶段 也叫良心水平。个体遵守规则不是为了逃避惩罚和获取群体支持,而是为了自己的选择和评价规则。外在规则已经内化为个体的规则,个体形成了自我评价标准,自我反省开始发展。

(7)自主阶段 个人需要与社会规则并不总是一致,因此该阶段的一个独特标志是承认和处理内部冲突的能力,也就是说,承认和处理冲突的需要,冲突的责任心,以及需要和责任心之间的冲突,通过两极化的思想来排除矛盾。

(8)整合阶段 整合阶段是自我发展的最高阶段,它十分罕见。个体不仅能正视内部矛盾与冲突,而且还会积极去调和、解决这些冲突并放弃那些不可能实现的目标。

成年期自我发展主要经历遵奉者阶段、公正阶段、自主阶段和整合阶段。

(二)稳定性与可变性

人格稳定性表现为等级评定稳定性、平均水平稳定性和人格的一致性。人格可变性表现为冲动性和感觉寻求性随年龄增长而下降、男性抱负随年龄增长而下降、男女都会随年龄增长变得独立、独立性的改变与角色选择和生活模式有关。

四、临终心理

库布勒—罗斯认为,临终病人的状态大致可分为五个阶段。

1. **否认阶段** 病人否认死亡的现实,拒不接受有关死亡就要发生的信息。

2. **愤怒阶段** 病人愤愤不平,并将怒气往生者身上发泄。

3. **乞求阶段** 晚期患者与自己或上帝讨价还价,是另一种常见的反应。如,“等我孩子结婚了再让我死吧!”

4. **抑郁阶段** 当死亡临近,病人开始意识到死是不可避免的,于是便觉得自己没用了,产生疲惫和挫折感,进而变得忧郁。

5. **接纳阶段** 接受死亡的人不悲不喜,平静地面对这一不可避免的事实。这种反应一般表明人与死亡的战斗已见分晓,谈论死亡已经没有意义。此时,人的全部愿望就是在他人陪伴下静静地与世长辞。

第三部分　教育心理学

学科地位

教育心理学(educational psychology)是一门交叉学科,既有教育学的性质,又有心理学的性质。学习教育心理学的目的在于:首先,研究、揭示教育系统中学生学习的性质、特点及类型以及各种学习的过程和条件,从而使心理学科在教育领域中得以向纵深发展;其次,研究如何运用学生的学习及其规律,去设计教育、改革教育体制、优化教育系统,以提高教育效能、加速人才培养的心理学原则。

知识框架

- 教育心理学
  - 教育心理学概述
  - 学习与心理发展
  - 学习的主要理论
    - 联结理论
    - 认知理论
    - 建构理论
    - 人本理论
  - 学习动机
    - 含义及类型
    - 学习动机的主要理论
    - 学习动机的培养与激发
  - 知识的学习
    - 知识的表征与类型
    - 陈述性知识的学习
    - 程序性知识的学习
    - 学习的迁移
      - 迁移的类型
      - 迁移的理论
      - 迁移的促进

第一章　概　述

教育心理学在当前教育教学理论和实践中具有非常重要的作用。本章将简要介绍教育心理学这门学科及其研究。

一、教育心理学的研究对象与任务

（一）教育心理学的研究对象

教育心理学是一门研究学校情境中学与教的基本心理规律的科学，其主要研究对象是教育系统中学生的学习及其规律的应用，具体包括：学习心理、教学心理、学生心理和教师心理。

（二）教育心理学的研究任务

首先，教育心理学作为心理学科的根本任务在于研究、揭示教育系统中学生学习的性质、特点、类型，以及各种学习的过程和条件，从而使心理科学在教育领域中得以向纵深发展。

其次，教育心理学作为一门教育学科的根本任务在于研究如何应用学生的学习及其规律去设计教育、改革教育体制、优化教育系统，以提高教育效能、加速人才培养的心理学原则。

二、教育心理学的历史发展

早在1531年，西方学者琼·魏斯特（J. L. Vives）的著作中就出现了“教育心理学”这一名词，并谈到了学习的兴趣、主动性、记忆、练习等对掌握新材料的重要性等教育心理学问题。

（一）教育心理学的起源

1. 教育心理学产生的时代背景

（1）19世纪政治、经济和教育的发展　19世纪乃是人类社会近代发展史上的一个重要时期，它是“给予全人类以文明和文化的世纪”。随着资本主义政治、经济的发展，迫切要求普及文化教育，提供具有文化科学知识、能掌握资产阶级的国家机器与科学管理机器大生产的统治人才和大量的熟练工人。随着教育事业在社会生活中的蓬勃发展，作为按特定社会中特定阶级的要求而传递人类文化和文明的教育过程本身，也越来越引人注目。人们逐渐认识到，心理学知识对教育工作者来说是十分必要的。如著名的瑞士教育家裴斯泰洛齐(J. H. Pestalozzi)曾主张教师要研究学生的本性，并提出“教育心理学化”的口号。这在客观上推动着教育心理学的产生。

(2)*19世纪心理科学的发展*　教育心理学的发生同当时心理科学的发展是直接相连的。心理科学的发展，为教育心理学的产生提供了可能。

2. 教育心理学的产生及早期著作

(1)*教育心理学的产生*　最早出现的一些教育心理学著作，仅仅是以心理学知识与教育问题简单结合的形式出现的，其表现各式各样，名称也不一致。在这方面影响较大的是德国的赫尔巴特。1806年，赫尔巴特的《普通教育学》出版，该书试图以心理学的观点来阐述教育的一些重要问题，特别是教学的理论问题。赫尔巴特在此书的绪论中指出，心理学是教育者首先要掌握的学科。另外，还提出了教学的“明了、联想、系统和方法”四个形式阶段。

继赫尔巴特之后，在教育工作中最早系统尝试应用心理学知识的，乃是俄国著名教育家乌申斯基1867年出版的《教育人类学》。此外，俄罗斯教育家兼心理学家卡普捷列夫的《教育心理学》一书于1877年出版，这是迄今为止我们所知道的最早正式以“教育心理学”来命名的一部教育心理学著作。

(2)*教育心理学的早期著作及其特点*　继前面几位先行者的心理与教育相结合的尝试之后，类似的著作在其他各国不断出现。比如，在日本，第一本教育心理学著作是依泽修二的《教育学》，最早以“教育心理学”命名的著作是贺卡雄的《实用教育心理学》。不过，早期的心理学著作多数是把心理学知识通过推论移植于教育，对实际的教育心理学问题很少专门研究。

3. 实验教育运动

(1)实验教育运动的倡导者是德国教育理论家梅伊曼。他是冯特的学生，十分推崇实验对教育工作的重要性。在梅伊曼的著作中，教育学分为研究教育目的的普通教育学和研究儿童身心发展及教育方法的实验教育学。“实验教育学”之名由此而来。他提出必须借助生理学、解剖学、精神病学以及实验心理学的研究成果与方法，对儿童生活及学习活动进行实验。

(2)另一名实验教育运动的倡导者是德国教育家拉伊。他于1903年出版了《实验教育学》一书，完成了对实验教育学的系统描述。他十分重视教育实验在建设教育理论过程中的作用，认为教育实验可以在人为控制条件下，检验构成教育系统诸因素的地位和作用，从而获得准确可靠的知识。

(3)梅伊曼和拉伊重视对儿童身心发展与改进教育方法的实验研究思想,深深打动了欧美的许多教育家和心理学家。在他们的倡导下,掀起了一场实验教育运动。这对后来教育心理学研究中测验与实验的应用起到了极大的推动作用。

(二)教育心理学的发展过程

1. **初创时期(20 世纪 20 年代以前)** 1903 年,美国心理学家桑代克出版《教育心理学》标志着教育心理学的诞生,这本书是西方第一本以教育心理学命名的专著,内容包括人类的本性、学习心理、个别差异及其原因三个部分。这时期形成了学习理论两大流派:行为主义、格式塔学派。我国最早一本教育心理学著作是1908 年房东岳译,日本小原又一著作的《教育实用心理学》,1924 年廖世承编写了我国第一本《教育心理学》。

2. **发展时期(20 世纪 20 年代至 20 世纪 50 年代末)** 在这一时期,行为主义学习理论占据主导地位,其中杜威(实用主义为基础的"从做中学"的思想)以及维果斯基是这时期的代表人物。

3. **成熟时期(20 世纪 60 年代到 70 年代)** 在这一时期,西方教育心理学重视为学校教育服务,认知学习理论发展、兴盛,发展出认知结构理论和信息加工理论;人本主义思潮出现;布鲁纳、奥苏伯尔是这时期的代表人物。

4. **深化拓展时期(20 世纪 80 年代以后)** 这一时期,教育心理学的体系越来越完善,研究愈发深入,视角愈发综合,建构主义作为新的认知学习理论的影响很大。

(三)教育心理学的研究趋势

1. **在研究取向上** 从行为范式、认知范式向情境范式转变。

2. **在研究内容上** 强调教与学并重,认知与非认知并举,传统领域与新领域互补。

3. **在研究思路上** 强调认知观和人本观的统一、分析观和整体观的结合。

4. **在学科体系上** 从庞杂、零散逐渐转向系统、整合、完善。

5. **在研究方法上** 注重分析与综合、量性与质性、现代化与生态化、人文精神与科学精神的结合。

第二章　学习与心理发展

教育是个体在心理发展过程中来自环境方面的最主要影响,在个体心理发展中起主导作用。本章将介绍学习的概念、分类及其与心理发展的关系。

一、学习的含义与作用

(一)学习的含义

学习是由于经验而引起的行为或思维的比较持久的变化。

1. 学习的发生是由经验引起的。

2. 经验所引起的改变可以是行为上的,也可以是思维上的,但都应该是持久的变化。

3. 并不是所有的行为变化都意味着学习的存在,如,生理成熟、疲劳、药物等因素也可以引起行为变化,但不能视为学习。

4. 学习是一个广义的概念,不仅人类普遍具有,动物也有。

5. 学习是个体的一种适应性活动。

(二)学习的作用

1. 学习是有机体为了生存与环境取得平衡的条件。

2. 学习可以影响成熟,尤其是大脑智力和性格的形成和发展。

3. 学习能激发人脑的潜力,从而促进个体心理发展。

二、学习的分类

(一)按学习水平分类

1. **加涅的信息加工分类**　加涅根据学习的简繁程度将学习分为了八类。

(1)信号学习　即经典条件反射,学习对于某种信号做出特定反应。

(2)刺激—反应学习　操作性条件作用。

(3)连锁学习　一系列刺激—反应的联合。

(4)言语联想学习　以语言为单位的连锁学习。

(5)辨别学习　识别各种刺激特征的异同并做出相应的反应。

(6)概念学习　对刺激进行分类,并对同类刺激做出相同的反应。

(7)规则学习　原理学习,了解两个或两个以上概念间关系。

(8)解决问题学习　高级规则的学习,应用规则或规则组合去解决问题。

加涅后来对这八种学习进行了修整,将前四种学习合并为连锁学习,把概念学习发展为具体概念和定义概念的学习,这样这种分类成为:连锁学习、辨别学习、具体概念学习、定义概念学习、规则学习和解决问题的学习六种。

2. 雷兹兰的学习分类　雷兹兰根据进化水平的不同将学习分为四种。

(1)反应性学习　包括习惯化与敏感化。

(2)联结性学习　主要指条件反射的学习。

(3)综合性学习　把各种感觉结合为单一的知觉性刺激,包括感觉前条件作用、定型作用与推断学习。

(4)象征性学习　即思维水平的学习,主要为人类特有,体现在言语学习的三个阶段,即符号性学习、语义学习和逻辑学习。

(二)按学习性质分类

奥苏伯尔根据两个互相独立的维度对认知领域的学习进行了分类。

1. 根据主体所得经验的来源

(1)接受学习　接受学习是指将他人经验变成自己的经验,所学的内容是以某种定论或确定的形式,通过传授者和接受者的主动建构而实现。

(2)发现学习　发现学习是指在主体的活动过程中,通过对现实能动的反映及发现创造,构建起一定的经验结构而实现的。

2. 根据所得经验的性质

(1)意义学习　意义学习是指学习者利用原有的经验进行新的学习,通过建立新旧经验间的联系。有表征学习、概念学习和命题学习三类。

(2)机械学习　机械学习是指在学习中所得经验间无实质性联系的学习。

3. 接受学习不一定是机械学习,发现学习也有意义学习和机械学习之分;接受学习和发现学习没有高级、低级之分。

(三)按学习结果分类

加涅根据学习结果将学习分为了五类。

1. 言语信息的学习　言语信息的学习是指学习大量的名称、事实、事件特性以及许多有组织的观念,即“是什么”的学习,学习结果多以言语的形式表现出来。

2. **运动技能的学习** 运动技能的学习是指个体在不断练习的基础上形成的,由有组织的、协调统一的肌肉动作构成的活动。

3. **智慧技能的学习** 智慧技能的学习是指利用符号与环境相互作用的能力,即解决实际问题的过程知识、“怎么做”的知识,有人称之为过程知识,如应用一些原理、法则等解决问题。

4. **认知策略的学习** 认知策略的学习是指个体内部组织起来的用于调节学习者的注意、学习、记忆与思维过程的技能。

5. **态度的学习** 态度的学习是指个体习得的内部状态,这种状态影响着个人对某事或某人所采取的行动。

(四)按教育目标分类

布卢姆提出了认知领域、情感领域和动作技能领域的教育目标分类。

1. 认知领域的教育目标由低级到高级共分六级:知识、领会、运用、分析、综合和评价。

2. 情感领域的教育目标由低级到高级分为五级:接受(注意)、反应、价值化、组织、价值与价值体系的性格化。

3. 动作技能领域的教育目标分为七级:知觉、定向、有指导的反应、机械动作、复杂的外显反应、适应和创新。

(五)按学习内容分类

冯忠良认为,依据所传递经验的内容不同,可以将学生的学习分为知识学习、技能学习和社会规范学习三类。

1. **知识学习** 知识学习,即知识的掌握,是通过领会、巩固与应用三个环节完成的,解决的是知与不知、知之深浅的问题。

2. **技能学习** 技能学习,是通过学习或练习,建立合乎法则的活动方式的过程,有心智技能学习和操作技能学习两种,解决的是会不会做的问题。

3. **社会规范学习** 社会规范学习,是把外在的行为要求转化为主体内在的行为需要的内化过程,既包含规范的认知,又包含执行及情绪体验。

三、学习与心理发展的关系

(一)学习与个体的心理发展

个体的心理发展制约着学习,学习又促进个体心理的发展。

1. **学习对个体发展的依存性** 欲进行有效的学习,原有心理结构中需具备适当的知识、技能和一定的学习动机。

2. **学习对个体心理发展的促进作用** 从个体的一生发展来看,其心理发展无疑都是在不断的学习过程中得以实现的,学习在心理发展中是一个最直接的决定因素。

(二)学习准备与发展性教学

1. 学习准备 学习准备指个体在接受正规教育以前的身心发展水平和已有的生活经验;根据学生原有的准备状态进行新的教学,这就是教学的准备性原则。

2. 发展性教学

(1)维果茨基认为,教学要着眼于、落实于最近发展区,即教学要走在发展前头。教学不仅要根据儿童已经达到的心理发展水平,而且要预见到今后的心理发展。

(2)赞可夫根据发展性教学的思想提出了“教学的结构决定学生的发展进程”,认为要把教学目标确定在学生的最近发展区内,要有一定难度,要让学生“跳一跳”才能摘到“桃子”,并提出了五条教学原则:提高教学难度、提高教学速度、使学生依据理论指导行动、使学生理解学习过程、使所有学生得到一般的发展。

第三章　学习理论

关于学习的问题，心理学各个学派存在争论，这反映了对学习研究的不同视角和侧面。本章将介绍学习的联结理论、认知理论、建构理论和人本理论。

一、学习的联结理论

（一）经典性条件作用说

1.经典实验　一般情况下，无条件刺激物会引发无条件反射，而在条件刺激相继或同时伴随无条件刺激出现一定次数后，当条件刺激单独出现时，也同样引发了无条件刺激诱发的反应，这说明形成了条件反射。即：

UCS→UCR UCS + NS→UCR　⇒　CS(NS) →CR

条件反射是巴甫洛夫研究狗的消化腺分泌时意外发现的。他通过手术在狗的腮部唾腺位置连接一个导管，引出唾液，并用精密仪器记录唾液分泌的滴数。实验时给狗食物(UCS)，并随时观察其唾液分泌(UCR)情形。在此实验过程中，巴甫洛夫意外地发现，除食物之外，在食物出现之前的其他刺激，如送食物来的人员或其脚步声等(CS、NS)，也会引起狗的唾液分泌(CR)。

2.主要规律

(1)获得与消退

①获得：获得是指通过条件刺激反复与无条件刺激相匹配，从而使个体学会对条件刺激做出条件反应的过程。

在获得过程中，条件刺激与无条件刺激必须同时或近于同时呈现，且条件刺激必须先于无条件刺激呈现。不过，某些情况下，条件刺激出现后，无条件刺激隔一段时间才出现，此时机体条件反射被暂时抑制，若时间间隔到一定程度后行为又呈现出来，叫作延迟。

②消退：消退是指在条件反射建立以后，若条件刺激重复出现多次而没有无条件刺激相伴随，则条件反应会变得越来越弱。

不过，消退现象经过一段时间后，如果再次呈现条件刺激，条件反应又重新出现，如果此时在条件刺激后紧跟无条件刺激，条件反应会得到最大限度恢复，即自然恢复。

(2)泛化与分化

①泛化:人和动物一旦学会对某一特定的条件刺激做出条件反应以后,其他与该条件刺激相类似的刺激也能诱发其条件反应。这就是刺激泛化。

②分化:所谓刺激分化,指的是通过选择性强化和消退,使有机体学会对条件刺激和条件刺激相类似的刺激做出不同的反应。

(3)高级(二级)条件作用　在条件作用形成以后,条件刺激可以像无条件刺激一样诱发出有机体的反应。从这种意义上说,条件刺激似乎成了一种"替代性"的无条件刺激。这种由一个已经条件化了的刺激来使另外一个中性刺激条件化的过程,叫高级条件作用。

(4)恐惧性条件作用　在经典条件作用实验中,以对有机体具有恐惧性质的刺激作为无条件刺激而进行的条件作用,称为恐惧性条件作用。

如,华生和其学生雷纳进行的小阿尔伯特实验。阿尔伯特原来并不害怕小白鼠。但在实验中,每当阿尔伯特去触摸小白鼠时,华生便在其身后发出一个尖锐的噪音。由于尖锐噪音的作用,小阿尔伯特立即表现出恐惧行为,不再摸小白鼠。多次之后,小阿尔伯特一见到小白鼠,就开始哭泣并躲避。后期,这种恐惧泛化到了小白兔、白围巾、棉花等。

(5)第一信号系统和第二信号系统

①第一信号系统:第一信号指直接作用于感官的具体的条件刺激。由具体事物及其属性作为条件刺激而建立起来的条件反射系统叫作第一信号系统。如,"望梅止渴"。

②第二信号系统:第二信号指人类使用的言语、文字,这种言语和文字是具体事物或刺激物的信号的信号,对第二信号发生反应的大脑皮质机能系统叫第二信号系统。如,"谈梅生津"。

3. **华生的刺激—反应说**　华生认为,学习的实质在于形成习惯,即刺激与反应间牢固联结的过程。习惯的形成遵循频因律和近因律。频因律是指在其他条件相等的情况下,某种行为练习的越多,习惯形成得越迅速。近因律是指反应迅速发生时,最近的反应比较早的反应更易得到强化。

(二)操作性条件作用说

1. 桑代克的联结-试误说

(1)经典实验——饿猫逃出迷笼实验　桑代克设计了"桑代克迷笼",他将饿猫关入此笼中,笼外放一条鱼,饿猫急于冲出笼门去吃笼外的鱼,但是要想打开笼门,饿猫必须一气完成三个分离的动作。首先要提起两个门闩,然后是按压一块带有铰链的台板,最后是把横于门口的板条拨至垂直的位置。经观察,刚放进笼中的饿猫以抓、咬、钻、挤等各种方式想逃出迷笼,在这些努力和尝试中,它可能无意中一下子抓到门闩或踩到台板或触及横条,结果使门打开,多次实验后,饿猫的无效动作越来越少,最后一入迷笼就会立即以一种正确的方式去触及机关打开门。

(2)基本观点　学习的实质在于形成一定的联结;一定的联结需要通过试误而建立;动物的学习是盲目的,人的学习是有意识的,遵循效果律、练习律和准备律。

①效果律:指导致满意后果的行为会被加强,带来烦恼的行为则被减弱。

②练习律:指联结的应用会增强联结的力量,不练习则导致联结的减弱。

③准备律:指学习者有准备而给予活动就感到满意,有准备而不活动或无准备而强制活动都会烦恼。

桑代克还提出了一些从属的规律,或称为学习的原则。①多重反应律:学习者对同一刺激情境可能会做出多种多样的反应。当某一反应不能产生满意的效果时,就会做出其他反应,直到有一种反应最终导致满意的效果为止。②定势律:或称"态度"或"顺应"的原则。桑代克在实验中发现,动物可能会以某种特定的态度对待某种外部情境,这取决于它的年龄、饥饿状态、精力状态或瞌睡程度等。反应是学习者态度的产物。③优势反应律:桑代克发现,有机体在学习时往往会有选择地对刺激情境中的某些要素做出反应,而对其他要素不予理会。鉴于在学习过程中,刺激情境的部分要素便能有效地引起反应,桑代克有时又把这一学习律称为"部分活动"的原则。④类推反应律:当有机体对新的刺激情境做出反应时,这种反应往往是与他在以往类似情境中习得的反应类似。⑤联合转移律:有机体已习得的对一组刺激的反应,可以逐渐转换成对一组新的刺激的反应。

2. 斯金纳的操作性条件反射

(1)经典实验——斯金纳箱　斯金纳关于操作性条件反射作用的实验,是在他设计的一种动物实验仪器即著名"斯金纳箱"中进行的。箱内放进一只白鼠或鸽子,并设一杠杆或键,箱子的构造尽可能排除一切外部刺激。动物在箱内可自由活动,当动物压杠杆或啄键时,就会有一团食物掉进箱子下方的盘中,动物就能吃到食物。据此,动物学会了怎样得到食物的行为。

另外,他还在实验中利用间隔强化让一些鸽子习得了迷信行为。

(2)行为的分类　斯金纳认为,行为可分为应答性行为和操作性行为两种。

①应答性行为由特定刺激引起,是不随意的反射行为,属于引发行为。

②操作性行为不与任何特定刺激相联系,是由有机体自发产生的。人的行为大部分都是操作性行为,个体主动地进行这些操作以达到对环境的有效适应。

(3)操作性条件反射的建立与消退　一种操作出现后,随之紧跟强化刺激,则该操作发生的概率就会增加;已经通过条件强化了的操作,如果出现后不再有强化刺激尾随,则该反应的发生概率会逐渐降低,甚至完全消失。强化是增加反应概率的手段。

(4)强化的性质与作用

①强化有正强化(给予奖励)与负强化(撤销惩罚)之分,无论是正强化还是负强化,都能增加以后反应发生的概率。而任何能增加反应概率的刺激和事件,都是强化物。通过对强化物的控制,有机体不仅可以学会做什么、不做什么,而且可以学会在什么时候去做、

什么时候不做。

②强化分为一级强化和二级强化。一级强化满足人和动物的基本生理需要，如食物、水、安全、温暖、性等。二级强化是指任何一个中性刺激如果与一级强化反复联结，它就能获得自身的强化性质。如，金钱对婴儿它不是强化物，但当小孩知道钱能换糖时，它就能对儿童的行为产生效果。

③强化程式有连续强化和间隔强化两种。间隔强化又分为定比强化、变比强化、定时强化和变时强化四种。连续强化指每次行为之后都给予强化。定比强化指间隔一定的次数给予强化；变比强化指每两次强化的间隔反应次数是变化不定的；定时强化指间隔一定的时间给予强化；变时强化指强化之间的时间不定。每一种不同的程式都产生相应的反应模式。连续强化在较新的反应时最为有效。间隔强化又称部分强化，它比起连续强化具有较高的反应率和较低的消退率。定时强化由于有一个时间差，随之以较低的反应率，但在时间间隔的末期反应率上升，出现一种扇贝效应；如学生在期终考试前临时抱佛脚。定比强化对稳定的反应率比较有益，而变比强化则对维持稳定和高反应率最为有效。

(5)惩罚的性质与作用　惩罚也有正惩罚和负惩罚两种。

①正惩罚：是指呈现厌恶刺激，反应概率减弱的现象。

②负惩罚：是指消除愉快刺激，反应概率减弱的现象。

(6)逃避条件作用与回避条件作用

①逃避条件作用：指当厌恶刺激或不愉快情景出现时，有机体做出某种反应从而逃脱了厌恶刺激，则该反应在以后的类似情景中出现的概率便增加。

②回避条件作用：指在预示着厌恶刺激或不愉快刺激即将出现时，有机体自发做出某种反应，从而避免了厌恶刺激，则该反应在类似的情景中发生的概率也会增加。

③回避条件作用是在逃避条件作用的基础上建立的，两者都是负强化作用的类型。

(7)主要规律　消退与维持、分化和泛化。

①消退：消除强化从而消除或降低某个行为。

②维持：新习得的行为得以保持。

③分化：知觉到先前刺激的差异并针对差异做出不同反应。

④泛化：所习得的行为、技能或概念从一个情景迁移到其他情景。

(8)应用

①程序教学：程序教学是通过教学机器呈现程序化教材而进行自学的一种方法。它把一门课程学习的总目标分为几个单元，再把每个单元分成许多小步骤。学生在学完每一步骤的课程后，就会马上知道自己的学习结果，即能够得到及时强化，然后按顺序进行下一步学习。在整个学习过程中，学生可以按照自己的学习能力和学习习惯，自定学习步调，自主进行反应，逐步达到总目标。

②行为矫正：行为矫正是指通过逐步强化来塑造儿童的良好行为，通过消退来消除儿

童的不良行为，即通过不给予强化来减少某类行为出现的可能性。

③普雷马克原理：普雷马克原理是指用高频的活动作为低频活动的强化物，或者说用学生喜爱的活动去强化学生参与不喜爱的活动。如“你吃完这些青菜，就可以去玩”。

（三）社会学习理论

1. 经典实验——波波玩偶实验 班杜拉让儿童观察成人对充气娃娃进行拳打脚踢的行为，然后把儿童带到一个放有充气娃娃的实验室，让其自由活动，并观察他们的行为表现。结果发现，儿童在实验室里对充气娃娃也会拳打脚踢。这说明，成人榜样对儿童行为有明显影响，儿童可以通过观察成人榜样的行为而习得新行为。

后来，他又把孩子分为三组，先让他们观看一个成年男子（榜样人物）对一个像成人那么大小的充气娃娃做出种种攻击性行为。之后，让一组儿童看到这个“榜样人物”受到另一成年人的表扬和奖励；第二组儿童看到这个“榜样人物”受到另一成年人的责打和训斥；第三组为控制组，只看到“榜样人物”的攻击性行为。然后，把这些儿童一个个单独领到一个房间里去。房间里放着各种玩具，其中包括洋娃娃。在十分钟里，观察并记录他们的行为。

结果发现，看到“榜样人物”的攻击性行为受惩罚组的儿童，同控制组儿童相比，在他们玩洋娃娃时，攻击性行为显著减少。反之，看到“榜样人物”攻击性行为受到奖励组的儿童，在自由玩洋娃娃时模仿攻击性行为的现象相当严重。这说明榜样行为的后果是儿童是否自发模仿的决定因素。

班杜拉用替代强化来解释这一现象：观察者因看到别人（榜样）的行为受到奖励，他本人间接引起相应行为的增强；观察者看到别人的行为受到惩罚，则会产生替代性惩罚作用，抑制相应的行为。

2. 基本观点 班杜拉的社会学习理论从人的社会性角度研究学习问题，强调观察学习，认为人的行为变化不只是由内在因素决定，也不只是由外在因素决定，而是两者相互作用的结果。观察学习是其理论的一个基本概念指通过观察他人所表现的行为及其结果而进行的学习，包括注意过程、保持过程、动作复现过程和动机过程。①注意过程：注意并知觉榜样情景的各个方面。②保持过程：记住从榜样情景了解的行为，以表象和言语形式将他们在记忆中进行表征、编码及储存。③动作再现过程：复制从榜样情境中观察到的行为。④动机过程：因表现所观察到的行为而受到激励。

3. 动机存在三种来源

（1）直接强化　即通过外界因素对学习者的行为直接进行干预。

（2）替代强化　即学习者如果看到他人成功和赞扬的行为，就会增强产生同样行为倾向；如果看到失败或受罚的行为，就会削弱或抑制发生这种行为的倾向。

（3）自我强化　即行为达到自己设定的标准时，以自己能支配的报酬来增强、维持自己的行为的过程。

二、学习的认知理论

(一)早期的认知学习理论

1. 格式塔学派的完形—顿悟说

(1)经典实验—黑猩猩学习实验

①箱子系列实验:苛勒把黑猩猩置于放有箱子的笼内,笼顶悬挂香蕉。“简单的问题情境”只需要黑猩猩运用一个箱子便可够到香蕉,“复杂的问题情境”则需要黑猩猩将几个箱子叠起方可够到香蕉。在“复杂问题情境”的实验中,有两个可利用的箱子。当黑猩猩1看到笼顶上的香蕉时,它最初的反应是用手去够,但够不着,只得坐在箱子A上休息,但毫无利用箱子B的意思。后来,当黑猩猩2从原来躺卧的箱子B上走开时,黑猩猩1看到了这只箱子,并把这只箱子移到香蕉底下,站在箱子上伸手去取香蕉,但由于不够高,仍够不着,它只得又坐在箱子B上休息。突然间,黑猩猩1跃起,搬起自己曾坐过的箱子A,并将它叠放在箱子B上,然后迅速地登上箱子而取得了香蕉。三天后,苛勒稍微改变了实验情境,但黑猩猩仍能用旧经验解决新问题。

②棒子系列实验:笼外放有食物,食物与笼子之间放有木棒。对于“简单的棒子问题”,黑猩猩只要使用一根木棒便可获取食物,“复杂的棒子问题”则需要黑猩猩将两根木棒接在一起(一根木棒可以插入另一根木棒),方能获取食物。在“复杂的棒子问题情境”中,最初只见黑猩猩一会儿用小竹竿,一会儿用大竹竿来回试着拨香蕉,但怎么也拨不着。不得已,它只得拿着两根竹竿飞舞着,突然,它无意地把小竹竿的末端插入了大竹竿,使两根竹竿连成了一根长竹竿,并马上用它拨到了香蕉。黑猩猩为自己的这一“创造发明”而高兴,并不断地重复这一接棒拨香蕉的动作。在第二天重复这一实验时,苛勒发现黑猩猩很快就能把两根竹竿连起来取得香蕉,而没有漫无目的的尝试。

(2)基本观点 学习是通过顿悟过程实现的;学习的实质是在主体内部构造完形;顿悟和反应之间的联系不是直接的,需要以意识为中介。

2. 托尔曼的认知—目的说

(1)经典实验 位置学习实验、奖励预期实验、潜伏学习实验。

①位置学习实验:位置学习实验以在高架迷津中进行的迂回学习最为著名。该实验以白鼠为对象,研究其在高架迷津中的取食行为。高架迷津装置包括三条长短不同的通向食物箱的通路,并且最短的和次短的两条通路具有通向目标的共同部分(图3-3-1)。实验分“预备练习”与“正式实验”两个阶段。

在预备阶段,先让白鼠有机会走过迷津中的每条通路,使其熟悉迷津的整个环境,并确定其自起点到达食物箱时对三条通路的偏好程度。结果发现,白鼠对通路的偏好程度由高到低依次是通路1、通路2和通路3。

预备实验结束以后，进行正式实验。首先，在A处（通路1、2的共同部分之前）将通路1阻塞，结果发现，白鼠在A处受阻后迅速退回，改选通路2而非通路3。此后，再把阻塞物移到B处（通路1、2的共同部分）将通路2阻塞，结果发现，当白鼠沿通路1到达B处受阻后，它并不是按其偏好顺序先奔向通路2，在再次受阻后再奔向通路3，而是一开始就避开通路2，径直选择距离最长、最不愿意走却是唯一的通路3了。

据此，托尔曼认为白鼠是根据对迷津的认知地图而不是依照过去的习惯来行动的。

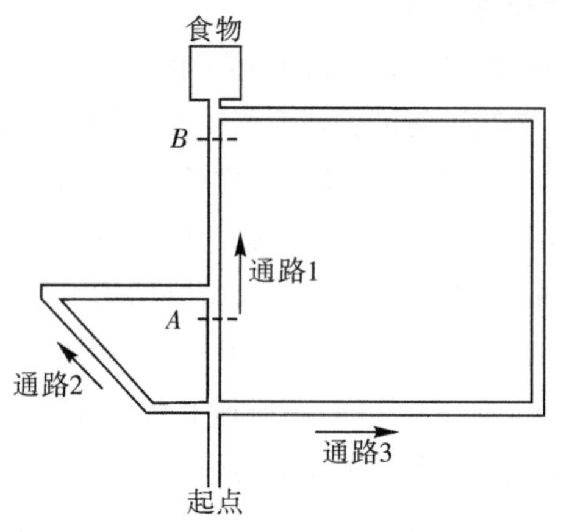

图3－3－1　位置学习实验迷津

②奖励预期实验：廷克波以猴子为被试，训练其完成一项辨别任务。实验者首先当着猴子的面把它们喜欢吃的香蕉用带有盖子的两个容器中的一个盖住，然后用一块木板挡住猴子的视线。过一段时间以后，再要求猴子在两个容器中进行选择。结果发现，猴子具有良好的辨别能力，能够准确地在装有香蕉的容器中取得食物。然后，实验者当着猴子的面用一个容器把香蕉盖住，之后又在挡板后面将香蕉取出，换为猴子不喜欢吃的莴苣叶子，并要求猴子取食。结果发现，当猴子再次想从原来的容器中取食香蕉而实际发现是莴苣叶子时，猴子显露出惊讶的表情，似乎有"大吃一惊"的挫折感，它拒食莴苣叶子，并向四周环顾搜索，好像在寻找预期中的香蕉似的。当寻找失败后，猴子感到非常沮丧，对着实验者高声尖叫，大发脾气，并拒绝取食。

③潜伏学习实验：有三组白鼠走迷宫，第一组白鼠到达迷宫终点后给予食物奖励，为奖励组；第二组白鼠在到达迷宫终点时不给奖励，称无奖励组；第三组白鼠在到达迷宫终点时，前十天不给奖励，第十一天开始给奖励，称中途奖励组。结果发现，第三组白鼠在第十二天后到达迷宫终点的错误次数少于奖励组，更少于不奖励组。

托尔曼认为，中途奖励组在没有强化的情况下，同样进行了学习，并形成了迷宫的认知地图，当后来给予食物强化后，该认知地图使其成绩赶了上来。

（2）基本观点　托尔曼认为，学习是有目的的行为，是期待的获得，而非盲目的。学习是对"符号—完形"的认识，在头脑中形成"认知地图"。外部刺激和行为反应之间存在中介变量，S—O—R。强化并不是学习产生的必要因素，没有强化也可能出现学习，称为潜伏学习。

(二)布鲁纳的认知—发现说

布鲁纳认为,学习的目的在于以发现学习的方式使学科的基本结构转化为学生头脑中的认知结构。

1. **认知学习观** 学习的实质是主动的形成认知结构,而不是被动的形成刺激与反应之间的联结。学习包括获得、转化和评价三个过程。即学生在获得新知识后,运用各种方法将其转化成另外的形式以适应新任务并获得更多知识,最后对知识的转换进行检查。

2. **结构教学观** 布鲁纳强调学习的主动性和认知结构的重要性,认为教学的目的在于理解学科的基本结构,即学科的基本概念、原理以及学习该学科的态度和方法。在掌握学科基本结构的过程中遵循动机原则、结构原则、程序原则和强化原则等教学原则。

(1)动机原则 内部动机是维持学生学习活动的基本动力。

(2)结构原则 教师可以用动作、图像和符号三种形式来呈现知识结构,但必须采用最佳知识结构进行教学。

(3)程序原则 教学就是通过一系列有条不紊地陈述一个问题或大量的知识结构,以提高学生对所学知识的掌握、转换和迁移能力。

(4)强化原则 教师要适时地给予学生反馈,强化学生的学习。

3. **发现学习** 发现学习是指学生根据教师提出的一些事实和问题,积极思考、独立探究、自行发现并掌握相应原理的一种学习方式,包括用自己的头脑亲自获得知识的一切形式。因此,教师的作用在于帮助学生形成一种能够独立探究的情景,促进学生自己思考并参与知识获得的过程。

研究表明,发现学习有利于激发学生的好奇心及探索未知事物的兴趣,有利于调动学生的内部动机和学习的积极性,最大限度地为学生提供自由回旋的余地,并有利于学生批判性、创造性思维的发展。但是,布鲁纳倡导的发现学习思想也存在着一系列的局限性。首先,他无视学生学习的特点,歪曲了接受学习的本意;其次,对发现学习的界定也缺乏科学性和严密性。此外,发现学习比较浪费时间,不能保证学习的水平。

4. **认知表征理论**

(1)动作性表征 表演式再现表象,相当于皮亚杰的感知运动阶段。

(2)映像性表征 肖像式再现表象,相当于皮亚杰的前运算阶段早期。

(3)符号性表征 象征性再现表象,相当于皮亚杰的前运算阶段后期。

(三)奥苏伯尔的有意义接受说

奥苏伯尔根据学习进行的方式把学习分为接受学习和发现学习,又根据学习材料与学习者原有知识结构的关系把学习分为机械学习和意义学习,并认为学生的学习主要是有意义的接受学习。

1. 有意义学习的实质、条件和类型

(1)有意义学习的实质　有意义学习的实质是将符号所代表的新知识与学习者认知结构中已有的适当观念建立非人为的和实质性的联系。

(2)有意义学习的条件

①意义学习的材料必须具有逻辑意义,即满足能与认知结构中有关知识建立实质性和非人为性联系的要求。

②学习者必须具有积极主动地将符号所代表的新知识与认知结构中的适当知识加以联系的心向。

③学习者认知结构中必须具有适当的知识,以便与新知识进行联系。

④学习者必须积极主动地使这种具有潜在意义的新知识与认知结构中的有关旧知识发生相互作用。

(3)有意义学习的类型

①表征学习:学习单个符号或一组符号的意义。

②概念学习:掌握同类事物共同的关键特征的学习。

③命题学习:命题学习包括非概括性学习和概括性陈述,前者表示两个以上事物之间的关系,后者表示若干事物直接的关系。

2. 认知同化理论与先行组织者策略　奥苏伯尔认为,同化理论的核心是:学生能否习得信息主要取决于他们认知结构中是否已有相关观念;认知同化过程有下位关系、上位关系和组合关系三种方式。

(1)下位关系　新学习的内容类属于学生认知结构中已有的、包摄性较广的观念。奥苏伯尔认为这是最有效的学习方式,有两种形式:派生类属学习,即新内容可由已有内容直接派生,或仅仅是命题的例证;相关类属学习,即新内容扩展、修饰或限定已有命题,使其精确化。

(2)上位关系　学习了一种可以把一系列已有观念类属其下的广义新命题。

(3)组合关系　同级别的内容互相影响,在相似性中寻求共同的模式。

先行组织者策略是先于学习任务本身呈现的一种引导性材料,其抽象、概括和综合水平高于学习任务,且与认知结构中原有观念和学习任务关联,从而为新的学习任务提供观念上的固着点,增加新旧知识之间的可辨别性,促进学习的迁移。

先行组织者有比较性组织者和陈述性组织者两种。前者用于比较熟悉的学习材料中,目的在于比较新材料与已有结构中相类似的材料,从而增强似是而非的新旧知识之间的可辨别性。后者目的在于为新的知识提供最适当的类属者,它与新的知识产生一种上位关系。

3. 接受学习的界定及评价　奥苏伯尔认为,接受学习是在教师指导下,学习者接受事物意义的学习。接受学习也是概念同化过程,是课堂学习的主要形式,适合年龄较大、有丰富知识经验的学习者。接受学习是学习者掌握人类文化遗产及先进科学技术知识的主要途径。教学遵循逐渐分化原则、整合协调原则、序列原则、巩固原则。

(四)加涅的信息加工学习理论

1. 学习的信息加工模式

(1)信息流　个体从环境中接受刺激,刺激推动感受器,并转变为神经信息。信息进入感觉登记。被视觉登记的信息很快进入短时记忆。当信息从短时记忆进入长时记忆时,信息发生了关键性转变,即要经过编码过程。当需要使用信息时,需经过检索提取信息。被提取出来的信息可以直接通向反应发生器,从而产生反应,也可以再回到短时记忆,对该信息的合适性做进一步考虑。

(2)控制结构　除信息流之外,学习的信息加工模式中还包含着期望事项与执行控制。期望事项是指学生期望达到的目标,即学习的动机。反馈之所以有效,是因为反馈能肯定学生的希望。执行控制指决定过程中信息选择和加工方式及操作策略。

2. 学习阶段及教学设计　从学习的信息加工模式中可以看到,学习是学生与环境之间相互作用的结果。学习过程是由一系列事件构成的。加涅认为,每个学习动作可以分解成八个阶段:动机阶段、领会阶段(注意和选择性知觉)、习得阶段、保持阶段、回忆阶段、概括阶段(促进迁移)、作业阶段和反馈阶段。

总之,加涅认为教师是教学活动的设计者和管理者,也是学生学习效果的评定者。完整的教学应该按照这八个阶段进行。

三、学习的建构理论

(一)建构主义的思想渊源与理论取向

1. 思想渊源　建构主义学习理论是行为主义发展到认知主义以后的进一步发展。吸收了布鲁纳、皮亚杰和维果茨基等心理学家的思想,以及认知信息加工的思想,形成了一个学习理论派别。

2. 理论取向

(1)激进建构主义　激进建构主义以皮亚杰思想为基础,冯·格拉赛斯费尔德、斯特菲为代表。

激进建构主义有两条基本原则:①知识不是通过感觉被个体被动地接受的,而是由认知主体主动地建构起来的,建构是通过新旧经验的相互作用而实现的;②认识的机能是适应自己的经验世界,帮助组织自己的经验世界,而不是去发现本体论意义上的现实。激进建构主义者相信,世界的本来面目我们是无法知道的,而且也没有必要去推测它,我们所知道的只是我们的经验。

(2)社会建构主义　社会建构主义以维果茨基的理论为基础,鲍尔斯费尔德和库伯为代表。社会建构主义认为,世界是客观存在的,对每个认识世界的个体来说是共通的。知识是在人类社会范围里建构起来的,又在不断地被改造,尽可能与世界的本来面目相一致,尽管永远无法达到一致。另外,它也把学习看成是个体建构自己的知识和理解的过程,但它更关心这一建构过程的社会性的一面。

(3)社会文化取向　社会文化取向也受到维果茨基的影响,但与社会建构主义不同的是,该取向强调文化、时代、背景因素,提倡师徒制教学。它也把学习看成是建构过程,关注学习的社会方面。但与社会建构主义有所不同,它认为,心理活动是与一定的文化、历史和风俗习惯背景密切联系在一起的,知识与学习都是存在于一定的社会文化背景中的,不同的社会实践活动是知识的来源。

(4)信息加工建构主义　信息加工建构主义也称为"温和建构主义",以斯皮罗等人的认知灵活性理论为代表。信息加工建构主义完全接受"知识是由个体建构而成的"观点,强调外部信息与已有知识之间存在双向的、反复的相互作用。新经验意义的获得要以原有的知识经验为基础,从而超越所给的信息,而原有经验又会在此过程中被调整或改造。但这种观点并不接受"知识仅是对经验世界的适应"的原则。

(二)建构主义学习理论的基本观点

1. 知识观

(1)知识不是对现实的准确表征,它只是一种解释、一种假设;知识不是问题的最终答案,它会随着人类的进步而不断得到改造。

(2)知识并不能精确地概括世界的法则,在具体问题中,需要针对具体情境进行再创造。

(3)知识不可能以实体的形式存在于具体个体之外,知识是由个体基于自己的经验背景而建构起来,它取决于特定情境下的学习历程。

2. 学习观

(1)主动建构性　学习不是从外界吸收知识的过程,而是学习者建构知识的过程,每个学习者都在自己原有的知识经验基础上建构自己的理解。

(2)社会互动性　学习是通过对某种社会文化的参与而内化相关的知识和技能、掌握有关的工具的过程,这一过程常需要通过学习共同体的合作互动来完成。

(3)情境性　知识是不可能脱离活动情境而抽象地存在的,学习应该与情境化的社会实践活动结合起来。知识存在于具体的、情境性的、可感知的活动之中。

3. 教学观

(1)教学不能无视背景经验,而要以其为基础和起点发展出新的知识经验。

(2)教学不是知识的传递,而是知识的处理和转换,教师需要与学生共同针对某些问题进行探讨,并在此过程中相互交流和质疑,彼此做出某些调整。

4. 学生观

(1)学生并不是空着脑袋走进教室的。在日常生活中、以往的学习中,已经形成了丰富的经验。

(2)教学不能无视学生的先前经验,另起灶炉,从外部装进新知识,而是要把儿童现有的知识经验作为新知识的生长点,引导儿童从原有知识经验中"生长"出新的知识经验。

(3)教学要增加学生之间的合作,使学生看到那些与他不同的观点,从而促进学习的进行。

(三)认知建构主义学习理论与应用

认知建构主义主要是以皮亚杰的思想为基础发展起来的,与布鲁纳、奥苏伯尔等的认知学习理论有较大的连续性,它主要关注的是学习者个体是如何建构某种认知方面的或情感方面的素质的,其基本观点是:学习是一个意义建构的过程,是一个通过新旧经验的相互作用而形成、丰富和调整自己认知结构的过程。就其实质而言,意义建构是同化和顺应统一的结果。一方面,新经验要获得意义需要以原来的经验为基础,从而融入原来的经验结构中;另一方面,新经验的进入又会使原有的经验发生一定的改变,使它得到丰富、调整或改造。换言之,认知建构主义强调意义的双向建构过程。

1. 维特罗克的生成学习理论

(1)学习的实质　维特罗克认为,学习是学习者通过原有的认知结构与从环境中接受的感觉信息相互作用来生成信息的意义的过程。学习的发生依赖于学习者已有的相关经验,人们要生成对所知觉事物的意义,总是需要与他以前的经验相结合。另外,人脑并不是被动地学习和记录外界输入的信息,而是主动建构对输入信息的解释,主动地选择一些信息而忽视一些信息,并从中得出推论。

(2)学习生成过程模式　人类的所有学习活动都可以用生成过程来解释。面对不同的学习材料,人们的建构和意义生成方式是不同的,但一般会经过几个固定的阶段。

总之,生成学习理论重视学生学习的主动性,重视对学习者内部认知特点的探讨。

2. 斯皮罗的认知灵活性理论

(1)认知灵活性理论的学习观

①根据知识的复杂性,斯皮罗等人将知识划分为结构良好领域的知识和结构不良领域的知识。所谓结构良好领域的知识,是指有关某一主题的事实、概念、规则和原理,它们之间是以一定的层次结构组织在一起的。结构不良领域的知识,则是将结构良好领域的知识应用于具体问题情境时产生的,即有关概念应用的知识。认知灵活性理论正是针对复杂和结构不良领域中学习的本质问题提出来的。

②学习是学习者在一定的社会文化背景中以自己的方式主动建构内部心理表征的过程。所谓认知灵活性,就是指学习者通过多种方式同时建构自己的知识,以便在情境发生根本变化的时候能够做出适宜的反应。因为在结构不良领域中,从单一视角提出的每个

单独的观点虽不是虚假的或错误的,但却是不充分的。

③学习分为初级学习和高级学习两类。初级学习是学习中的低级阶段,教师只要求学习者知道一些重要的概念和事实,在测验中只要求他们将所学的东西按原样再现出来,这时所涉及的内容主要是结构良好领域的知识。而高级学习则与此不同,它要求学习者把握概念的复杂性,并广泛而灵活地运用到具体情境中,涉及大量结构不良领域的问题。

④传统教学混淆了高级学习和初级学习之间的界限,把初级学习阶段的教学策略不合理地推及高级学习阶段的教学中,使教学过于简单化。必要的简单化对教学来说是有意义的,但在整个教学过程中都过于简单化,则会使得学生的理解简单片面,这正是妨碍学习在具体情境中广泛而灵活迁移的主要原因,而建构主义就是要寻求适合高级学习的教学途径。

(2)认知灵活性理论的教学观

①学习者之所以不能将所学知识灵活地应用于新的实际情境中,是由于学校所教的知识都是经过简化处理了的结构性知识,而在实际情境中问题的解决需要学习者具有大量的非结构性知识。而且,学校教学的目标是让学习者接受、记忆和套用这些结构性的知识。为了实现结构不良领域高级知识获得的学习目标,促进学习者积极主动的双向建构过程,斯皮罗等人提出了随机通达的教学原则。

②在阐明随机通达这一教学原则时,他们运用了这样一个类比:在日常生活中,当我们在不同的时间、不同的场合,带着不同的目的观看某一风景时,我们会对这一风景产生不同的感受和认识。同理,对同一内容,学习者要在不同的时间、重新安排的情境中,带着不同目的、从不同的角度进行多次交叉反复的学习,以此把握概念的复杂性并促进迁移。这种反复绝非为了巩固知识、技能而进行的简单重复,因为每次的学习情境中存在着互不重合的方面,可使学习者获得对概念新的理解。

③随机通达教学运用各种媒体交互技术为学习者提供一个复杂与结构不良的学习环境,并由此鼓励学习者自己对知识的积极探索与建构。这种教学方法一般按照以下原则来组织支持建构学习的教学:教学活动必须为学习者提供知识的多元表征方式;教学设计应注意建构由概念与案例交织组成的"十字交叉形",使用多个案例理解复杂知识;教学材料应避免内容过于简单化;教学应基于情境、案例、问题解决;作为学习材料的教学内容,应该是高度联系的知识整体。

(四)社会建构主义学习理论与应用

社会建构主义是认知建构主义的进一步发展,是以维果茨基的思想为基础发展起来的,它主要关注学习和知识建构的社会文化机制。社会建构主义认为,虽然知识是个体主动建构的,而且只是个人经验的合理化,但这种建构也不是随意的建构,而是需要与他人磋商并达成一致来不断地加以调整和修正,并且不可避免地要受到当时社会文化因素的影响。

也就是说,学习是一个文化参与的过程,学习者只有借助一定的文化支持来参与某一学习共同体的实践活动,才能内化有关的知识。所谓学习共同体,就是由学习者及其助学者共同构成的团体,他们彼此之间经常在学习过程中进行沟通交流,分享各种学习资源,共同完成一定的学习任务,因而在成员之间形成了相互影响、相互促进的人际关系,形成了一定的规范和文化。知识建构的过程,不仅需要个体与物理环境的相互作用,更需要通过学习共同体的合作互动来完成。其中的典型代表是文化内化与活动理论和情境认知与学习理论。

总之,社会建构主义认为,知识来源于社会的意义建构:学习者应在社会情境中积极地相互作用;学习是知识的社会协商。

1. 文化内化与活动理论

(1)内化理论　学习作为社会文化的内化过程。在维果茨基认为,人具有动物所不具备的高级心理机能,如概念思维、理性想象、有意注意、逻辑记忆等,其核心特点是以语言和符号作为工具,是文化历史发展的结果。社会文化历史理论认为,人的高级心理机能是各种活动和交往形式不断内化的结果。

(2)活动理论　学习通过对活动的参与来实现。在维果茨基的基础上,列昂节夫进一步强调活动在高级心理机能内化过程中的作用。他提出,一切高级的心理机能最初都是在人与人的交往过程中,以外部动作的形式表现出来的。经过反复多次的练习和实践,外部动作才能内化为内部的心智动作。活动是心理机能内化的中介和桥梁,而人的活动就其本质而言是一种社会实践,是在一定文化背景中的社会成员的相互作用。

(3)支架式教学　文化内化与活动理论的应用。所谓支架式教学,就是指通过支架(教师或有能力的同伴的帮助)的协助,把管理学习的任务逐渐由教师转移给儿童自己,最后撤去支架。在实际教学中,只有根据儿童的最近发展区搭建的支架,对儿童的发展才是最有效的。因此,支架的重要功能就是帮助儿童顺利穿越最近发展区,以获得更进一步的发展。包含以下五个方面:进入情境;搭脚手架;独立探索;协作学习;效果评价。

2. 情境认知与学习理论　情境认知与学习理论主要强调日常认知、真实性任务和情境性学徒训练在学习过程中的重要性。

(1)情境认知与分布式认知　布朗等人提出了“情境通过活动来合成知识”这一主张,认为知识是情境化的,并且在很大程度上是它所应用的活动、背景和文化的产物。

所谓分布式认知,就是指认知分布于个体内、个体间、媒介、环境、文化、社会和时间等介质之中。例如,笔算比心算容易,是因为个体能将心算过程的中间结果通过纸笔暂存于外部环境,减少了工作记忆负荷。在笔算过程中,认知分布在个体头脑和外部环境之中。

分布式认知强调,人的认知不是分布在封闭的头脑之内的,而是在人与其环境构成的整个系统中完成的,人往往要借助外在的环境线索、文化工具和与他人的互动来完成各种认知活动。

(2)情境学习与教学　学习应该与情境化的活动结合起来,即进行情境性学习。情境性学习的具体特征可以归纳为以下四点:真实任务情境;情境化的过程;真正的互动合作;情境化的评价。

(3)认知学徒制:情境教学的模式一　认知学徒制是指通过允许学生获取、开发和利用真实领域的活动工具的方法,来支持学生在某一领域学习的模式。它强调经验活动在学习中的重要性,强调要把学习和实践联系起来。布朗等认为,认知学徒制的目的是知识经验较少的学习者可以在专家的指导下,通过参与某种真实活动,获得与该活动有关的知识、技能。包括示范、练习或指导、隐退三个阶段。

(4)抛锚式教学:情境教学的模式二　锚式情境教学的主要意图是将学习活动与某种有意义的大情境挂钩。"锚"是指包含某种问题任务的真实情境。其目的在于使学习者在一个真实、完整的问题情境中,产生学习需要,通过学习者主动学习,在原有的知识基础上尝试理解情境,在教师的引导和学习小组的互动中形成新的理解。抛锚策略试图创设有趣、真实的背景以激励学习者的积极建构,因此"锚"往往是有情节的故事。

四、学习的人本理论

(一)罗杰斯的学习与教学观

1. **知情统一的教学目标观**　罗杰斯认为,情感和认知是人类精神世界中两个不可分割的有机组成部分,彼此是融为一体的。教育理想是要培养"躯体、心智、情感、精神、心力"融汇一体的人,也就是既用情感的方式也用认知的方式行事的知情合一的人。

2. **有意义的自由学习观**　罗杰斯认为,学生学习主要有两种类型,即认知学习和经验学习;学习方式也主要有两种,即无意义学习和有意义学习;认知学习和无意义学习、经验学习和有意义学习是完全一致的。

有意义学习不仅仅是一种增长知识的学习,而且是一种与个体各部分经验都融合在一起的学习,能影响学习者的态度、认知、情感、行为和生活。罗杰斯认为有意义学习主要具有全神贯注、自动自发、全面发展和自我评估四个特点。

罗杰斯的意义学习和奥苏伯尔的意义学习存在区别。前者关注的是学习内容与个人之间的关系;后者则强调新旧知识之间的联系,它只涉及理智,而不涉及个人意义。因此,按照罗杰斯的观点,奥苏伯尔的意义学习只是一种"在颈部以上发生的学习",并不是罗杰斯所指的有意义学习。

3. **以学生为中心的教学观**　罗杰斯主张废除"教师"这一角色,代之以"学习的促进者"。教师的任务不是教给学生知识,也不是教学生如何学习,而是为学生提供各种学习资源和促进学习的气氛,让学生自己决定如何学习。罗杰斯认为,促进学习的心理气氛应该是真诚一致、无条件的积极关注和同理心(共情)。

（二）人本主义学习理论的应用

1. 突出情感在教学活动中的地位和作用，形成了一种以知情协调活动为主线、以情感作为教学活动的基本动力的新的教学模式。

2. 以学生的“自我”完善为核心，强调人际关系在教学过程中的重要性，认为课程内容、教学方法、教学手段等都维系于课堂人际关系的形成和发展。

3. 把教学活动的重心从教师引向学生，把学生的思想、情感、体验和行为看作教学的主体，从而促进了个别化教学运动的发展。

第四章　学习动机

学习动机对学生的学习有重要的推动作用,古今中外许多教育家和心理学家都特别重视对学习动机的研究。本章从介绍学习动机的概念和基本理论入手,并以此为基础简单介绍如何培养和激发学生的学习动机。

一、学习动机的含义及其类型

(一)学习动机的含义

学习动机是指激发个体进行学习活动,维持已引起的学习活动,并使学习行为朝向一定学习目标的一种内在过程或内部心理状态。

(二)学习动机的类型

1. 根据学习动机内容的社会意义划分

(1)高尚的正确的学习动机,核心是利他主义。

(2)低级的错误的学习动机,核心是利己的,自我中心的。

2. 根据学习动机的作用与学习活动的关系划分

(1)近景动机　近景动机与学习活动直接相连的,来源于学习内容或学习结果的兴趣,此类动机作用效果明显,但稳定性较差。

(2)远景动机　远景动机与学习的社会意义与个人的前途相连的,此类动机作用较为稳定和持久,能激发学生斗志,努力学习并取得好成绩。

3. 根据学习动机起作用的范围不同划分

(1)一般动机　一般动机是在许多学习活动中都表现出来的,较稳定的,持久地努力掌握知识经验的动机。

(2)具体动机　具体动机是在某一具体学习活动中表现出来的动机,此类动机大多在学习过程中因学业成败或师生关系的影响而逐渐形成的,此类动机主要受外界情境因素的影响,因而也叫情境动机。

4. 根据学习动机的动力来源维度进行划分

(1)内部动机　内部动机是因学习活动本身的意义价值引起的动机,动机满足在活动之内。

(2)外部动机　外部动机是因学习活动外部后果而引起的动机,从事学习只是达到某一结果的手段,动机满足在活动之外。

5. 奥苏伯尔的划分

(1)认知内驱力　认知内驱力是指要求了解和理解的需要,要求掌握知识的需要,要求系统的陈述问题并解决问题的需要,也被称为内部动机。

(2)自我提高内驱力　自我提高内驱力是指个体因自己的胜任能力和工作能力获得相应地位的需要,并非直接指向学习任务本身,是一种外部动机。

(3)附属内驱力　附属内驱力是指为了保持长者们的赞许或认可,而表现出来的把工作做好的需要。

二、学习动机的主要理论

(一)学习动机的强化理论

联结主义理论家用 S—R 公式来解释人的行为,认为动机是由外部刺激引起的一种对行为的冲动力量,并特别重视用强化来说明动机的引起与作用。人们的行为倾向完全取决于先前这种行为和刺激因强化而建立的牢固联系。强化能提高学习动机。

学校中的强化既可以是外部强化,也可以是内部强化。前者是由教师施与学生身上的强化手段,后者则是自我强化,即学生在学习中由于获得成功的满足而增强了学习的成功感与自信心,从而增强了学习动机。

(二)学习动机的人本理论

马斯洛认为,人的基本需要从低到高有五种,即生理需要、安全需要、归属和爱的需要、尊重的需要和自我实现的需要,前四种是缺失性需要,自我实现也是成长性需要,具有永不满足性。

从学习心理的角度看,人们进行学习就是为了追求自我实现,即通过学习使自己的价值、潜能、个性得到充分而完备的发挥、发展和实现。因此,可以说自我实现是一种重要的学习动机。

另外,需要层次理论说明,在某种程度上学生缺乏学习动机可能是由于某种缺失性需要没有得到充分满足而引起的。所以,教师不仅要关心学生的学习,也应该关心学生的生活和情感,以激发其学习动机。一般而言,学校里最重要的缺失需要是爱和尊重。

(三)学习动机的社会认知理论

1. **成就动机理论**　“成就动机”概念源于默里,指在成就需要基础上产生的,激励个体乐于从事自己认为重要的或有价值的工作,并力求获得成功的一种内在驱动力。麦克里兰在此基础上提出成就动机是一种力求成功并避免失败的一般倾向。

阿特金森认为,人在追求成功时,存在两种倾向:力求成功的意向和避免失败的意向。追求成功的动机由成就需要、期望水平和诱因价值三者决定;同样,避免失败的倾向是避免失败的动机、失败的可能性以及失败的诱因值三者乘积的函数。用公式表示就是:$T = T_s - T_f = M_s \times P_s \times I_s - M_f \times P_f \times I_f$。一般而言,任务难度越大,成功所带来的满足感也就越强,二者存在互补关系,即 $I = 1 - P$;由此可以推出,若 $M_s > M_f$,则 T 为正值,而且当 $P_s = 0.5$时,动机强度最大;若 $M_s < M_f$,则 T 为负值,且当 $P_f = 0.5$ 时,动机强度最小;若 $M_s = M_f$,则 T 为 0,此时不会出现追求目标的行动。阿特金森认为,力求成功者的目的是获取成功,因而倾向于选择难度适中的任务,而避免失败者倾向于选择最易或最难的任务。

2. **归因理论、成就目标理论、自我效能感理论、自我决定理论**　见普通心理学第十章。

3. **自我价值理论**　科温顿认为,人天生具有一种维护自己的自尊和自我价值感的需要,当一个人的自尊和自我价值感受到威胁时,他就需要各种措施来维护自尊,保持自我的价值感和有能力感。自我价值感是个体追求成功的内在动力。成功使人感到满足,使人自尊心提高,使人产生自我价值感;而成功的经验往往是在克服困难之后才能获得,困难的克服则需以能力为前提。因此,能力、成功和自我价值感三者之间就形成前因后果的连锁关系。也就是说,高能力的个体容易成功,成功的经验会使个体产生自我价值感。

根据学生追求成功和避免失败的倾向,可以将学生分为四类:

(1)*高趋低避者*　又称成功定向者,该类学生拥有无穷的好奇心,对学习有极高的自我卷入。

(2)*低趋高避者*　又称避免失败者,这类学生有很多保护自己胜任感的策略,使用各种自我防御术,从外部寻找个人无法控制的原因来解释失败。

(3)*高趋高避者*　又称过度努力者,该类学生一方面对自我能力的评价较高,另一方面这一评价又不稳定,极易受到失败经历的动摇。他们往往有完美主义的倾向,给了自己太大压力,处在持续焦虑之中。

(4)*低趋低避者*　又称失败接受者,这些学生在面临学业挑战时表现出退缩,他们用于学习的时间很少,焦虑水平也很低,对极少获得的成功不自豪,对失败也不感到羞耻。

这一分类模型是对成就动机理论的有益发展和补充。

三、学习动机的培养与激发

(一)学习动机的培养

培养学生学习动机的过程,也是培养学生个性品质和个性特征的过程。

1. **成就动机的培养** 成就动机是在一定社会文化、教育条件下形成的,因此可以通过一定的训练来培养和提高。

(1)意识化 通过与学生谈话、讨论,使他们意识到与成就动机有关的行为。

(2)体验化 通过游戏或其他活动,让学生从中体验成功与失败、选择目标与成败的关系、成败与情感上的联系,特别是体验为了取得成功所必须掌握的行为策略。

(3)概念化 让学生在体验的基础上理解与成就动机有关的概念。

(4)练习 通过多次重复使学生将感性知识与理性知识紧密地结合起来,不断加深体验和理解。

(5)迁移 让学生把学到的行为策略应用到专门设计的特殊学习场合,这一学习场合要具备自选目标、自己评价、能体验成败等条件。

(6)内化 使取得成就的要求内化为学生自身的需要,学生可以自如地运用所学到的行为策略。

2. **成败归因训练** 归因训练的基本假设是,只要学生相信努力将带来成功,他们就会坚持不懈地努力学习。因此,归因训练的关键在于使学生反复体验学习的成败,同时引导他们学会并养成将成败的原因归结于努力与否的归因倾向。

3. **自我效能感的培养**

(1)直接经验培训 直接经验对自我效能感的影响最大、最直接。在对学生进行训练时要选择难易适中的任务,并引导学生通过努力去获取成功;在学生取得成功后要引导和帮助他们自己对成功做出积极的归因。

(2)间接经验培训 当学生看到与自己水平相仿的示范者取得了成功,就会增强自我效能感,反之,就会降低自我效能感。

(3)说服教育 通过书面或口头说服性的建议、劝告、解释及自我引导等方式来增强学生自我效能感。

(二)学习动机的激发

1. 创设问题情境,实施启发教学。

2. 根据作业难度,控制动机水平。

3. 利用反馈信息,给予适当评定。

4. 妥善进行奖罚，维护内部动机。

5. 设置课堂环境，搞好竞争合作。

（1）竞争型课堂结构激发以表现目标为中心的动机系统。

（2）合作型课堂结构激发以社会目标为中心的动机系统。

（3）个体型课堂结构激发以掌握目标为中心的动机系统。

6. 进行归因训练，促进继续努力。

第五章　知识的学习

本章首先介绍知识的表征和类型，其次主要介绍陈述性知识和程序性知识的学习，最后讨论学习的迁移及其培养。

一、知识的表征与类型

（一）知识的表征

知识的表征是指知识在头脑中的组织结构。不同类型的知识在头脑中的表征方式不同。陈述性知识的表征方式有概念、命题和命题网络、图式或者表象；程序性知识的表征方式主要是产生式，但有时也可能以图式表征。

1. **概念**　概念代表事物的基本属性和基本特征，是一种简单的表征形式。柯林斯和奎利安的语义层次网络模型认为，概念在头脑中是相互联系的，具有一定的层次关系；分级表征的方式符合“认知经济”原则。

2. **命题和命题网络**

(1)命题是意义或观念的最小单元，用于表述一个事实或描述一个状态。

(2)命题和命题网络是陈述性知识的主要表征方式。

3. **表象**　表象是人们头脑中形成的与现实世界的情境相类似的心理图像。表象是一种连续的、模拟的表征，它特别适合在工作记忆中对空间信息和视觉信息进行某种经济的表征。大量丰富的表象是脚本的重要组成内容。

4. **图式**　图式是有组织的知识结构。加涅认为图式具有三个基本特征：含有变量；具有层次；能促进推论。图式具有物体图式、事件图式、动作图式三类。

5. **产生式系统**　产生式系统包含了“如果某种条件满足，那么就执行某种动作”的知识，是程序性知识的主要表征形式。

（二）知识的类型

1. **陈述性知识与程序性知识**　安德森从信息加工角度对知识进行的分类。

(1)陈述性知识　陈述性知识是关于“是什么”的知识，是对事实、定义、规则和原理等的描述。

(2)程序性知识　程序性知识是关于“怎么做”的知识,如怎样进行推理、决策或解决某类问题等。条件性知识是程序性知识的一种,解决的是“什么时候,为什么”的问题。

2. 显性知识与隐性知识

(1)显性知识　显性知识是用“书面文字、图表和数学表述的知识”,通常是用言语等人为方式,通过表述来实现的,所以又称为“言明的知识”。

(2)隐性知识　隐性知识是尚未被言语或其他形式表述的知识,是“尚未言明的”或者“难以言传的”知识。波兰尼著名命题:“我们知晓的比我们能说出的多”说的就是隐性知识。

3. 具体知识、方式方法知识和普遍原理知识　这是布鲁姆教育目标分类系统中对知识的分类。

(1)具体知识　具体知识指具体的、独立的知识,主要指具体指称物的符号,包括术语的知识和具体事实的知识。

(2)方式方法知识　方式方法知识是有关组织、研究、判断和批评的方式方法的知识。

(3)普遍原理知识　普遍原理知识是把各种现象和观念组织起来的主要体系和模式的知识,它具有高度抽象和非常复杂的水平。

4. 具体知识与抽象知识　根据知识的不同抽象程度分为具体知识和抽象知识。

(1)具体知识　具体知识是指具体而有形的、可通过直接观察获得的信息。

(2)抽象知识　抽象知识是指不能通过直接观察,只能通过定义来获取的知识。

5. 感性知识和理性知识　根据知识反映的不同深度,分为感性知识和理性知识。

(1)感性知识　感性知识是对事物的外表特征和外部联系的反映,分为感知和表象两种水平。

(2)理性知识　理性知识反映的是事物的本质属性及其各属性之间的本质联系,包括概念和命题两种形式。

二、陈述性知识的学习

(一)知识的理解与保持

1. 知识的理解　理解是学生掌握知识的核心,是知识得以保持、实现迁移与应用的关键。

(1)知识理解的含义和种类　知识的理解主要指学生运用已有的经验、知识去认识事物的种种联系、关系,直至认识其本质、规律的一种逐步深入的思维活动。它是学生掌握知识过程的中心环节。

知识的理解可以按照相应的知识分类而分类。例如,知识的理解可以分为陈述性知识理解和程序性知识理解,或者分为符号理解、概念理解和命题理解。知识的学习也可以按照学习方式分为知识的接受学习、知识的发现学习与知识的支架式学习。

(2)知识理解的水平

①初级水平的理解(又叫知觉水平的理解):这是对客观事物进行“是什么”的揭示。

②中级水平的理解:这是揭露客观事物的“为什么”的问题,揭示客观事物的本质、客观事物之间的联系。

③高级水平的理解:这是个体在揭示客观事物“为什么”的基础上,进一步实现类化、具体化、系统化,把有关事物归入已获得的概念中去的过程。

2. **知识的保持** 知识的保持是通过记忆来实现的。学生对知识理解后能否得到保持、能否备以待用,将影响学生对知识的应用和对新知识的学习。可以运用记忆规律促进知识的保持:

(1)提高加工水平 深度加工是指通过关注记忆材料的细节,以对新材料从多个方面进行感知,或赋予意义并与有关观念形成联想,从而提高保持效率的方法。人们在获得信息时如果能够进行深加工,那么保持效果就能得到提高,而且在提取时也可以获得更多的线索。

(2)多重编码 人们在学习时主要是以语义进行编码的,人们通过理解新信息的意义使其归入自己已有的认知结构的适当地方,从而使所获得的知识保持得更为长久。研究发现,除了语义编码之外,还有形象编码、声音编码甚至动作编码。综合运用这些编码系统可以为以后提取信息时提供更多的线索,从而有助于记忆。

(3)记忆术 运用联想的方法给一些无意义的材料附加一定的意义。

(4)过度学习 指所学材料达到刚刚成诵后的附加学习。研究发现,学习程度在150%左右时,效果较好,即较为合适的过度学习量为50%左右。

(5)合理复习 及时复习效果优于延后复习。一般来讲,分散复习效果好于集中复习。但当学习材料较难、机械成分较多,学生又缺乏兴趣时,宜采用分散复习;当学习材料较易,具有一定的意义,且学生学习兴趣又高,则较宜采用集中复习。

(二)概念原理的理解与保持

1. **概念的获得** 概念的获得是指掌握同类事物共同的关键特征和本质属性,主要有概念形成和概念同化两种方式。

(1)概念形成 概念形成是指在日常生活中逐渐积累经验,从而获得概念的过程。概念形成的条件包括内部条件(学生必须能够辨别概念的正反例)和外部条件(儿童必须能够从外界获得反馈信息)。

(2)概念同化 概念同化是指在已有概念的基础上,以定义的方式直接传授概念的特征,在此过程中,学生必须积极地进行认知活动,而不是被动地接受知识。

2. 概念的学习

(1)概念学习的方式

①规则—例子—规则:这种方法是先给学生一个定义,接着呈现几个正例(反例),然后分析这些例子是如何代表这一定义的。学校所教的概念常常采用这种方式。

②例子—规则—例子:这种方法是先从例子开始的,再根据概念的特征,不断修正推导出适合的概念,最后再呈现相关的例子,对概念加以巩固。这种方法能够帮助学生建构对特殊概念的理解,同时发展学生的实际思维技能(例如检验假设)的能力。

(2)正例与反例

①正例给出了概念外延范围,传递的信息最有利于概括,为了便于学生从例子中概括出共同的特征,还包括了许多的无关因素,但是这些无关因素能防止学生出现概括不足的情况,即把属于这个概念本身的成员排除在外。

②反例与概念本身非常相关,只是少了一个或者几个关键特征,这就防止出现过度概括的情况,即把不属于概念本身的成员包含进来。

(3)变式　变式指概念的正例在无关特征上的变化。这种方法的效率比较高,比较适合高年级或者有了一定基础概念的学生。

3. 原理的学习　原理是对概念之间关系的言语的说明。

(1)原理学习的特征

①概念学习是原理学习的基础。

②原理有不同种类。

③原理不限于语言叙述。

(2)原理学习中的一个重要要求　能用简明的言语叙述概念之间的关系。

(3)原理学习的过程

①学习原理所涉及的概念。

②理解原理所表述的概念间的意义关系。

③将原理内化为控制自己行为反应的内在依据。

(4)原理学习的条件

①内部条件:包括理解组成原理的概念、认知发展水平必须达到一定程度、语言能力、学习动机。

②情境条件:原理学习的主要外部条件体现在语言指令中。

(三)错误概念的转变

1. 错误概念及其性质　在学习科学知识之前,日常经验使得我们对客观世界已具有了一些看法和解释,从而建构了大量自发概念,在这些自发概念中有一些与科学概念相冲突,这就是错误概念。错误概念具有广泛性、隐蔽性和顽固性等特点。

2. 错误概念的转变 概念转变指个体原有的某种知识经验由于受到与此不一致的新经验的影响而发生的重大转变,其实质就是认知冲突的引发和解决的过程。错误概念的转变是新旧知识经验相互作用的集中体现,是新经验对已有经验的影响和改造。

3. 概念转变的影响因素

(1)学习者的形式推理能力。

(2)学习者先前的知识经验:学习者先前知识的强度、一致性和坚信度影响概念转变的可能性。

(3)学生的元认知能力。

(4)学生的动机,对知识、学校的态度。

4. 概念转变的条件 波斯纳提出,一个人原来的观念要发生转变(顺应)需要满足四个条件:

(1)对原有观念的不满。只有感到自己的某个观念失去了作用,学习者才可能改变这一观念。

(2)新观念的可理解性。学习者需懂得新观念的真正含义,而不仅仅是字面的理解,他需要对新观念形成整体的理解和深层的表征。

(3)新观念的合理性。新观念与个体所接受的其他观念、信念是相互一致的,不存在什么冲突,它们可以一起被重新整合。

(4) 新观念的有效性。有效性意味着个体把新观念看作是解释某种问题的更好的途径。

5. 为概念转变而教

(1)创设开放的、相互接纳的课堂气氛。

(2)倾听、洞察学生的经验世界。

(3)引发认知冲突。

(4)创建“学习共同体”,鼓励学生交流讨论。

三、程序性知识的学习

(一)心智技能的形成

1. 心智技能的定义 心智技能是指将已习得的知觉模式、概念、规则运用于实际情境,顺利完成任务的能力;具有内潜性、简缩性和观念性。

2. 加里培林关于心智活动的五阶段理论

(1)*活动的定向基础阶段* 这是一个准备阶段,学生在从事某种活动之前了解做什么和怎么做,从而在其头脑中构成对活动本身和活动结果的定向。

(2)*物质活动或物质化活动阶段* 物质活动是指运用实物的活动,而物质化活动是利用实物的模像进行的活动,物质化活动是物质活动的一种变形。

(3)有声言语阶段 即出声的说话。这一阶段是指学生的学习活动已不直接依赖实物或模像,而用出声的外部言语形式来完成活动。

(4)无声的“外部”言语阶段 这一阶段是出声的言语活动开始向内部言语转化的开始,是一种不出声的“外部言语”。也就是说,学生是以词的声音表象、动作表象作为转换途径。

(5)内部言语阶段 在这一阶段,学生凭借简化了的内部言语,似乎不需要多少意识的参与就能“自动化”地进行智力活动。这一阶段具有简缩和自动化特点。

3. 安德森的心智技能形成的三阶段理论

(1)认知阶段 即了解问题的结构,即问题的起始状态、要达到的目标状态、从起始状态到目标状态所需要的步骤,从而形成最初的问题表征。

(2)联结阶段 在这一阶段,学习者应用具体的方法来解决问题,主要表现在把某一领域的描述性知识“编辑”为程序性知识;其间将出现合成与程序化两个子过程。

(3)自动化阶段 在这一阶段,个体对特定的程序化知识进行深入加工和协调。

4. 冯忠良的心智技能形成的三阶段理论

(1)原型定向 原型定向指了解心智活动的实践模式或原型活动的结构。

(2)原型操作 原型操作指学习者依据心智技能的实践模式,以外显的操作方式执行在头脑中应该建立的活动程序和计划。

(3)原型内化 原型内化指心智活动的实践模式向头脑内部转化。

(二)认知策略的学习

1. 陈述性知识认知策略

(1)复述策略 复述策略指在工作记忆中为了保持信息,运用内部语言在大脑中重新学习材料或刺激,以便将注意力维持在学习材料之上的策略。

①利用记忆规律。

②合理进行复习。

③自动化:通过操练和练习获得。

④亲自参与。

⑤情景相似性与情绪生理状态相似性:分别在不同的情境、不同的情绪、生理状态下进行复习,以求回忆时的情境与情绪或生理状态和复习时相似。

⑥培养心向、态度与兴趣。

(2)精细加工策略

①记忆术:包括位置记忆法(与熟悉的某种地点顺序相联系)、首字联词法(利用每个词的第一个字形成一个缩写)、谐音联想法(运用联想假借意义)、琴栓－单词法(将数字和

单词联系起来，形成心理图像）、关键词法（将新词或概念与相似的声音线索词，通过视觉表象联系起来）、视觉联想法（形成心理想象帮助对联想的记忆）。

②灵活处理信息：有意识记、主动应用、利用背景知识。

(3)组织策略

①列提纲：以简要的词语写下主要和次要的观点，以金字塔的形式呈现材料的要点。

②做图表：做系统结构图、概念关系图。

③运用理论模型：采用图解的方式说明某个过程之间的要素是如何相互联系的。

2. 过程性知识认知策略 过程性知识用于信息的转换，可分为模式再认知识和动作系列知识。

(1)模式再认知识 模式再认知识涉及对刺激的模式进行再认和分类的能力，比如，识别某个概念的一个新事例。模式再认过程是通过概括和分化过程来学习的。

(2)动作系列知识 学习动作系列时，动作系列首先是当作构成整个过程的一系列步子来学习的，学习者必须有意识地执行，一次执行一步，直到过程完成。开始时，每一步都要有意识地去做，效率很低。但随着练习，这一过程会达到自动化的程度，从而让工作记忆去完成其他任务。

但是，这样一来也产生了定势效应，也会妨碍处理重要信息。

3. 认知策略形成的条件

(1)内在条件

①学生要有一定的先备知识。

②学生的反省认知能力要达到一定水平。

③学生的动机要保持在适当水平。

④要具备一定心智技能。

(2)外在条件

①教师所提供的教材要适合学生的能力经验。

②教师应适时提供练习机会且予以适当的反馈。

③要采用适当的分解性策略。

④适当使用条件化策略。

4. 认知策略的一般学习阶段

(1)陈述性知识阶段 学习有关认知策略的陈述性知识。

(2)变式练习阶段 学会在不同情境下运用适当的认知策略。

(3)反省认知阶段 在大量变式练习的基础上，体会到不同策略适当运用与不适当运用的条件，从而能在新情境中正确地迁移。

(三)动作技能的学习

1. 动作技能的含义和特点　动作技能是在练习的基础上形成的,按某种规则或程序顺序完成身体协调任务的能力;具有物质性、外显性和扩展性。

2. 动作技能的种类(加涅)

(1)粗大技能与精细技能

①粗大技能:指运用大肌肉,经常要涉及整个身体的运动技能,如游泳。

②精细技能:主要局限在狭窄的空间内进行并要求较为精巧的协调动作,主要表现为腕关节和手指的运动,如弹钢琴。

(2)连贯技能与不连贯技能

①连贯技能:指以连续、不间断的方式完成一系列动作,如骑车、跑步、游泳等。

②不连贯技能:指具有可以直接感知的开端和终点,完成动作的时间相对短暂,如打字、射击等。

(3)封闭性技能和开放性技能

①封闭性技能:是一种完全依赖内部肌肉反馈作为刺激指导的技能,如跳水、自由体操、舞蹈等。

②开放性技能:也称开放环路技能,主要依赖于周围环境提供的信息,正确地感知周围环境成为运动调节的重要因素,它要求人们具有处理外界信息变化的能力和对事件发生的预见能力,如足球、排球等。

3. 动作技能的形成

(1)菲茨与波斯纳的三阶段模型

①认知阶段:即学习者通过指导者的言语讲解或观察别人的动作示范,了解、领会技能的要求、基本程序,掌握组成技能的局部动作。其主要特点是形成动作映像。

②联系阶段:即学习者把局部动作综合成更大单位或者"组块化",以形成一个连贯的初步动作系统的阶段。其主要特点是练习者的视觉控制作用减弱,动觉控制作用逐步提高,动作间的相互干扰减少,紧张度有所减弱,其余动作趋于消失。

③自动化阶段:即学习者动作的协调和技能的完善阶段,是动作技能形成的最后阶段。其主要特点是各局部动作联合成一个完整的、自动化的动作系统,多余动作和紧张状态已经消失,动作几乎不需要有意识控制。

(2)冯忠良的四阶段模型

①操作的定向:了解操作活动的结构与要求,在头脑中建立操作活动的定向影响的过程。

②操作的模仿:实际再现特定的动作方式或行为模式。

③操作的整合:把模仿阶段习得的动作固定下来,并使各动作成分相互结合,成为定

型的、一体化的动作。

④操作的熟练:指所形成的动作变式对各种变化的条件具有高度的适应性,动作的执行达到高度的完善化和自动化。

四、学习的迁移

(一)学习迁移的类型

学习迁移是指一种学习对另一种学习所产生的影响,或习得的经验对完成其他活动的影响。从不同角度,可以有不同的分类。

1. **根据迁移的性质分类** 分为正迁移、负迁移与零迁移。

(1)正迁移 正迁移指一种学习对另一种学习起到积极的促进作用。如,平面几何的学习促进立体几何的学习。

(2)负迁移 负迁移指两种学习之间互相干扰、阻碍。如,汉语拼音的学习可能会干扰对英文字母的学习。负迁移经常表现为僵化的思维定势,缺乏灵活性、变通性。

(3)零迁移 零迁移指两种学习间不存在直接的互相影响。

2. **根据迁移的时间顺序分类** 分为顺向迁移与逆向迁移。

(1)顺向迁移 先前的学习对后来学习的影响,叫作顺向迁移。

(2)逆向迁移 逆向迁移是指后面的学习影响着前面学习所形成的经验结构,使原有的经验结构发生一定的变化,使之得到充实、修正、重组或重构。

3. **根据迁移的发生方式分类** 分为一般迁移(非特殊迁移)与具体迁移(特殊迁移)。

(1)一般迁移 一般迁移也称普遍迁移、非特殊迁移,是指将学习中习得的原理、方法、策略或态度迁移到另一种学习中去。

(2)具体迁移 具体迁移也称为特殊迁移,指一种将学习中的习得的具体的、特殊的经验直接运用到另一种学习中去。

4. **根据迁移的范围分类** 分为近迁移、远迁移与自迁移。

(1)自迁移 自迁移是指个体所学的经验影响着相同情景中的任务操作。

(2)近迁移 近迁移指,个体把所学的经验迁移到与原初学习情景相似的情境中。如,某些学科之间的迁移。

(3)远迁移 远迁移是指个体把所学的经验迁移到与原初学习情境极不相似的情境中。如,将校内学习的知识经验迁移到校外的实际生活中去。

5. **根据迁移内容的不同抽象程度和概括水平分类** 分为水平迁移与垂直迁移。

(1)水平迁移 水平迁移也称横向迁移、侧向迁移,是指处于同一抽象和概括水平的经验之间互相影响。学习内容之间的逻辑关系是并列的。如,直角、钝角、锐角等的学习。

(2)垂直迁移 垂直迁移又称纵向迁移,是指处于不同抽象概括水平的经验之间互相影响。垂直迁移表现在两个方面:自下而上的迁移、自上而下的迁移。

①自下而上的迁移:下位的较低层次的经验影响着上位较高层次的经验的学习。如,对具体事例的学习有助于相关概念和原理的理解。

②自上而下的迁移:上位的较高层次的经验影响着下位的较低层次的经验的学习。如,"角"这一概念的掌握对直角、锐角等的学习有一定影响。

6. **根据迁移的自动化程度分类** 分为低通路迁移与高通路迁移。

(1)低通路迁移 低通路迁移是指反复练习的技能自动化地迁移。

(2)高通路迁移 高通路迁移是指有意识地将在某一种情境下习得的抽象知识运用到新的情境中。

(二)学习迁移的经典理论

1. **形式训练说** 形式训练说以官能心理学为基础。人类的心理由观察、注意、记忆、思维、想象等许多不同的心理官能构成。这些官能就像人的肌肉一样,可以通过训练得到增强,官能训练的重点在于训练的形式。该学说认为迁移要经过一个"形式训练"的过程,迁移是无条件的、自动发生的,而且是永久的,终身受用。

训练和改进各种心理官能是教学的重要目标,教育的任务就是改善学生的各种官能,而改善以后的官能就能自动地迁移到其他的学习活动之中。

按照形式训练说的观点,传递知识没有训练官能重要,知识的价值仅在于作为训练官能的材料。学校开设的学科,不必重视其实用价值,关键是看其对官能的训练价值。该学说导致了学校教育忽视教学内容及其应用价值的不良倾向。

2. **相同要素说** 桑代克和伍德沃斯曾以严密的实验来检验形式训练说,通过一系列实验,桑代克提出了相同要素说。桑代克认为,只有两个机能之间有相同元素时,才能有迁移。相同要素即相同的刺激与反应联结,相同联结越多,迁移越多。后来,伍德沃斯将相同元素改为共同成分。

1901 年,桑代克的面积估计实验为其理论提供了支持。该实验以大学生为被试,分三个阶段。第一个阶段是预测,让被试估计 127 个长方形、三角形、圆和不规则图形的面积,预测他们判断面积的一般能力;第二个阶段是训练,让被试估计 90 个各种大小不同的平行四边形面积,进行充分的练习,直到获得很大进步为止;第三个阶段是测验,有两种测验:一种是让被试估计 13 个与训练图形相似的长方形的面积,另一种是让被试估计 27 个三角形、圆和不规则图形的面积,这 27 个图形是在预测中使用过的。结果发现,被试对长方形面积的判断成绩提高了,而对三角形、圆和不规则图形面积的估计成绩没有提高。此外,桑代克在长度和重量及记忆和注意方面的实验也得到了相似的结果。

3. **概括化理论** 概括化理论,也叫经验泛化说。贾德用水下打靶实验说明了原理、概括化的经验在迁移中的作用。概括化的原理和经验是迁移发生的关键,对原理学习得越透彻,对新情境的适应性就越强,迁移就越好。概括化的过程不是自动化的,与教学方法密切相关。

水下打靶实验:实验以小学五六年级的学生为被试,分为 A、B 两组,让他们练习用镖枪射击水下的靶子。A 组学生在射击之前对其充分解释光在水中的折射原理,对 B 组被试则不讲。在开始进行投掷练习时,靶子置于水下 1.2 寸处,结果两组学生成绩相同。也就是说,开始的测验中,理论学习对于练习似乎没有作用,这可能是因为所有的学生刚开始学习使用镖枪,理论说明还不能代替练习。但是,当把靶子移至水下 4 英寸处,A 组学生在速度和准确度上都大大超过了 B 组学生。这说明,原理的学习产生了作用。

4. **关系转换说** 格式塔学派从理解事物关系的角度对经验类化的迁移理论进行了重新解释。该学派认为,事物间关系的顿悟是迁移产生的决定因素。

苛勒曾做过"小鸡(幼儿)觅食实验"为其观点提供了支持。在实验中,苛勒先训练小鸡(或幼儿)在两种深浅不同的灰色纸下寻找食物,让小鸡(或幼儿)形成对深灰纸和浅灰纸的分化性条件反射。多次训练后小鸡(或幼儿)学会从深灰纸下面取得食物,即对深灰色纸产生食物性条件反射,对浅灰色纸没有。之后,变换情境,保留深灰色纸,用黑色纸取代浅灰色纸,观察小鸡(或幼儿)从哪个纸下面寻找食物。结果发现,小鸡从黑色纸下面寻找食物的反应为 70%,幼儿从黑色纸下面寻找食物的反应则为 100%。这说明,对关系的顿悟起了作用。

5. **奥斯古德的逆向曲面模型** 奥斯古德考查了学习材料的相似性和反应的相似性两个维度的组合与迁移效应之间的关系,并用三维曲面图表示出来,得到了"迁移的逆向曲面模型"。但是,其实验数据来自机械学习——对偶联想学习,不能说明高级学习的实质。

6. **能力论** 能力论把迁移解释为能力的增加。迁移的发生依赖于新学习中需要什么能力和旧经验中已学到的能力。两者重叠越多,迁移效果越好。

7. **分析—概括说** 鲁宾斯坦从迁移过程入手,探讨了迁移中所涉及的认知问题。他认为概括是迁移发生的基础,概括本身是揭示本质联系的那种分析的结果。

8. **布鲁纳的迁移观** 布鲁纳认为,学习是类别及其编码系统的形成过程,迁移就是把习得的编码系统用于新的事例中。正迁移是把适当的编码系统应用于新的事例;负迁移是把习得的编码系统错误地应用于新事例。他将迁移分为两类:①特殊迁移,是指将一种学习中习得的具体的、特殊的经验直接迁移到另一种学习中去,主要包括动作技能和机械学习的迁移。②一般迁移,即基本概念、基本原理、基本方法和基本态度的迁移。布鲁纳认为,一般迁移是教育过程的核心。

9. **认知迁移理论** 罗耶假设:人类记忆是一种高度结构化的储存系统,人类是以一种系统方式储存和提取信息的;知识结构的"丰富性"并不是始终一致的。迁移的可能性取决于在记忆搜寻过程中遇到相关信息或技能的可能性。

10. **学习定势说** 该学说认为,先前学习对后继同类或相似课题学习的影响,是由先前学习中所形成的学习定势造成的。

哈洛在1949年做的一个实验揭示了这一现象。他对猴子进行辨别训练，在猴子面前呈现两个物体，如立方体和立体三角形，在一个物体下面藏着葡萄干（强化物）。几次尝试后，猴子很快知道葡萄干藏在立方体下面。之后，立即呈现另一个类似的问题，如两个物体均为立方体，但颜色不同，一个白色，一个黑色。猴子必须进行新的学习以解决这个新的辨别问题，习得之后，再呈现一个新的辨别问题，如此继续多次。结果发现，猴子解决问题的速度越来越快。这说明，猴子已经获得了解决问题的学习定势。

（三）学习迁移的现代理论

1. 奥苏伯尔的认知结构迁移理论 认知结构迁移理论认为，有意义的学习都是在原有认知结构基础上进行的，有意义的学习中一定有迁移。认知结构是迁移得以产生的重要中介。影响学习迁移产生的关键变量是原有认知结构的可利用性、稳定性和可辨别性。①可利用性：认知结构中要具有能够同化新知识的概括性、包容性更强的先前经验。②稳定性：认知结构中的先前经验必须被牢固地掌握。③可辨别性：认知结构中先前经验的各成分之间及其新旧经验之间能够清晰分辨。

设计适当的“先行组织者”来影响认知结构变量是促进学习与迁移的重要策略。1961年，奥苏伯尔做了一个实验，为其观点提供了支持。实验中，让被试先学习基督教知识，经过测验将被试成绩分为中上和中下水平。之后分成三个等组：第一组学习佛教材料前，先学习一个比较性组织者（指出佛教和基督教的异同的材料）；第二组在学习佛教材料前，先学习一个陈述性组织者（介绍一些佛教观念的材料，其抽象水平与要学习的材料相同）；第三组在学习佛教材料前，先学习一个有关佛教历史和传记的材料。在实验后的第三天和第十天进行了保持测验，结果发现：原先基督教知识掌握较好的被试，在学习佛教知识后测试成绩均优，这说明原有知识掌握得较好，有助于新知识的学习与迁移；第一组和第二组组内的成绩差异比第三组小，第一组、第二组的中下者的成绩也比第三组中下者好。这说明，先行组织者对新知识的学习与迁移有促进作用，它可以缩小原有的成绩差距，对原有知识掌握不牢的学生帮助更大。

2. 符号性图式理论 霍利约克认为当原有的表征与新的表征相同或相似时，即产生迁移。图式匹配或表征相同是迁移的决定因素。为了产生迁移，学习者必须获得充分的一般性符号图式，必须能将不同事件的特征匹配到已有的符号图式中。

3. 产生式理论 产生式理论是安德森研究认知技能迁移时提出来的。产生式是认知的基本成分，一个产生式法则包括一种条件表征和一种动作表征。条件表征用于再认情境中的特征模式，动作表征用于形成一种符号性信息。

个体在学习任务中所形成的表征是产生式法则的集合，若两表征含有相同的产生式或产生式的交叉重叠，则可以产生迁移，产生式重叠越多，迁移量越大。产生式是决定迁移的一种共同要素，但是这种共同要素更侧重认知成分。

安德森以打字熟练的秘书人员为被试做了一个实验,为其观点提供支持。实验中,被试分为三组:A组学习EMACS编辑程序之前,先根据已经做好标记的文本练习打字;B组先练习另一种编辑程序,后练习EMACS编辑程序;C组为控制组,从头至尾一直学习EMACS编辑程序。实验共6天,被试每天练习或学习3个小时。结果发现:A组被试,前四天练习打字、后两天练习EMACS编辑程序,其成绩与C组被试前两天相似;B组被试,前两天练习另一种编辑程序、后两天练习EMACS编辑程序,其成绩明显好于A组;C组被试,前四天成绩显著进步,第五天起相对稳定。这说明两种编辑程序之间的共同的产生式发挥了作用。

4. **结构匹配理论** 金特纳认为迁移主要是通过类比产生的,他假定迁移过程中存在着一个表征匹配的过程,表征包括事件的结构特征、内在关系与联系等,若两表征匹配,则可以产生迁移。其中,事件的结构特征或本质的关键特征的匹配在迁移过程中起决定作用,抽象的表征是在迁移情境中构建的。

5. **情境性理论** 格林诺认为,迁移问题主要是说明在一种情境中学习去参与某种活动,将如何影响在不同情境中参与另一种活动的能力。学习是个体与环境中事件的相互作用,是对情境中所具有的特征的一种适应。通过相互作用而形成的是动作图式,该图式是活动的组织原则,而不是符号性的认知表征。迁移就在于如何以不变的活动结构或动作图式来适应不同的环境。

(四)学习迁移的促进

学习迁移的促进可以从主观因素和客观因素两个角度来入手。

1. **主观因素**

(1)智力 智力较高的人容易发现学习之间的相同要素及其关系,善于总结学习内容的原理原则,能较好地将先前学习到的学习策略、方法等知识应用到后来的学习中。

(2)认知结构 包括原有经验的水平、组织性和可利用性。

①当学习到一定程度后,原有经验水平越高,迁移量越大。

②原有经验组织性越高,即抽象性、概括性和丰富性越高,迁移的量和水平越高。

③学习者原有的认知技能和元认知技能影响原有经验的可利用性,进而影响迁移的发生。

(3)对学习和学校的态度 对学习和学校持积极态度的学生,会主动将所学知识应用到不同的情境中,从而促进迁移的发生。

(4)学习的定势 学习定势是指由先前学习引起的,对以后的学习活动能产生影响的心理准备状态,对学习具有定向作用。学习定势既能产生正迁移,也能导致负迁移,关键在于学习者能否准确把握不同学习情境的特征。

2. **客观因素**

(1)学习材料的特点

①根据共同要素说,学习材料之间的共同要素越多,即相似性越高,越容易产生迁移。

②具有良好组织结构的、较高逻辑层级和使用价值的材料或知识能促进学生的积极迁移。

(2)教师的指导　教师在教学时有意地引导学生发现不同知识之间的共同点,启发学生进行概括总结,能促使学生产生迁移。

(3)学习情境的相似性　学习时的场所、环境布置,以及教学或测验人员越相似,越能促使学生利用相关线索,从而促进学生的迁移。

(4)迁移的媒体　有时两个学习情境之间不能直接发生联系时,需要借助一定媒体以促进迁移的发生,而选择媒体的正确与否将影响迁移的发生及其性质。

第四部分　人格心理学

学科地位

人格心理学(personality psychology)研究现实的人,探求、描述和揭示个人思想、情绪及行为的独特模式,并综合诸多足以影响个人的各种环境交互作用的过程,包括与生物学的、发展的、认知的、情绪的、动机的和社会的种种交互作用,进而对现实社会中的个人作整体性解释。

知识框架

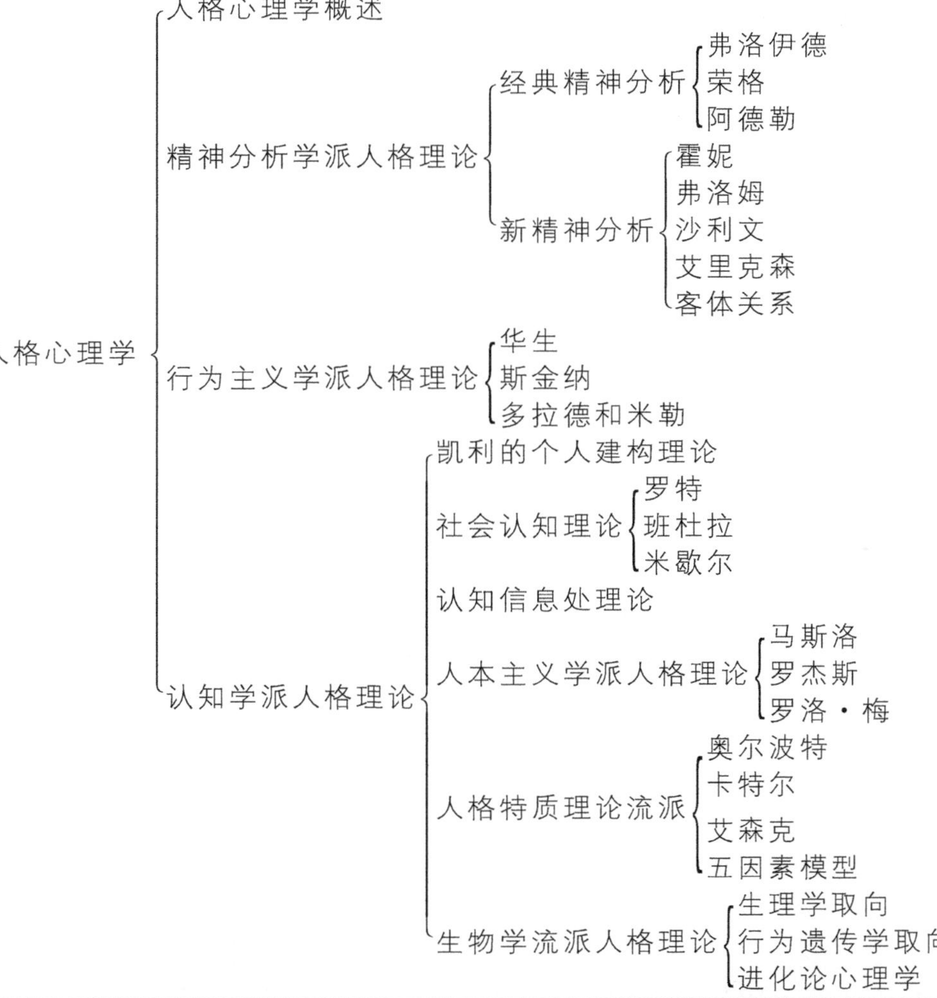

第一章　概　述

一般认为,1937 年美国心理学家奥尔波特的《人格:心理学的解释》和 1938 年美国心理学家默瑞的《人格研究》的出版,标志着现代人格心理学的诞生。

一、人格的含义和特性

(一)含义

人格是个体在先天生物遗传素质的基础上,通过与后天社会环境的相互作用而形成的相对稳定的、独特的心理行为模式。

(二)特性

1. **独特性**　人格的独特性是指人与人之间的心理和行为是各不相同的。一个人的人格是在遗传、成熟、环境、教育等先天后天因素的交互作用下形成的。不同的遗传环境、生存及教育环境,形成了各自独特的心理特点。

2. **稳定性**　人格的稳定性是指个体的人格特征具有跨时间和空间的一致性。反映在三个方面:

(1)人格形成　某种人格特点一旦形成,就相对稳定下来了,要想改变它是有难度的。

(2)人格表现　人格特征具有在不同时空下表现出一致性的特点,即在不同时间、不同情境下人格表现出一致性。它有两种表现形式:①平均水平上的稳定性;②个体间的人格稳定。

(3)人格特征　人格特征是指一个人经常表现出来的稳定的心理与行为特点,那些暂时、偶然表现出来的行为不属于人格特征。

3. **统合性**　人格的统合性是指人格是一个系统,系统中包含有各种人格结构成分与功能,人格的各种成分都处于一个统一的相互依赖的关系之中,这种结构关系赋予了每一种成分特殊的含义,把某一部分从结构关系中孤立出来研究将会失去许多重要价值。当一个人的人格结构各方面彼此和谐一致时,人们就会呈现出健康的人格;否则,就会使人发生心理冲突,产生各种生活适应困难,甚至出现人格分裂。

4. **功能性** 人格的功能性是指人格对于人们生活方式、命运的决定作用。人们经常会使用人格特征来解释某人的言行及事件的原因,且对于认知与智力也有重要的影响。当人格具有功能性时,表现健康而有力,支配着一个人的生活与成败;而当人格功能失调时,就会表现出软弱、无力、失控,甚至变态。人格教育目的就在于提高健康人格的功能性,使人在生活中,特别是在逆境中,获得积极的行为结果。

二、人格的成因

(一)遗传与生理因素

1. 遗传因素

(1)*家族史或家谱法* 家族史或家谱法是通过研究前代人的某种人格特征在家系内后人身上得到显现的频率,用以说明某种人格特征的遗传性和遗传形态。主要研究有:英国高尔顿依据达尔文的生物遗传理论首次提出了行为遗传学说,并编写了《遗传的天才》一书。高尔顿对18世纪美国独立战争时期一名军人的家系进行了研究,并把研究结果做成系谱图,证明了遗传因素的重要影响。

(2)*双生子研究* 双生子研究是研究人格遗传因素的最好方法。多通过比较同卵双生子和异卵双生子的差异来进行研究。研究者认为同卵双生子之间的差异可能是由环境造成的,而异卵双生子的差异可能是由基因决定的。主要研究有:

①弗洛德鲁斯等人对瑞典的1200名双生子做了人格问卷的施测,结果表明在外向和神经质这两个人格特征上具有较强的遗传成分。

②20世纪80年代,明尼苏达大学对成年双生子的人格进行比较研究。结果发现同卵双生子的相似性比异卵双生子高很多,分开抚养的与未分开的同卵双生子具有同样高的相关。

(3)*收养研究* 研究在非亲生父母照料下成长的孩子,称为收养研究。这种研究提供了研究基因效应和环境影响的另一条途径。收养研究和双生子研究提供了一个相似的信息:对于外倾型人格,孩子们越长大越像他们的亲生父母,并不像收养他们的父母。在同一个家庭中长大并不能使一个人和他的兄弟姐妹或父母相像,除非他与他们有遗传关系。

(4)*选择性饲养* 选择性饲养的实验研究多用动物来做,程序是:选择具有某种特质的动物,予以控制性交配,然后从第二代中再选出具有该特质的动物,相互交配,然后从第三代中再选出具有该特质的动物,相互交配,如此繁衍数代,来考察其特质的遗传性。

(5)*早晚期行为差异的对比研究* 早晚期行为差异的对比研究是通过婴儿早期行为与长大后的行为差异来看遗传因素的作用的。

心理学家卡根(Jerome. Kagan)基于以往对上百名儿童的观察,提出了气质的两种类型:羞怯和非羞怯。他的核心假设是,婴儿遗传了生理机能上的差异,从而导致他们在新环境中反应的差异,这些遗传的差异会随着发展而保持稳定。

(6)体质差异研究　体质差异研究强调身心关系,自古以来就存在着人的身体特征与人格有关的观点。

德国精神病学家霍夫曼从遗传生理学的立场来研究人格,对历史上各种人物性格进行了系统考察,试图分析人格结构中的遗传因子。德国精神医学家克瑞奇米尔将体形分为肥胖型、瘦长型、健壮型和畸异型四种,对应不同的性格特征。美国心理学家谢灵顿以正常人为被试,也发现了体型和性格的关系,他将体型分为内胚叶型、中胚叶型和外胚叶型三种。

2. 生理因素

(1)生物化学　基恩·约翰斯加德认为,具有T型人格者生来可能就有一种"寻求刺激"的基因。《自然遗传学》载文说明了这一观点,研究者也发现了这种基因,它可以使大脑对神经传递素多巴胺的反应特别灵敏。约翰斯加德称这个受体为大脑的"感觉良好区"。布鲁纳等人发现,一个大家庭中许多男性出现有规律的暴力冲动行为,他们身上的单胺类氧化酶A的基因发生了简单突变。分子遗传学将神经递质和神经症联系到了一起。如,五羟色胺(5－HT)被认为与焦虑和抑郁有关。

(2)脑功能定位　盖尔试图将病人生前的能力、秉性和特质与尸检所发现的脑差异联系起来。特别是关注人格与所检查到的脑外伤之间的关系。艾森克认为,影响外倾性的大脑系统是皮质网状结构。斯腾伯格对外倾性和P300对图画的注意引出反应的关系进行了研究。边缘系统中的杏仁核也是研究者们关注的部位。杏仁核在动机和情绪过程中发挥着重要作用。左右半球优势也是内外向人格研究的重点。依据卡根的研究报告,内向的孩子的右半球表现出较高的活动水平,而那些非内向的孩子则左半球的活动占优势。

总之,遗传是人格不可缺少的影响因素,对人格的作用程度因人格特征的不同而异,人格发展过程是遗传与环境交互作用的结果,二者不存在"全或无"的情况。遗传因素影响人格的发展方向及形成的难易。

(二)家庭与早期经验

1. 家庭成因　家庭是社会的细胞,家庭不仅具有其自然的遗传因素,也有着社会的"遗传"因素。这种社会遗传因素主要表现为家庭对子女的教育作用。

(1)父母人格的影响力　孩子的人格是在与父母持续相互作用的过程中逐渐形成的。一般研究者把父母的人格分成三类,分别是:专断型、放纵型、民主型,这三种人格造就了具有不同人格特征的孩子。

①专断型人格的父母对子女过于支配,孩子的一切由父母来控制,会使孩子形成消

极、被动、依赖、服从、懦弱等特点，做事缺乏主动性，甚至不会诚实。

②放纵型人格的父母对孩子过于溺爱，让孩子随心所欲，父母对孩子的教育甚至达到失控状态，会使孩子形成任性、幼稚、自私、野蛮、无礼、独立性差、唯我独尊、蛮横胡闹等性格特点。

③民主型人格的父母与孩子在家庭中处于一个平等和谐氛围中，父母尊重孩子，给孩子一定的自主权，并给予孩子积极正确的指导，使孩子形成一些积极的人格品质，如活泼、快乐、直爽、自立、彬彬有礼、善于交往、富于合作、思想活跃等。

（2）家庭教养方式　贝克描述了“温暖－敌意”与“限制－放纵”这两种不同教养方式的交互作用对子女人格形成的影响。“温暖”虽然是父母应该具有的良好特征，但其对子女所产生的效果却要看它与父母其他特征如何匹配的。

利维对“过于保护型”母亲进行了研究，这种母亲在与子女的关系上有三个显著特点：一是与孩子接触太多，二是人为地延长孩子的“婴儿照顾期”，三是禁止孩子的独立行为。这种“过于保护型”母亲还会表现出两种不同的教养方式，从而导致了孩子不同的人格特点。保护－纵容型母亲会使孩子变成“小霸王型人格”；保护－支配型母亲会使孩子变成“温顺的乖孩子”，男孩子会有“女孩子气”。这两类母亲对孩子的教养都造成了孩子的人格弱点。

1990 年研究者依据家庭中两代人之间的“独立－依赖”关系，归纳出了 XYZ 三种典型的家庭模式。X 型家庭模式中，父母与子女在物质与情感上的关系都是相互依赖的，亲子关系的取向是顺从，属于集体主义模式。Z 型家庭模式中，两代人之间在物质和情感上都是相互独立的，亲子关系的取向是独立的，属于个人主义模式。Y 型家庭模式将上述两种模式辩证地综合在一起，强调在物质上的独立，在情感上的相互依赖。

因此，家庭教养方式不当，会使孩子形成不良的人格特征。

2. **早期童年经验**　麦肯侬指出“早期的亲子关系定出了行为模式，塑成一切日后的行为”。

人格发展的确受到童年经验的影响，幸福的童年有利于儿童向健康人格发展，不幸的童年也会引发儿童不良人格的形成，但二者不存在一一对应的关系，溺爱也可使孩子形成不良人格，逆境也可磨炼出孩子坚强的性格。早期经验不能单独对人格起决定作用，它与其他因素共同来决定人格。早期儿童经验是否对人格造成永久性影响因人而异，对于正常人来说，随年龄的增长、心理的成熟，童年的影响会逐渐缩小、减弱，其效果不会永久不衰。

总之，家庭是社会文化的媒介，它对人格具有强大的塑造力；父母教养方式的恰当性会直接决定孩子良好人格特征的形成；父母在养育孩子的过程中，表现出了自己的人格，并有意无意地影响和塑造着孩子的人格，形成家庭中的“社会遗传性”。

(三)学校与社会文化

1. 学校

(1)教师的管理风格　教师对学生人格的发展具有指导定向作用。

每个教师都有自己的风格,这种风格为学生设定了一个“气氛区”,在教师的不同气氛区中,学生有不同的行为表现。洛奇在一项教育研究中发现:在性情冷酷、刻板、专横的老师所管辖的班集体中,学生的欺骗行为增多。

勒温等人也研究了不同管教风格的教师对学生人格的影响作用。发现在专制型、放任型和民主型的管理风格下,学生表现出不同的人格特点。专制型管理风格下,学生作业效率提高,对领导依赖性加强,缺乏自主行动,但常有不满情绪;放任型管理风格下,学生作业效率低、任性,经常发生失败和挫折现象;民主型管理风格下,学生完成作业的目标是一贯的,行动积极主动,很少表现出不满情绪。

另外,教师的公正性、奖惩措施、教师的人格特征与学生人格特征的和谐性也常常会影响教育实施的力度及有效性。

(2)同伴集体　学校是同龄群体会聚的场所,群体对学生人格具有巨大的影响。班集体是学校的基本团体组织结构,班集体的特点、要求、舆论和评价对于学生人格发展具有“惩恶扬善”的作用。

总之,学校对人格形成与发展的影响是不可忽视的,其作用主要体现为:教师对学生人格发展具有导向作用,同伴群体对人格发展具有“弃恶扬善”的作用,学校是人格社会化的主要场所。

2. 社会文化　社会文化塑造了社会成员的人格特征,使其成员的人格结构朝着相似性的方向发展,而这种相似性又具有维系一个社会稳定的功能。这种共同的人格特征又使得个人正好稳稳地“嵌入”整个文化形态里。

(1)民族性格的差异　社会文化具有对人格的塑造功能,这反映在不同文化的民族固有的民族性格。

米德等人研究了新几内亚的三个民族的人格特征,她发现来自同一祖先的不同民族各具特色,鲜明地体现了社会文化对人格的影响力。

(2)文化价值观念的差异　跨文化研究是通过比较不同社会文化下的差异来确定文化对人格影响作用的研究模式。

瑞斯曼曾描述社会特征对人格的影响,提出三种社会形态:传统取向、内心取向和他人取向。传统取向者的人格特征是顺从传统和社会秩序,注意与他人之间的既定关系,注意文化赞同的目标,害怕违反社会行为规范;内心取向者的人格特征正好相反,注重金钱、物质和权力,不愿违背内在原则,其内在标准是由其父母或某一权威人物深植在他心中的一套目标,他力求达成这一目标;他人取向者注重顺从他人,常为自己人缘不好或不受他人喜欢而感到焦虑。

总之,社会文化对人格的影响历来就被人们认可,其作用可归纳为:社会文化对人格具有重要的作用,特别是后天形成的一些人格特征;社会文化因素决定了人格的共同性特征,它使同一社会的人在人格上具有一定程度的相似性。

综上所述,人格是遗传和环境交互作用的结果,遗传决定了人格发展的可能性,环境决定了人格发展的现实性。

三、人格心理学的研究方法

(一)数据来源

1. **自我报告数据**(S-Data)　个人信息的最明显来源也许是自我报告数据,即个人依据某些程序,如问卷或访谈所提供的信息。可以通过多种方法获得自我报告的数据,包括向个体提问题的访谈,个体记录并定期汇报所发生的事件以及各类问卷。

2. **观察者报告数据**(O-Data)　在日常生活中,我们会对交往对象形成某种印象并做出评价。而对于每一个人,通常会有许多观察者对其形成这样或那样的不同印象。我们的朋友、家人、老师和邂逅者都是我们人格特征的潜在信息源。观察者报告的数据利用这些资源为我们提供了有关个体人格的信息。

3. **测验数据**(T-Data)　除了自我报告和观察者报告的数据外,第三种常见的人格信息源是标准化测验,即测验数据。在这样的测量中,受测者被置于一种标准化的测验情境中,目的是考察不同的人对相同的情境是否做出不同的反应。研究者设计情境引发某种行为,以此行为作为人格变量的指标。

4. **生活史数据**(L-Data)　生活史数据是指从可供公开查阅的个体生活事件、活动和结果中搜集到的信息,包括个体的结婚、离婚,参加俱乐部信息,工作中的成就,创作的作品等重要生活结果。这些都可以被视为人格的重要信息源。生活史数据可以被视为关于人格的真实生活信息的重要来源。

(二)研究设计

人格心理学研究领域中有三种基本的研究设计:实验研究、相关研究和临床研究。

1. **实验研究**　实验研究方法要求严格控制条件,系统地操纵某个或多个变量(自变量),以期导致另一个或另一些变量(因变量)的某种变化,从而做出因果性的结论。

对于确立变量之间的因果关系,实验法是比较理想的。

2. **相关研究**　研究主要运用测量与统计的方法,在相同条件下,考察一组被试的两个或者更多个变量之间的定量关系,由此来确定这些被试之间在某种人格特征上的差异,以及人格特征之间、人格特征与别的因素之间的相关情况。

相关研究的方法起源于英国学者高尔顿的研究。确定日常生活中的两个或多个变量之间的关系,使用相关研究是非常理想的。

3. **临床研究** 临床研究亦称为个案研究,这种方法着重从个体化和特殊性方面去研究人格,以独特的个体为研究对象,通过谈话、观察、作品分析等方法广泛地收集材料,以便对个体的人格进行全面和准确的定性描述,进行系统而深入的研究。

这种研究方法源于19世纪以沙可(J. Charcot)为代表的法国临床精神病学对病人的诊断与研究方法。个案研究非常适用于提出假设,这些假设可经后续的相关或实验法进行检验。个案研究可被用于确认个体心理功能的模式,这在相对严格的人为实验设计和受到限制的相关设计中,可能会被忽视。

四、人格心理学的特点

(一)在研究内容上侧重于人的心理差异

最初发现并研究个体心理差异现象的是英国人高尔顿,他在测量人的颜色知觉、反应时和听觉灵敏度等心理机能时发现了人与人之间存在的心理差异,从此开创了差异心理学。人格心理学家研究的不是认知过程,而是认知风格。

(二)在研究策略上强调人格的整体统合性

1. **微观研究策略** 微观研究策略是认知心理学所倡导的主导研究策略,这种策略遵循的是一条从下至上的研究路径,结合实验依据归纳出一般规律,认知心理学研究者先将整体的内容切分成部分后再研究,将所研究的心理单元与其他不涉及的单元分开,以防止被试心理反应出现“污染”现象。

2. **宏观研究策略** 宏观研究策略是人格心理学所倡导的主导研究策略,遵循的是从上至下的研究思路,由人格理论出发,获得实证研究的支持;从人格心理学的发展历程上也能看出这一特点,人格心理学发展的流程是:人性哲学→人格理论→咨询理论→咨询与治疗技术。

(三)在研究特征上注重人的内部稳定性

人格心理学家关注的重点在稳定的人格特征上,而不是对外部刺激的一时反应。人格是个体内部逐渐形成的一种稳定的结构成分,它是在人与外部世界的相互作用中,由客观现实逐渐“内化”而成的。他们重视的是内部的稳定成分以及这些成分是如何导致对同一刺激产生不同反应的。

第二章　精神分析学派人格理论

一、经典精神分析学派

(一)弗洛伊德的经典精神分析理论

弗洛伊德(Sigmund Freud)把心理学的研究带进了人的深层心理世界,为现代心理学开拓出一个全新的领域。弗洛伊德所创建的精神分析理论是第一个综合性的人格理论,其体系之完整、内容之丰富,堪称人格心理学之最。

1.理论观点

(1)人性观　①弗洛伊德将人视为一个能量系统,能量是遵循了守恒的原则;②具有决定论的论调;③弗洛伊德认为人性本恶。

(2)人格界定　弗洛伊德认为潜意识是人类心理的主体。

(3)地形学模型　早期,弗洛伊德提出了"地形学模型",认为意识(这里指人格)由三个不同意识水平的成分组成:意识、前意识、潜意识。

①意识:人格的最表层部分,由人能随意想到、清楚觉察到的主观经验构成。其特点是具有逻辑性、时空规定性和现实性。

②前意识:位于意识和无意识之间,由那些虽不能即刻回想起来,但经过努力可以进入意识领域的主观经验组成。其主要作用是检查,即不许那些使人产生焦虑的创伤性经验、不良情感以及为社会道德所不容的原始欲望和本能冲动进入意识领域,把它们压抑到潜意识中。

③潜意识:人格最深层的部分。它是不曾在意识中出现的心理活动和曾是意识的但已受压抑的心理活动。其主要成分是原始的冲动和各种本能、通过遗传得到的人类早期经验以及个人遗忘了的童年时期的经验和创伤性经验、不合伦理的各种欲望和感情。主要特点是:无矛盾性、无时间性、非现实性、活跃、能量大、易变形和替换等。

(4)人格结构说　晚期的弗洛伊德在《自我与伊底》(1923)中进一步完善了他的潜意识理论,并对他的理论做了修正,提出了新的"人格结构说",也就是"冰山理论"。

①本我(id):本我是人格中最难接近、但又是最有力的部分,它又由先天的本能、原始

的欲望所组成。本我完全是潜意识的,遵循快乐原则。

②自我(ego):自我是人格中理智的、符合现实的部分。它派生于本我,不能脱离本我而单独存在。自我在本我与现实之间、本我与超我之间起调节整合作用。自我主要是意识的,也可能是前意识或潜意识的,遵循现实原则。

③超我(superego):超我是人格中最文明、最有道德的部分。它由两个部分构成:自我理想和良心。超我是社会道德的化身,它总是与享乐主义的本我直接冲突和对立,力图限制本我的私欲,使它得不到满足。超我既可能是意识的,也可能是前意识或潜意识的,遵循道德原则。超我的主要功能有三个:一是抑制本我的各种冲动,特别是性方面或者攻击和侵犯性方面的冲动,因为这两方面的冲动不能为社会所接受,甚至要受到谴责;二是诱导自我,用合乎社会规范的目标代替较低的现实目标;三是使个人向理想努力,达到完善的人格。

弗洛伊德认为,人的一切行为都不是某单一方面的力量决定的,而是人格内部多种力量相互作用的结果。本我、自我、超我三个系统保持平衡,人格就得到正常的发展,三者之间的关系遭到破坏,产生焦虑,就产生精神病和人格异常。

(5)*人格动力* 弗洛伊德对人格或心理动力持一种本能论的观点,将本能视为人类基本心理动力。这种动力可以分为生本能和死本能两种。生本能包括生存本能和性本能,代表爱和创造的力量。死本能使有机体返回先前无机状态的趋向,它是一种破坏力。当死本能指向个人内部,则表现为自责、自杀或受虐狂等行为;当它指向外部,就会产生憎恨、攻击、侵犯和施虐狂等行为。

(6)*人格发展阶段*

①口唇期(oralstage,0 ~1 岁):通过口腔活动的吮吸、吞咽、咀嚼等等,不仅满足了婴儿饥饿时的需要,而且这些活动本身也提高了性快感。口唇期可以分为两个亚期,即前口腔期和后口腔期。前口腔期从出生到八个月,婴儿的性快感主要来自吸吮和吞咽活动,唇和舌成了主要的动欲带。后口腔期大约是出生后第 8 个月到 1 周岁。

当遇到挫折时,婴儿常常以"咬"来报复,这种伤害或毁害对象的欲望被称为"口腔型施虐欲"(oralsadism)。在口腔期,婴儿通过与食物和食物提供者的协调活动,逐渐产生了亲密感,开始把自己与现实环境区别开来。这种现实感的获得,标志着婴儿自我的诞生。自我的形成是口腔期的最重要的成就。

②肛门期(analstage,1 ~3 岁):在这个时期,肛门的排泄活动成为力比多发泄的主要途径,而肛门期的经验对人格展具有十分重要的意义。肛门期也有两个亚期,即前肛门期与后肛门期。肛门前期力比多的主要目标是通过肛门排泄粪便解除内部压力以获得快感体验。除排泄粪便解除紧张所产生的快感外,成人对儿童排泄活动的过分注意也增加了儿童对排泄本身的兴趣。

后肛门期(又称保持期)力比多体现在保持粪便而不是排泄粪便。原因在于保持粪便也能产生性刺激，另外也可能是因为成人对儿童排泄活动的高度重视。在此阶段，父母和儿童之间会产生很大的冲突，父母力图对儿童进行训练，以便养成卫生习惯。而儿童则希望自由地、不受干扰地进行排泄活动。在这一阶段的晚期，儿童在排便习惯问题上进行了一定的妥协，而儿童的动欲区也就从肛门转移到身体别的部位，儿童的人格发展进入了一个新的阶段。

③性器期(phallicstage，3～6岁)：这个时期，儿童通过抚摸、显露性器官以获得力比多的满足。弗洛伊德认为，这一时期内儿童不仅对自己的性器官发生兴趣，有手淫行为，而且他们的行为开始有了性别之分。

这一时期男孩有恋母情结(俄狄浦斯情结)，企图杀父娶母，产生阉割焦虑。这种焦虑使它放弃对母亲的性渴求，并通过对父亲的认同作用产生了超我，从而使恋母情结消失。男孩在认同父亲的过程中获得了许多与父亲相同的价值观，形成自强、自夸、攻击性等男性性格；而裸露和攻击行为则是掩盖阉割焦虑的反向作用，也可以有升华作用，变得像母亲一样柔情。

对女孩来说，因有阴茎妒慕而产生恋父情结，企图杀母嫁父。由于阴茎妒慕，她可能模仿父亲，变成"假小子"性格。如果女性冲动占优势，她就更倾向于模仿母亲，形成女性性格。

④潜伏期(latentstage，6～11、13岁)：力比多冲动处于暂时的潜伏状态，性兴趣被其他兴趣所取代，如探索自然环境、知识学习、文艺体育活动和同伴交往等。

这段时间里，由于儿童生活范围的扩大和在学校吸取了系统知识，儿童人格中的自我和超我部分获得了更大的发展。男女儿童之间的关系较疏远，团体活动时多是男女分组，甚至壁垒分明，互不来往。这种状况一直维持到青春期才发生变化。

⑤生殖期(genitalstage，11、13岁以后)：这是性本能发展的最后阶段。经过一段潜伏期之后，青年男女进入青春期，随着性成熟，两性之间在身体上的差异日益明显，生殖器成为主要的性感区，此时已摆脱儿童时期的性对象，并以异性为性对象。力比多方向的改变也是逐渐形成的。

这一时期持续时间最长，从青春期直至走向衰老为止。到那时，人又开始向前生殖期退化。弗洛伊德认为潜伏期和生殖期对人格基本结构的发展是无关紧要的。

(7)*人格发展障碍*　弗洛伊德认为，成人的变态心理和心理冲突都可追溯到早年期创伤性经历和压抑的情结。

①停滞现象：当某一阶段的需求不能得到满足或过度满足时，有些人在发展过程中就会固着于某个发展阶段，并形成与该阶段密切相关的性格。例如，如果固着于口唇期，则会形成"口腔性格"，表现出悲观、依赖、退缩等人格；若固着于肛门期，则会形成"肛门性格"，其人格特征是冷酷、固执、吝啬、暴躁等；而"性器期性格"的人则喜欢冒险，为人狂妄。

②退化现象：个体使用比自己年龄更幼稚的方式来解决问题。例如，一个成年人遇到挫折时，有时像小孩子一样蛮不讲理或发脾气。一位女性与他人发生冲突后，自感没理

讲,会撒泼哭闹。但是,全面而严重的退化现象,就可能是精神分裂。

2. 研究方法

(1)临床观察法　精神分析的研究方法主要是临床法,即对个体做系统深入的考察。临床观察法影响着弗洛伊德之后的精神分析学家,成为精神分析的主流研究方法。

(2)心理治疗技术

①自由联想:自由联想从催眠术中演化而来,是指让来访者在毫无拘束的情况下,尽情地说出心中所想到的一切经验,是精神分析治疗的第一步。

②释梦:根据来访者在意识状态下所描述的梦境去解析在潜意识状态下所做的梦,也就是根据来访者所陈述的梦境来解析梦的含义。

③移情分析:移情是指来访者在治疗过程中,将以往对他人的情感关系,以扭曲现实的方式,转移到分析师身上。分析师由来访者的移情表现,可以了解其以往的感情生活和人际关系,加以分析之后即可帮助他从不真实的感情生活中挣脱。

④阻抗分析:在自由联想的过程中,来访者可能不愿陈述其痛苦经验或隐藏在心中的欲望,使得分析治疗无法顺利地进行,这种不合作态度称为阻抗。阻抗分析就是要化解来访者的抗拒,让他说出心中压抑的事情。经过分析之后,可以使来访者尽情地倾诉内心的矛盾和冲突,纾解其紧张情绪。

⑤解释:精神分析治疗过程中最重要的步骤,也就是分析师根据来访者在前述四种过程中所得的一切资料,向来访者解析,使来访者了解在外在行为之下所具有的更深一层的意义,从而领悟到自己心理困扰的原因。

3. 研究主题

(1)梦心理学　弗洛伊德认为释梦是"通往了解精神分析生活中无意识状态的成功之路",梦是欲望的满足,梦代表着被压抑的欲望和冲动的虚假的满足。

①梦有三个来源:感觉刺激;清醒时的所思所想;本我的冲动。

②梦有显梦(象)和隐梦(象)两个层面,让被试醒来后讲述梦境(显梦),根据自由联想寻求梦的隐藏含义(隐梦)就是梦的解析。

③弗洛伊德认为梦的工作有凝缩、移植、象征和润饰四个基本过程。

凝缩:把隐梦中几种共同成分结合成一样东西,以象征性的东西表现出来,能了解象征性,就了解了隐梦。

移置:被压抑的愿望变成梦境后不以本来面目出现,而以相反的面貌出现,本来是极重要的,在显梦中以不重要的成分出现。

象征:把隐梦中被压抑的成分化作视觉形象表现出来。

润饰:梦总是零碎、不连贯的,但醒来以后,人把梦连起来,颠倒次序,这就掩盖了真相。

所以,一定要抓住细枝末节,解释时要把这四种情况一一揭开,才能了解梦的真实情况。

（2）焦虑　由于自我受三个主人的压制：现实、本我和超我，所以相应地形成了三种类型的焦虑：

①现实焦虑：以自我对外界现实的知觉为基础。现实焦虑相当于恐惧，有助于个体的自我保存。

②神经症焦虑：以自我对来自本我的威胁的知觉为基础。神经症焦虑也以现实焦虑为基础，因为，人们只有当认识到自己的本能需要的满足会遭遇现实的危险时，才会恐惧自己的本能。

③道德焦虑：以自我对来自超我，尤其是良心的谴责的知觉为基础。当个体知觉到自己的行为可能违反自己信奉的道德原则时，会体验到罪恶感和羞耻感，从而使个体的行为符合个人的良心和社会道德规范。

（3）自我防御机制　防御机制是精神分析理论中一个非常核心的概念，最早是同某些神经症和精神病联系。力比多与社会文化产生冲突，导致焦虑，为缓解焦虑需要防御机制（defensive mechanism）。主要的防御机制类型有以下几种：

①压抑：冲动被排除到意识之外，使自我阻止激起焦虑的那些念头、情感和冲动达到意识水平。最常见的表现形式是选择性遗忘。

②投射：指把自己内心不被允许的态度、行为和欲望推给别人或其他事物，如“借题发挥”。

③反向形成：为了掩藏某种欲念而采取与此欲念相反的行为。如“矫枉过正”“此地无银三百两”。

④移置：指将一种引起焦虑的冲动投注改换为另一种不会引起焦虑的冲动的投注。如，单位里受了气，向家里人发泄。

⑤合理化：用一种自己能接受的、超我能宽恕的理由来代替自己行为的真实动机或理由。常见的合理化作用有两种：一是“酸葡萄”机制，二是“甜柠檬”机制。

⑥否认：指个人潜意识的阻止有关自己痛苦的事实进入意识。如，灾难中否认丈夫已死。

⑦升华：将本能的冲动或欲望转移到为社会许可的目标或对象上去。

⑧退行：当遇到挫折和应激时，心理活动退回到焦躁年龄阶段的水平，以原始、幼稚的方法应付当前情景。

⑨固着：心理水平停滞在某个性心理发展阶段。

4. 理论应用

（1）临床领域

①个体心理治疗：近年来的精神分析方法，运用经典精神分析的原则和理念，采用现代的咨询模式，可以在数月内短期治疗。精神分析正在逐渐变得实用、普遍和有效。

②儿童治疗：儿童分析主要采用游戏治疗作为取代自由联想的一种心理治疗技术。游戏治疗主要有三个作用：用作与儿童建立分析性关系的一种方式；用作观察的媒介和分析资料的来源；用作引导儿童顿悟到自己潜意识的工具。

③家庭治疗：弗洛伊德强调早期发展对人格发展和心理病理的作用，俄狄浦斯情结就是把家庭中的父—母—子关系对子女的人格的影响看作是日后神经症发生的病理基础，因此其理论也广泛应用到家庭治疗领域。

④催眠：催眠是一种介于清醒和睡眠之间的意识模糊状态。当人进入深层的催眠状态时，自我的功能就不能正常发挥了，他往往非常容易接受催眠师的暗示，极易听从催眠师的各种简单指令。在精神分析治疗师那里，催眠被当作一种唤醒潜意识的有力工具，它能令病人重新回到某些导致患病的经验中，从而直接面对伤痛，促进病人的康复。

(2)研究领域　晚年的弗洛伊德在反对声中不断地反思自我，思考人格中的积极因素，改变着自己早期的许多过激观点，转变了泛性论调，强调人性中的社会因素和积极的层面。如，他认为："一个成熟的人，应该能够创造性地工作和爱。"

(3)文化领域　弗洛伊德把精神分析的理论和方法用于分析社会历史现象，从而使精神分析超出了精神病学和心理学的领域。他将人性和人类文明相对立，人性就是人的本能，特别是性本能；文明或文化就是人类社会生活本身。弗洛伊德的社会文化观是弗洛伊德学说的重要组成部分。它表明精神分析学说由一种潜意识的心理学体系发展成为一种无所不包的人生哲学，其内容主要包括文明观、宗教观、道德观、艺术观等。

5. 理论评价

(1)贡献

①弗洛伊德是心理学史上第一个对人格进行全面而深刻研究的心理学家。

②精神分析学还是一种深层心理学的分析方法。

③精神分析技术的发展和应用，对精神病学的理论和实践产生了革命性的变革，尤其是对心理治疗而言。精神分析是第一个心理病理和心理治疗技术的体系，是各种心理治疗流派发展的基础。

④不仅仅局限于心理学界，弗洛伊德的理论更波及了人类思想领域的各个方面，如文学艺术、宗教、伦理学、历史学等。

(2)缺陷

①弗洛伊德对于人性存在消极负面的看法。过于看重本能在控制人的行为方面的力量，而且把一切都归源于无法自知的原始欲望。对人格的负面成分的过分重视，使得他的整套理论都显得过于悲观，甚至有时对人性做丑化的描述，未免有失偏颇。

②不少学者批评弗洛伊德的性心理发展阶段学说。弗洛伊德过分夸张"性"在人格形成和发展过程中的决定性动力作用，认为一切行动都根源于性驱力(泛性论)，而忽视了社会以及文化对于一个人的影响。且弗洛伊德的人格发展理论太过偏重儿童的早期经验，

相对地忽视了人的一生连续的发展历程。

③研究方法的严谨性受到了质疑。

④唯心主义的社会文化观,从根本上说是错误的。

(二)荣格的分析心理学理论

1. 理论观点

(1)人性观　荣格(Carl Gustav Jung)对人类的前途并不悲观,他相信人是成长的,相信人类能够把握自己,朝向平衡、完整的方向发展,最终达到和谐、宁静的心理状态,寻找生命的意义,因此他对人性持乐观态度。

(2)人格界定　荣格认为人生来就有一个完整的人格,人生的目标就是在原有完整人格的基础上,最大限度地发展其多样化、连贯性和和谐性,而避免分散性和相互冲突。这个有原始统一性和先天整体性的人格称为心灵(psyche),包括所有的思想、感情和行为,无论是意识的,还是潜意识的,其作用是调节和控制个体,使之与环境相适应。

(3)人格动力　人的整个人格和精神是一个相对封闭的且不断变化的动力系统。人格动力的源泉来自心理能,荣格有时用力比多来称呼这种心理能。力比多代表着一般生命的能量,为普遍的生命力,它包括了生殖、生长和其他活动,性欲只是众多的、生理的、心理的功能的一种。心理能在整个心理结构中的分布配置,以及从某一心理结构向另一心理结构转移遵循以下几条原则:

①等值原则:如果某一种特定心理要素原来所固有的心理能减退或消失,那么与此相关的心理能就会在另一种心理要素中出现。

②平衡原则:平衡原则说明了能量的流动方向,指能量从较强的系统流向较弱的系统中直到平衡为止。

③反相原则:反相原则即每种作用都存在着一种与之相等的反作用力。

(4)人格结构　心灵包括一切有意识和潜意识的思想、情感及行为,主要由意识、个体潜意识和集体潜意识三个层面构成。

①意识和自我:意识是人心中唯一能够被个体直接知晓的部分。它在生命过程中出现较早,这种自觉意识通过个性化的过程,产生出了一种新要素,荣格称其为自我(ego)。意识自我由意识的知觉、记忆、回想和感觉所组成。它形成个人的认同感和连续性,因此,它是个体意识的中心。自我极为重要,某种观念、记忆和知觉,如果不被自我所承认,就永远不会进入意识。它像过滤器一样,具有高度的选择性。

②个体潜意识和情结:个体潜意识是潜意识的表层,它包括了一切被遗忘了的记忆、知觉以及被压抑的经验。它的一个重要特点就是以“情结”的形式表现出来。情结是由一组一组的具有情绪色彩的心理观念聚集在一起形成的心理观念丛,如恋母情结、权力情结、自卑情结等。

荣格在使用词语联想测验进行研究的过程中，最早提到情结的存在。在潜意识中有彼此联系的情感、思想和记忆（情结），任何接触到这一情结的词语都会引起一种延迟反应。情结由一个居于核心的心理要素组成，围绕着这一心理要素聚集着一大批次要的联想。这些联想的数量，即是测定这一情结的聚合力或是吸引力的尺度，聚合力越大，这一情结所拥有的心理能就越大。当说某人具有某种情结的时候，说明他执意地沉迷于某些类似的行为、反应。

情结具有积极作用与消极作用。积极方面体现在它是灵感和动力的源泉，对事业或学业的发展具有推动作用。消极作用会导致心理病态反应，情结会消耗人的大量心理能量，干扰人的正常认知与记忆，妨碍人的正常发展，使人形成偏向人格。荣格认为心理治疗的目的就是帮助病人解开情结，把人从情结的束缚中解放出来。

③集体潜意识和原型：集体潜意识为荣格首创，是荣格最独特的发现，指人类在种族进化中所遗留下来的心灵印象，是千百亿年人类集体经验的沉积物，是对外在世界作适当反应所需的潜能，属于人类全体，普遍存在，是个体始终意识不到的。

集体潜意识的主要内容是"原型"。原型是对某一外界刺激做出特定反应的先天遗传倾向，可以是某个人物、情境，或某些抽象概念，往往以梦、症状、艺术形象和宗教仪式等象征的方式表现出来，带有大量的情绪色彩，并且是一种普遍性的思考方式。也是人类根据自身的长期经验和感觉总结出的某种特定形式。原型是情结的核心，它把与它相关的经验吸引到一起形成一个情结。情结从这些附着的经验中获取了充足的力量之后，可以进入意识之中。

荣格发现，最重要的原型有以下四种：

人格面具：个体在各种情况下角色面具的总和，是个人展示给公众的一面，其目的是给人一个好的印象，得到社会的承认。人格面具是个性与社会相互作用的结果，是个体潜意识中对自我的描绘。人格面具保证一个人能够扮演某种性格，而这种性格却并不一定就是他本人的性格。每个人都可以有不止一个的面具，佩戴什么样的面具由当时的具体情况而定。当一个人的自我认同异于人格面具而以人格面具自居时，称为膨胀。如某社会名流突然发现自己的生活异常空虚、没有意义，意识到自己的情感和兴趣完全是虚伪的，不过是做出一副感兴趣的样子罢了。

阿尼玛和阿尼姆斯：又称男女两性意象。阿尼玛指男性心灵中的女性成分或意象；阿尼姆斯指女性心灵中的男性成分或意象。这是在漫长的岁月中男女相互交往所得的经验而产生的。每个人都天生具有异性的某些性质。要想使人格得以平衡，就必须允许男性人格中的女性方面和女性人格中的男性方面在个人的意识和行为中得到展现。阿尼玛和阿尼姆斯第一个投射对象是父母，而后是异性、朋友，它会影响恋爱时对象的选择，也影响人际交往。

阴影：人的心灵中遗传下来的最黑暗隐秘、最深层的邪恶倾向，包括人类在进化中所继承的动物本能。当它向外投射时,就成为邪恶和仇敌,可以说是人的不良思想、邪恶感觉和罪恶行动的根源。阴影深藏于人的潜意识中,若不是用面具来加以掩盖,人就难以逃脱社会的批评指责。不过,阴影的动物本性是生命力、自发性和创造性的源泉。

自性:整体人格的思想是荣格心理学的核心。人的精神或人格,尽管还有待于成熟和发展,但它一开始就是一个整体,这种人格的组织原则是一个原型,即自性(Self)。自性是一种体现心灵整合的原型,在集体潜意识中是一个核心的原型,是统一、组织和秩序的原型,它把所有别的原型,以及这些原型在意识和情结中的显现都吸引到它的周围,使它们处于一种和谐稳定的状态。它把人格统一起来,给以一种稳定感和一体感。一切人格的最终目标,是充分的自性的完善和实现,人们都奋力以赴,却很少有人能达到这一境界。

④人格结构的相互作用:荣格认为,人格(或心灵)是一个系统,各成分之间以三种方式交互作用。

补偿作用:在人格结构中存在着一些对立的人格成分,二者相互补偿。

对抗作用:对立的人格成分会产生冲突,由此而产生的紧张状态成为生命的本质。

联合作用:对立的人格成分不仅对抗,同时也会相互吸引、联合。对抗人格成分是通过"超越功能"来联合的,以达成人格统合。

(5)*人格发展* 个体的心理从一种未分化的混沌状态开始。随着个体的成长,先天即存在的整体人格的内容变得越来越丰富,其意识逐渐变得富于个性,不同于他人,这就是人的个性化过程。荣格认为人格的发展过程就是一个人的心灵的个性化过程,经由此过程,个人逐渐变成一个心理上独立、不可分割的统一体。个性化的目的在于尽可能充分地认识自己或达到一种自我意识。

①童年期:出生到青春期,是人生的早期,力比多指向于学习基本的生活技能。

②青年期:青春期到四十岁左右,以青春期发生的生理变化为标志,荣格称之为"心灵的诞生",这时候心灵开始获得了自己的形式。

③中年期:大约四十岁以后,这一时期是人生最重要的发展阶段,个体更关心智慧和人生意义。治疗中年危机的方法是将久违了的个人兴趣重新恢复起来。

④老年期:老年阶段的个体在他们的潜意识里度过的时间越来越多。老年人应该把他们的时间投入认识他们的生活经验,并寻找出这些经验的意义。这是一个获得知识和发展智慧的时期。

(6)*人格成因*

①父母的作用:在儿童期的最初岁月里,他们还没有独立的人格,这时候子女的心灵完全反映着父母的心理状态。子女入学后,父母还可能会以各种方式继续主宰子女的人格发展,如过度保护或干涉,这样就会阻碍子女的个性化进程。父母对子女的影响还体现在原型发展上。

②教育的作用:教师对孩子们的心理和人格的个性化影响最大。教师的任务是使学生身上那些潜意识的东西成为自觉意识到的东西;教师的职责是注重和发现孩子们在人格发展的不和谐,并帮助他们发展和加强人格中薄弱和不足的方面;教师也应对自己的人格和个性有比较清楚的认识,避免将自己的情结和情绪投射给学生。

③社会影响:社会风尚的改变同人们对人格类型的选择紧密相关。某一时期,情感可能更为人们所重视;另一时期,思维可能比较流行。人格的不平衡往往由这些不断变化的社会风尚所导致。另外,不同的文化类型也有不同偏好。

2. 研究方法

(1)语词联想技术 一种研究情结的方法,通过被试对词语的联想内容以及反应时、皮肤导电频率及呼吸频率的变化,探测隐藏在个人潜意识中的情结。

词语联想的工具是一份写有100个词的一张纸,使用了一些绿色、水、唱歌、死亡、法律、陌生人等词汇。测试的指导语只是让被试听到刺激词之后,尽可能快地做出由此刺激词所联想到的反应,即一个或几个联想反应。

(2)释梦技术 荣格认为,梦充满了象征意义。

①放大法:让个体坚持在某一个既定的梦的象征上,发展出许多相关联的观念。在这个过程中,病人通过放大法,使梦的多个象征意义变得越来越清晰,进而更好地体察自己的问题。

②绘画疗法:荣格认为病人的绘画会表达出他们潜意识层面的内容及自我。绘画的真正疗效是使病人离开"死亡地带",开始走向自性展示的道路。

3. 研究主题

(1)心理分析 在荣格看来,神经症症状是个体的心灵尝试自我调节的一种努力,是来访者在潜意识深处想获得更完整人格的一种外部表现。而症状往往表现为情结,要使人格得以发展,就必须把情结和人格整合起来。心理治疗的目标是整合意识和潜意识以获得一种整体人格而通向个性化,分为四个阶段:宣泄、阐释、教育和个性化。

宣泄阶段是从理性和感性两方面引导出来访者内心潜意识的声音,使其相当充分地进入意识的领域,把心理的能量疏导出来,将内心的某些潜在方面表面化、意识化。阐释阶段是处理来访者的移情。教育阶段强调来访者作为人类个体的社会化需要和他们为自我实现而作的行动努力,同时这个治疗阶段还会涉及道德性问题。个性化治疗阶段最具有荣格的特征,通过咨询师和来访者长期相互沟通和影响,了解来访者的内心世界,发展他的独特的生活模式,即个性化过程。

(2)梦 荣格对梦的本质有独到的见解,他认为:①梦是集体潜意识(而非个体潜意识)的表现形式;②梦是潜意识心灵的真实描述(而非伪装或扭曲的表现)。梦包括展示、发展、高潮和结束几个结构。

(3)人格类型

①两种人格倾向:内倾和外倾。内倾指向个人内部的主观世界,而外倾指向外部环境。

②四种心理机能:思维、情感、感觉和直觉功能。

思维功能属于观念和智力的领域,用来思考和领悟。情感功能则是一种评价的功能,用以判断事物的价值,它是人类的各种主观经验,包括喜、怒、哀、乐、爱、恨、恐惧等情绪。感觉功能是一种感官作用,使人知觉到世界的表面和某些事实。直觉功能则超越了事实、感觉和思维,直接以潜意识过程来认识世界。思维和情感对经验进行鉴定和评价,被称为理性功能。另外,思维和情感是完全对立的。感觉和直觉属于非理性功能,也是对立的。

③八种人格类型

思维外倾:这种人喜欢分析、思考外部事物,生活有规律,客观而冷静,但比较固执己见,情感压抑。

情感外倾:这种人多为女性,她们的思维常常被情感压抑,没有独特性,非常注重与社会和环境建立情感与和睦关系。

直觉外倾:这种人喜欢追求外部世界的新直觉,易变而富有创造性,有多种嗜好,但难以坚持到底,做事常凭主观预感。

感觉外倾:这种类型的人多为男性。他们喜欢追求欢乐,活泼有魅力,对客观事物感觉敏锐,精明而求实。但易变成寻欢作乐的酒色之徒。

思维内倾:这种人喜欢离群索居,独自追求自己的思想,常以主观因素为依据分析事物,待人冷漠,倔强偏执,情感受压抑。

情感内倾:这种人沉默寡言,不易接近,给人一种神秘莫测的吸引力。但内心有非常丰富、强烈的情感体验。

直觉内倾:这种人富于幻想,性情古怪。思想往往脱离现实,不易被人理解。常产生各种离奇的幻想和想象,体验奇奇怪怪。

感觉内倾:这种人对事物有深刻的主观感觉。喜欢通过艺术形象表现自我。缺乏思想和情感,较被动,安静而沉稳,自制力强。

4. 理论应用

(1)临床心理

①治疗目的:心理治疗的目的就是为了帮助个人达到自性展现。神经症就是一种严重的失调状态,病人的自性展现进程停止。

②治疗技术:荣格发现,失去生活意义的或对生命价值再次思考的中年人,常年在职场上拼搏,丢失了自己童年时期的爱好。他让事业有成的中年职业人,通过恢复童年时期的兴趣来重新对生命价值进行思考。在儿童心理治疗方面,荣格的沙盘技术、绘画技术等很有成效。荣格和其后继者很少进行家庭或夫妻治疗,但一些受荣格理论影响的咨询师

会在家庭治疗中使用基于荣格理论的人格类型测验（如 MBTI），帮助夫妻或家庭成员认识他们家庭生活中所出现的矛盾和问题。

（2）文化领域　荣格对集体潜意识心理学的研究，使深层心理学容纳了深广的历史文化内涵，因此不能不对神话学、宗教、文学艺术和文艺理论产生巨大的影响。

在长期的临床生涯中，他发现很多人之所以患有心理障碍，是因为他们失去了作为精神支柱的宗教信仰。荣格还认为，艺术作品具有永久的艺术魅力和旺盛的生命力的原因，在于它表现了原型，原型的表现是创作的中心和归宿。

5. 理论评价

（1）贡献

①荣格的分析心理学更多的时候被看作是弗洛伊德经典精神分析的超越。现代的艺术治疗、游戏治疗、后现代艺术的很多思想都根植于分析心理学的理论。

②荣格对本能和驱力概念的深化做出了重要的贡献，摆脱了弗洛伊德泛性论的倾向。

③他对集体潜意识和原型的研究几乎涵盖了人类一切文化精神现象，大大扩展了心理学的研究视野，促进了民族心理学、文化心理学和宗教心理学的发展。

④他对于人格类型的研究也开创了个体差异研究的新领域，心理学家根据荣格的心理类型编制了测量内外倾的量表，至今仍广泛地应用到教育、管理和职业选择等领域。

（2）缺陷

①荣格学说浓重的神秘与宗教色彩、晦涩难懂的行文招致了很多批评。

②荣格的原型理论是形而上的、无法验证的概念，其种族遗传观点是错误的。

③其理论在一定程度是让人费解与迷惑的。

（三）阿德勒的个体心理学理论

1. 理论观点

（1）人性观——追求卓越　阿德勒（Alfred Adler）认为弗洛伊德过于狭隘地强调生物本能的决定论。人类行为是受到社会驱力的激励，而非性驱力。行为是有目标导引的，人格的核心是意识而非潜意识。阿德勒重视选择、责任、生命的意义，以及追求成功与完美。卓越感是每个人奋力追求的目标，包括更加完美的发展、成就、满足和自我实现。在阿德勒看来，追求卓越是人的天性，是先天遗传的。正是这种与生俱来的本性使所有人不断追求优越和完美。不仅个人，整个人类都永远在追求卓越。

可见，在对人性的看法上，阿德勒和弗洛伊德最大的区别是他所持的自由意志人性观，强调个人的行为能根据其目标自主表现。

（2）人格界定　阿德勒将人格定义为一个人为了尝试去适应他所居住的环境而显现出的特殊风格。阿德勒的人格理论突出强调人的整体性、统一性和社会性。他认为人的思想、价值、动机、行为都是由他的生活目标决定的，都带有生活目标的印记，他们共同构成了一个人的生活风格。

(3)人格动力——自卑和补偿　阿德勒把自卑感看作是所有人类的正常心态,也是人类奋斗向上永恒的心理原动力,正是因为有了自卑感所以个体要以补偿的方式去克服自卑感。追求优越,克服自卑感,是人生的主导动机,也是人类的天性。每个人都有不同程度的自卑感,而优越感即是自卑感的补偿,这种普遍的自卑感就成为人格动力。

自卑感源于个人生活中所有不完全或不完美的感觉,包括身体的、心理的和社会的障碍,不管是真实的或是想象的障碍。补偿或超补偿就是直接指向于个人真实的或想象的自卑感。个人的自卑感源于婴幼儿期的无力、无能、无知。婴幼儿完全依赖成人才能生存,所以生命之初就有自卑感。有了自卑感,就有了补偿的需要;不断补偿又不断发现新的自卑,于是又向新的优越努力。无法克服和摆脱的自卑感就发展为严重的自卑情结,导致神经症。

(4)人格结构　阿德勒并没有提出一个完整的人格结构,而是提出了一些基本的概念,用以描述和解释人格。

①生活风格:在阿德勒看来,每个人追求优越的目标是不同的,所处的环境条件也千差万别,因而每个人试图获得优越的方法也迥然不同,这种个人追求优越的方式称为生活风格。生活风格决定了一个人适应生活中的困扰和解决问题的方式,以及实现目标的手段。

个人的生活风格是以克服一种自卑感为基础的,形成于四五岁之间,是习得的,可以通过观察个体怎么处理三个主要的相关问题——职业、社会和爱情,来了解。

阿德勒将生活风格划分为控制型(很少的社会兴趣、较高的活动度)、索取型(很少的社会兴趣和活动度)、回避型(社会兴趣和活动度水平都较低)和社会型(较高的社会兴趣、较高的活动度)四种。这些生活风格取决于两个维度:社会兴趣和活动度。社会兴趣是指个体对他人的关心程度,表现为个体为了社会发展与他人合作的情况。活动度是个体处理问题时表现出来的总能量。

生活风格可以从出生顺序、早期记忆和潜意识梦境三种途径解释。出生顺序的差别会形成一个人对生活的不同看法和不同的人格,从早期回忆中可以看出一个人的生活目标,梦更主要是体现出个人对日常生活中所遇问题的态度,体现了人的生活风格。

②创造性自我:创造性自我是指个体在成长过程中不是被动地接受遗传和环境的塑造,而是会创造性地自由运用遗传和环境所提供的素材,依照自己独特的方式加以组合,从而形成的独一无二的自己。

创造性自我是人格中的自由成分,它使得个体能在可供选择的生活风格和追求目标之间进行选择,使得一个人的人格和谐一致,并具有独特性和灵活性,它是人类生活的积极因子。创造性自我是一种个人主观体系,它解释个人的种种经验使之有意义。它索求经验,甚至创造经验以帮助个人完成他独特的生活作风。创造性自我使人格有一贯性、稳定性和个性。创造性自我能够使我们成为自己生活的主人,决定了人的心理健康与否、社会兴趣正确与否。创造性自我更进一步地超越了生活风格。

③社会兴趣:社会兴趣是指个体觉知到自己是人类社会的一分子,以及个体在处理社会事务时的态度。阿德勒认为,人是社会性的动物,是与社会密不可分的一分子,人在本性上具有天生的和谐生活、相互友好、渴望建立美好社会的要求,即社会兴趣。社会兴趣是人与生俱来的特征和必不可少的需要,它使得人人都在为社会贡献自己的力量,成为社会所接纳和认可的一员。通过发展社会兴趣,一方面可以获得自己所需的满足;另一方面自卑与疏离感会渐渐消失。故而社会兴趣也是补偿自卑感的一种自然的方式。

社会兴趣有三个发展阶段:习性、能力和简洁动力特征。社会兴趣的充分发展有赖于三个重大生活问题的圆满解决。这三个生活问题分别是:职业选择、社会活动及爱情婚姻。

基于社会兴趣理论,阿德勒主张,若想要真正深入地了解一个人,必须从他所处的社会情境开始着手了解。社会兴趣是衡量心理健康的重要指标。

(5)*人格发展与成因*　阿德勒认为,人格是在战胜自卑和追求优越的过程中形成发展的。儿童生活风格的形成和发展有赖于他们的生活经历和环境。

①父母教养方式:儿童生活风格的发展还主要取决于他们与社会的交互作用。儿童在家庭中与母亲的接触和母子关系的发展形成了将来与他人关系发展的基础,如果母亲采取一种积极、合作的态度,儿童就倾向于形成社会兴趣。然而,如果母亲把孩子紧紧束缚在自己身边,那孩子就容易将他人排斥在自己生活之外,形成较低的社会兴趣。正是母子早期交互作用的性质,影响甚至决定儿童将来能否以健康坦诚的态度对待他人。阿德勒指出了两种影响不良生活风格形成的父母教养方式:溺爱和忽视。

②出生顺序:阿德勒认为,出生顺序会影响一个孩子怎样与社会联系,还影响他生活风格的发展。一个人的出生顺序及认为自己在家中处于何种地位,对于成人日后与别人互动来往会有许多影响。

2. 研究方法

(1)*早期记忆法*　阿德勒也非常重视早期经验对人格发展的影响,他认为早期记忆是发现个人生活风格起源的方法之一。当让一个人回忆他幼年的事件时,他回想起来的事件不是随意想起来的,而是与他的生活风格有密切相关的事件。

(2)*心理治疗*　阿德勒不认为适应不良的人是需要治疗的病人,他们主要是社会兴趣不足,因此阿德勒治疗的目标是培养来访者的社会兴趣,这当中伴随着提高其自我察觉能力,并修正其基本假设、人生目标及基本观念。治疗程序可分成与目标相呼应的四个阶段:①建立合作性治疗关系;②探索来访者内在的心理动力(分析与评估);③激励来访者形成自我了解(洞察);④协助来访者做出新的抉择(引导与再教育)。

3. 研究主题

(1)*自卑与心理补偿*　阿德勒认为,心理补偿源于自卑心理。他发现,自然对于缺陷有一种天然的补偿力量。这种补偿作用在生理上和心理上都可以找到依据。

阿德勒认为,尽管自卑感对所有积极的成长起着一种激励的作用,但是也可能会导致神经症。一个人可能被沉重的自卑感弄得束手无策,心灰意冷,甚至万念俱灰。在这种情况下,自卑感是以障碍因素而不是激励因素发挥作用的,阿德勒称其为自卑情结。有自卑情结的人,可能会对自己的缺陷过分敏感,唯恐别人蔑视自己,因而在言行上表现得格外争强好胜,运用一些自我保护策略,但是,这三类策略是非正常人所使用的:托词、攻击性行为、增加自己与问题间的距离。

为了克服自卑,一个人会通过"追求卓越"来实现人生完美的发展目标。但是,也会出现病态反应——"优越情结"。优越情结是指在力争上游的过程中一味地要高人一等,以胜过别人为人生乐趣,待人倨傲、喜人奉承,时常以贬抑他人来抬高自己,以显示自己的优越性。优越情结与自卑情结实为一体之两面,均为病态。自卑情结与优越情结都会出现一种病态的补偿现象,称之为过度补偿,是对自卑感进行补偿的夸张形式。

(2)*社会兴趣* 阿德勒提出的社会兴趣观念受到了之后研究者们的广泛关注,研究者们发展出了不同的测量工具,如《社会兴趣量表》,以验证阿德勒的"社会兴趣"这一人格特征,研究结果与阿德勒的理论观点是一致的。

4.理论应用

(1)*教育应用*

①儿童辅导:阿德勒学派认为社会兴趣一开始便影响儿童人格的发展,任何适应上的问题都与儿童如何在团体中觅求归属感、发展社会兴趣有关。阿德勒学派的儿童辅导强调父母与教师需同时学习了解儿童的行为目的与如何正确反应儿童的偏差行为。

②父母教育:父母教育是阿德勒学派的主要贡献之一,目的在于通过增进彼此的了解与接纳,而改善亲子间的关系。阿德勒认为孩子社会兴趣最初来自与父母的关系,最初未建立起良好的亲子关系,会影响到孩子之后社会兴趣发展的品质。

(2)*心理咨询*

①婚姻咨询:在婚姻咨询中,目的不在于指出谁是错误的一方,而在于协调双方生活方式之间的互动,促进沟通与合作。咨询中可能还会用到心理剧(角色扮演)、书籍阅读治疗(提供一些书让夫妻一起研读,并指出书中的重点)、说故事、幽默以及澄清角色等。

②家庭咨询:治疗过程较注重于家庭气氛和家庭成员互动。家庭气氛是指父母之间的关系特色,以及他们对生活、性别角色、竞争与合作等所抱持的态度为何。气氛包括父母所提供的自身榜样,会成为儿女的学习对象且对成长影响很大。

③团体咨询:阿德勒个体心理学主张人是社会性的存在,人类所有的沟通、行为和感觉都是为了要在团体中找到自己的定位,所以在团体中可以凸显成员的内心冲突与适应不良的性质,并提供矫治的影响力。

5. **理论评价**

(1)贡献

①阿德勒的理论因其平实易懂、积极乐观而被广大的心理学研究者和咨询师所接受,对于心理学的发展有着巨大的贡献。

②阿德勒提出了人本主义的人性观,认为人能够主宰自己的命运,具有利他思想,具有合作性、独特性和察觉性。

③他更多地看到了人类利他的本性和行为倾向,即具有社会情感、追求卓越感。他使得心理学学者注意到社会因素的重要性,并修正了弗洛伊德理论中过分偏离性本能的观点,这对于后来的新精神分析影响深远。

④阿德勒对于当代治疗实践的贡献相当的大。他的影响超越个别咨询的领域,进而带动社区心理卫生运动。他的许多基本想法影响了其他治疗学派,例如,家庭系统疗法、格式塔疗法、现实疗法、理情行为疗法、认知疗法、个人中心疗法,以及意义疗法。

(2)缺陷

①虽然个体心理学已经历过进一步的发展与提炼,但阿德勒的许多原创性的基本假说被描述为难以实证。

②他大部分的理论均基于常识般的心理学知识,而复杂的观念则过于简化。

二、新精神分析学派

(一)霍妮的人格理论

1. **理论观点** 霍妮(Karen Horney)相信社会是人格形成的原因,人格是在社会关系、文化背景以及人际交往中形成的,本能并非是人格形成和发展的关键因素,这也是精神分析社会学派的核心观点。

(1)人性观 霍妮对人的本性持一种积极乐观的态度。她认为我们每个人都在努力地发展着自己的独特潜能,但人格会受到文化因素的强烈影响,因此当我们积极成长的内在力量受到外界社会力量的阻碍时,病态的行为就有可能出现。

(2)人格结构 人格是完整动态的自我(self),这里的自我并不是弗洛伊德所说的作为人格一部分的自我(ego),而是人自身。

①现实自我:指个体在此时此地所拥有的表现出来的一切存在的综合。包括身体的和心理的,正常的和神经症的,意识的和潜意识的,是个体经验的集合,相当于我们常说的自我概念。

②真实自我:指个体的潜能,使个体得以生长发展的主要内在力量。人的一切能力或成就,都是从真实自我发展来的,它是人性成长的根源。只要个体的身体机能正常,生长的环境适当,就能够由真实自我的力量发展出健全的人格,因此霍妮也将真实自我称作可能的自我(possible self)。

③理想自我：又称不可能自我（impossible self），指个体为了逃避内心冲突，寻求合理统一，而凭空在头脑中设想的一种不合理的自我形象。理想自我实际上是一种病态的自我，霍妮认为它是形成神经症或变态人格的主要原因。

对每个人来说，都存在着真实自我和理想自我之间的差异。正常人的真实自我和理想自我不会有太大的差异，二者的关系也是动态性的；而对于神经症患者来说，二者之间的关系是不变的、存在很大分离的。

2.研究主题 霍妮将研究主题指向于人类的焦虑上，焦虑会导致神经症，她进而提出了神经症理论。

（1）基本焦虑和安全感的追求 霍妮认为，人生最根本的奋斗是对安全感的追求，当人处于焦虑情境中，对安全感的渴望就特别强烈。霍妮认为，个体强烈的不安全感是其最痛苦的经验，由此她提出了基本焦虑，是指一种独自面对严重问题且完全无助的感受。

霍妮认为，社会文化的矛盾所造成的人际关系困难是神经症形成的决定性因素，尤其是存在于童年时期的家庭成员之间、亲子之间混乱的人际关系，更是神经症的根源所在。父母如果经常表现出“基本罪恶”（basic evil）的行为，就会使孩子产生“基本敌意”（basic hostility），但为了生存，儿童必须压抑对父母的这种敌意，于是就会不幸陷入既依赖父母又敌视父母，还必须压抑这种敌视的艰难处境。久而久之，基本敌意和对敌意的压抑会使个体感受到深深的焦虑，一种孤独无力感，这在神经症的形成过程中起着决定性的作用。

（2）神经症理论

①神经症需要：个体体验到的基本焦虑越深，对于安全感的渴望就越强烈，为了减轻这种痛苦，个体常会采取一些病态的策略来避免焦虑，防御自我，这种非防御策略被称为神经症需要（neurotic need）。

神经症需要具有四个特征：强迫性的、被过分夸张的、极端化的、永远无法满足的。

神经症需要有十种：关怀和赞许；支配其生活的伙伴；权力；剥削和利用他人；地位和尊严；自我崇拜；非凡成就和个人野心；限制自己人生；自给自足、独立自主；完美无缺。这十种需要的内容本身并不是神经症的，但是有些人盲目且偏执地追求其中的一种或几种，已经陷入一种强迫的、不由自主的和无法自拔的地步，而且不能够根据实际情况主动地变更或者修正自己的目标，就成为神经症的表现。

②神经症人格：霍妮认为，神经症的需要决定了神经症的人格，具有某种神经症需要的人在与人交往时会形成某种特定的行为方式。

亲近他人与顺从型人格：具有前两种神经症需要的人属于顺从型人格，会形成亲近他人的行为方式。这种类型的人小时候可能被父母控制得很严，为了获取生存和满足，他们会用尽各种办法取悦父母。长大以后，他们也一样试图去博取重要人物的喜爱、同情与接纳，以换取更多的恩惠，他们所要做的事情就是顺从、友好、合作和极度地依赖，通过别人的保护暂时从不安全感和焦虑中解脱出来。其人生哲学是“如果我依从，那我就不会受到伤害”。

反抗他人与攻击型人格:攻击型人格的行为方式是反抗他人,这类人对权力、剥削、地位、自我崇拜和野心等怀有神经症的需要,即第三至第七种神经症需要。童年的经历使这类人发现,只要为自己想要的东西奋战到底,就可以打败父母,让别人顺从自己,满足他们的要求。稍大一点后,他们就用压迫和伤害别的小朋友的方法来平衡自己的不安全感,也获得了一些尊敬和权力,但他们却得不到友谊。长大以后,他们仍保有原有的敌意,为了绝对地支配别人,他们绝不允许自己暴露出一丝人情味。在他们眼中,爱是可笑的东西,人与人之间都是利用和被利用的关系,以此来否认内心的虚弱,其实十分痛苦。其人生哲学是“如果我有权力,那谁也不能伤害我”。

逃避他人与退缩型人格:具有后三种神经症需要的人采取的行为方式是逃避他人,霍妮把他们归为退缩型人格。儿时经验告诉他们,对付父母的最佳办法是避开他们。长大以后,他们依然将自己封锁在自我的世界之中,认为没有人需要自己,因此自己也要保持独立自主,以确保不需要别人。他们与所有的人保持距离,逃避爱、同情、友谊和其他一切可能发生的感情。其人生哲学是“如果我隐退,那么什么也不会伤害我”。

③人生取向:三种神经症的行为方式继而又会发展为三种人生取向,或称生活方式,它们也是解决个人问题的方式:自谦(“爱的渴求”的生活取向)、夸张(“征服一切”的生活取向)、退却(“渴求自由”的生活取向)。

④神经症冲突:神经症冲突最悲惨的特征是,当一个人在追求完美和人生的最佳目标时,自身却被神经症的需求和内心冲突所摧毁,他会以无效率甚至是自我摧残的方式来满足需要,而到最后,大多数的基本需要都无法满足。霍妮特别关注两种内心冲突:一是真实自我与理想自我的冲突(“应该的专制”);二是三种行为方式(亲近他人、反抗他人、逃避他人)之间的冲突。

由此,可以看出霍妮神经症理论的总体思路:个体生活在矛盾的社会文化与混乱的人际关系之中,因为缺乏安全感而产生基本焦虑,为了克服基本焦虑而产生神经症的需要,进而发展出相应的神经症人格与行为方式,并且陷入神经症的冲突之中,导致了新的焦虑。神经症患者就是在潜意识当中经历着这种恶性循环。

(3)*心理顺应方式* 霍妮将亲近他人、反抗他人和逃避他人作为人类的主要心理顺应方式,它们渗透于个人的整个生活。她同时还提出了 8 种次级顺应方式,这些心理顺应方式仅在有限的范围内,与弗洛伊德的心理防御机制十分相似。

①盲点:对某些经验的否认与忽视。

②间隔区划:按照不同的法则把个人生活区分为各种适用的不同部分,每项法则都有它特定的适用范围。

③合理性:给自己提供一个“合理”的错觉理由,为引发焦虑的行为开脱。

④极度的自我控制:通过控制一切情感流露来防范焦虑的产生。

⑤外化:一种把责任推向外部因素的防卫方式。个体认为任何重大影响都来自外部

作用,所以个体不再为自己承担任何责任。

⑥武断的正确:在不确定的环境中做决策时,为了迅速结束争议状态而武断地选择其中一种对策。

⑦逃避:一种不做决策的明哲保身的做法。

⑧犬儒主义:通过否定事物价值而为自己的放弃做开脱的防御方式。

正常人与神经症患者都会使用这八种心理顺应方式,二者差异在于使用程度不同。正常人能够依据不同情况来选择不同的顺应方式,而神经症患者则是过度使用其中某一种或几种方法,从而降低了解决问题的有效性。

3. 理论应用

(1)女性心理学　霍妮用“子宫嫉妒”来反对“阴茎嫉妒”。子宫嫉妒指男人也会羡慕女人的乳房、子宫和生儿育女的能力。她认为,生理构造的不同不能作为鼓吹男权主义的理由,女性行为更多受社会文化的影响,男女人格的差异应该主要是由社会文化决定的。

(2)健康人格模式　霍妮依据其理论提出,理想人格应该能视情境而灵活地运用三种行为方式:有时应顺从他人,有时敢于挑战他人和维护自我,必要时能自主自立。

①自我探索:要挖掘个人潜能,就要进行自我探索,健康的人能够有效地自我分析。健康的人其理想自我的确立是以真实自我为基点,随着真实自我不可避免地发生变化,理想自我也会发生变化。健康人的理想自我既符合实际又具有动力。

②生活的自助功能:霍妮认为,无法自助的人才会借助心理治疗,而健康的人会借助生活本身的自助功能,将生活本身视为一位很有效的治疗师,每一个人都能利用存在于自身的建设性的成长力量。

(3)神经症的治疗

①治疗目的和过程:治疗的目的就是要发现和解决患者压抑的深层的内心冲突,释放真实自我的建设性力量,以更好地发展。为此,治疗师必须首先帮助他们认识到内心的冲突,使他们承认神经症的行为方式是自欺欺人的,然后再进行深入分析。

②治疗的技术

释梦:梦是真实情感的写照,从患者的梦中可以获取对治疗有价值的信息。

阻抗和移情:阻抗不全是有害的,它可以为患者潜意识想要逃避的重要事件提供线索,当患者无意中说到他们最为害怕的症结所在时,阻抗也可以给予一定的保护,避免患者由于进展太快而崩溃。移情的意义在于,治疗师恰好成为患者习惯性亲近、反抗或逃避的对象,有助于发现患者固有的行为方式和内心冲突。

自我分析:倡导自我分析是霍妮对精神分析治疗的一大贡献。她认为,既然人生来就具有积极的建设性力量,既然治疗就是要挖掘患者身上的这种力量,那么进行自我分析是可行的。我们要了解自己,可以去审视我们的需要、目标,我们的各种“强求”和“应该”,尝试去体验自己真正的感受和情绪,问一问自己“人们为什么不喜欢我”“我能够设立一个改变行为的简单计划吗”。

4. 理论评价

(1)贡献

①霍妮是精神分析社会文化学派的开创者,她使精神分析式的思维从纯粹的强调生理、解剖和个体转移出来,转而关注一个温暖稳定的家庭以及社会和文化影响的重要性,开辟了精神分析的新道路,也使精神分析治疗更加广泛而有效地满足了现代人适应社会生活的需要;为后来的人本主义心理学开辟了道路,起到了承先启后的关键作用。

②她对于焦虑、移情等重要现象的分析十分有见地,对于女性心理的论述也更加符合现代的观点,被称为第一个伟大的精神分析女权主义者。

(2)缺陷

①它与前人理论的相似性。霍妮照搬了经典精神分析与个体心理学的诸多概念,创新性不够。

②霍妮过于强调神经症,忽略了正常人格的结构与发展。

③霍妮的理论在内部一致性上存在明显的不完善之处,一方面她十分强调社会文化对于神经症形成的重要作用;另一方面却没有指出社会文化作用于人格的具体机制是什么,也没有提出社会改革的要求,而是一味关心个人如何去顺应这种文化。

(二)弗洛姆的人格理论

1. 理论观点

(1)人性观　弗洛姆(Erich Fromm)持积极的人性观,认为理想人格是一种富于创造性、能主动发挥潜能、与他人关系良好的性格,而这些可以经由社会变革达到。

弗洛姆认为,人类最基本的驱力之一是趋乐避苦,许多人将紧张状态的解除和感官的满足视为幸福达成的途径,拼命追求它们。而且,人还能通过创造性地利用自己的能力,来体验幸福和快乐。人类本质的另一个方面就是爱,爱能增进喜悦和快乐。一个人创造性地发挥潜能与创造性地爱,最能使人拥有持久的幸福。但有些人会以病态的方式来体验幸福。

(2)人类的需要　弗洛姆认为,除了生理需要,人的其他基本需要都起源于人的矛盾性,这种矛盾性包含三个方面的含义:一是人超越自然所获得的独立性和与他人、真我日益疏远带来的孤独感之间的矛盾;二是对生的眷恋和对死的恐惧之间的矛盾;三是人要发挥自身潜能和人生苦短、无法完全自我实现之间的矛盾。为了处理这些矛盾,人便产生了一些基本需要,这些需要因为不是本能的,所以难以满足,因而也更具吸引力,人有六种基本需要。

①关联的需要:人类相对于自然是那么的渺小,个体由此产生了独特而强烈的孤独感,为了克服孤独感,也为了生存,必须与他人合作,建立起亲密良好的联系。而在这个世

界上只有一种感情可以满足人与外界合一，而又保有完整独立感的要求，那就是爱。爱是一种随着年龄的增长逐步发展起来的与世界、与形形色色的人联系起来的健康情感，是与整个世界、全人类的关系。爱的艺术包括真诚地关心和给予他人，客观正确地认识他人的真实情感和愿望，尊重他人以自己的方式生活的权利以及心怀对全人类的责任感等。

②归根的需要：人类从自然之中分离出来，失去了自然的根，但还是希望有所归依，需要归属于某些事物，在寻根的过程中，我们需要认同一套规则，来获取安全感和扎根于某处的踏实感。

③超越的需要：人类由于天赋的理性和才智，不甘于被动消极的角色，渴望超越动物的无助境地，改变环境。

④认同的需要：人在脱离自然和母亲的过程中，逐渐形成了自我意识，人们需要回答"我是谁"这个问题。

⑤方向架构和献身的需要：人生必须有意义感和方向，我们每一个人都应该有自己的一套人生哲学，以建立起有意义的价值观和人生目标，从而描绘我们所处的位置，指引我们的行为，赋予生命某种意义，并为之献身。有人确立的方向架构强调爱、竞争、生产、理智以及对生活之爱(或称恋生狂)，是符合实际、健康的。而另一些人方向架构中的则是毁灭、权力、财富、自恋以及对死亡之爱(或称恋尸狂)，这是非理性、不健康的。

⑥刺激和被刺激的需要：是朝向一个生活目标的刺激，是推动一个人努力发展自己的刺激，这种需要具有社会动机的激励作用。

(3)*人格类型*　为了满足上述需要，克服因孤独而引起的焦虑，人们会遵循不同的方向来解决自身的问题，这些行为方向可能会以某种特殊的行为模式为中心，发展成为一个人特定的性格。

①接受型：这类人处于一种被动的、凡事依赖的处世状态中，他们认为自己所需要的一切东西都只能从外界得来，所以他们不愿为得到自己想要的东西而努力，自己也不愿付出，总是期盼别人来给予。他们处世悲观，屈从于命运的安排，自卑怯懦，对人唯命是从，内心脆弱，依赖感很强。对应于弗洛伊德的"口腔期"人格和霍妮的"亲近他人"的行为方式。

②剥削型：这类人也认为必须从外界获取所需的事物，不过他们是通过抢夺、欺诈或其他操控手段来得到。在他们眼里，人际关系只是满足其需要的工具。对应于弗洛伊德的"口腔虐待"人格和霍妮的"反抗他人"的行为方式。

③囤积型：这类人通过囤积和节约来获取安全感，通过保护自己领地的秩序和清洁来防止外部世界的威胁。他们尽可能地把各种各样的事物都收罗到自己的掌握之下，与人交往中，可能冷淡且多疑，处世方式也相当保守。对应于弗洛伊德的"肛门期"人格和霍妮的"逃避他人"的行为方式。

④市场型：在这类人看来，个人的价值是由外界和他人决定的，自己就像是一件商品，

因此难免会过分在意别人的看法。他们不喜欢独处,需要持续不断的社会接触来确认自己的价值,所以他们十分热衷于社会地位,不加分辨地期望获得所有人的注意,但对于别人的感受却漠不关心。

⑤官僚型:这类人完全被权力和官僚体系所控制,同时自己也拥有支配别人的某些权力,他们常常使用官样文章和政治手段来宣泄自己虐待狂般的敌意。

⑥建设型:这类人能够充分发展和发挥出自身所具有的潜能,无论是身体、心智,还是情感,都是健全的。

弗洛姆认为,非建设型人格所包含的特质与建设型人格所包含的特质实际上是一样的,只不过前者是后者的夸大或者缺乏,建设型人格取向表现得更适中而已。

2. 研究主题

(1)现代西方人的精神危机

①逃避自由:现代社会的劳动手段不断更新,社会变迁越来越频繁,社会竞争越来越激烈,社会经济危机和战争难以预料,人们自然会体会到强烈的不安全感。同时,回归自我意味着我们要独自面对巨大的责任,于是会陷入难以承受的无助和孤独状态,发现自己其实无比的渺小。面对这种感觉,弗洛姆认为人们可能会有两种反应:逃避自由;走向"积极的自由"。

人们用以逃避自由的机制有三种:独裁主义;毁灭;主动从众(多数人使用)。那些没有使用上述三种逃避机制的人,则有希望成功地保持自身的个体化,他们了解真实自我的可贵,并且十分地珍惜,所以他们能从生活点滴中获取生命的意义和乐趣,能够自然地表达内心的情感,懂得爱,并能从中寻得幸福和快乐。弗洛姆把这种自发地继续个体化的过程称作积极自由。

②疏离:资本主义的生产方式和分配方式决定了人不得不成为他人获取经济利益的工具,成为庞大经济机器的附属品,人们因而感觉没有什么东西是自己的,自己仿佛跟自己失去了联系,飘忽在半空中,就像是个物品一样,虽然也有感觉,也有常识,但无法跟他人及这个世界建立建设性的关系。

③机器人化:机器人化是西方工业社会的产物,西方世界的两次工业革命带来经济的迅速发展,也使机械和信息系统最终取代了人力和人脑。在这个庞大的系统里,个人所完成的一切产品都显得微不足道。

(2)社会变革论　弗洛姆认为要想解决现代人的种种精神危机,必须从社会的角度,通过社会变革来实现。正是不健全的社会造成了人的心理疾病,唯有社会的健全,才有个人人格的健康,对此,唯一的解决办法就是彻底地改造这个社会。弗洛姆理想中的健全社会是"人道主义的民主的社会主义"。

3. 理论应用

(1)理想人格模式　弗洛姆认为,理想人格应该是成熟的,具有兼容并蓄的各种生活取向所具有的良好品质，表现为沉着、坚强、温暖、富有爱心、平易近人、内心取向，并向着更富有创造性的境界努力迈进。弗洛姆在论述理想人格时，特别强调创造性生活取向和创造性的爱。

①创造性生活取向：这是美好生活所需的人格品质，当个体在发展自己和扩展生活领域时，他们会由此获得新的人格特质。当个体达到趋近理想境界的人格状态时，各种人格特质应该是以均衡和谐的方式存在，相辅相成。

②创造性的爱：弗洛姆指出，爱是延伸自己、与他人联系的能力，爱能够克服孤独感。一个健康的人是懂得真爱的，而爱的真谛具有五个特征：给予、照顾、责任、尊重、了解。

(2)精神疾病的治疗

①精神疾病的成因：除了生长环境中父母的病态行为之外，弗洛姆还强调，精神疾病常常是由个体所处的社会文化引起的。社会通过一系列复杂的过程，政治灌输、奖赏和惩罚等等，试图将人们"想做的"变成"不得不做的"。

②精神疾病的治疗：弗洛姆继承了经典精神分析的许多技术与程序，包括探求潜意识成分，使用自由联想、释梦，强调阻抗、移情和反移情等等，他还采用阿德勒的生活史分析技术，也同意霍妮提出的必须从智力和情感两个方面来诊断病情的观点。在各种治疗技术中，弗洛姆和弗洛伊德一样十分看重释梦，他也认为梦是探究潜意识的通路，而且是心理治疗中最重要、最具揭露性的技术。

治疗的目的是要使患者放弃非建设型的方向架构，代之以建设型的，并学会用爱取代自恋。

(3)弗洛姆人格理论与宗教　弗洛姆把宗教也看作是参考架构的一种，是人们逃避自由的方式。他认为人们寻求宗教的慰藉不是因为信仰和奉献，而是为了逃避孤单和寻找安全感。

4. 理论评价

(1)贡献

①弗洛姆把心理现象放到广阔的政治、经济和文化的背景下加以研究，大大拓宽了精神分析以及整个心理学研究的视野。

②他关注现代社会中大多数人的生活状况，以现代人的精神危机和困境作为关注的核心，把心理疾病与社会现实结合起来，广泛利用历史文献作为研究论据。

③他对于男女平等、生理驱力等概念的研究也比之前的理论要合理。

(2)缺陷

①虽然他创造性地将精神分析发展到了一个新的高度，但是他的学术毕竟是建立在心理学的基础上，因而这样的社会改革理论不可避免地陷入了乌托邦的空想主义。

②在弗洛姆的著作中，似乎缺少定量的分析和研究，因此不少现代心理学家把他的观点视作是尚未获得实证研究支持的哲学观点。

③弗洛姆未能提出一个全面完整的人格理论,且弗洛姆比较关注无法验证的推理,因此他对于现代心理学思想的影响有限。

(三)沙利文的人格理论

1.理论观点 沙利文(Sullivan)对于人性的观点也较为乐观,不过霍妮关注的是神经症,弗洛姆强调社会性,而沙利文最为强调的是人格的人际性,因此他的理论也常被称为人际理论。

(1)基本概念

①人种假设:沙利文认为,人格的动物性方面决定了我们在身体相貌、感受性和智力等特征上各不相同。不过,即便存在着诸多差异,和世界上一切别的东西比起来,还是人和人最相近,和一个人的人格最类似的无疑也是另外一个人的人格。由此可见,沙利文倾向于淡化个体差异,而致力于研究全人类共通的心理现象。

②人际需要:沙利文认为,人格主要是由社会力量塑造的,而其中最关键的就是人际关系。人类有着强烈的与人交际的需要,如果长时间断绝与他人的联系,人格状况就会恶化。

③紧张降低模型:沙利文认为,人类有一种趋向于心理健康的动力,同时,每个人都具有降低内心紧张的动机,在这种动机的作用下,所能达到的最理想的状态是一种完全的平衡状态,即完全没有内在缺乏感也没有外在压迫感的健康状态。与此相对的另一个极端则是绝对的紧张状态,这两种状态在现实生活中都不可能达到,只能无限趋近。引起紧张的主要原因有四个:生理化学需要(排泄、饥饿、缺水、缺氧、性欲等)与睡眠需要;焦虑(引起紧张的最重要原因,最主要来源于孩子和母亲的关系)需要;表达温柔的需要。要降低紧张,也得从这四个方面人手。

④动力机制:沙利文只承认物理能量的存在,认为有机体通过传递物理能量,而不是力比多。他强调,人格是一个动态过程,能量传递的过程即为动力机制。这种机制是天生的,每个人身上或多或少都有。同一个动力机制可以有多种形式:外在的或内隐的。动力机制在一定程度上受到学习和成熟的调节,从而使其引发的行为会因为场合或对象的不同而有所差异,表现出来的行为强度也不同,不过它们终归还是同一个动力机制的作用结果。

⑤经验模式:婴儿人生经验必须经历的三个认知过程:分离模式的经验;并列模式的经验;综合模式的经验。新生的婴儿对外部世界还不能形成明确的印象,他对环境的理解仅局限于一些暂时的、离散的和无意义的经验的串联。随着婴儿渐渐长大,那些粗糙的经验也逐渐被打破,他开始能够知觉到事件发生的意义以及彼此之间的关系,形成更加连贯的片段,并且能够区分出时间的差异以及自己与外部世界的不同。到1岁至1岁半时,幼儿开始学会使用社会可接受和理解的语言符号进行思考和交流,也能够理解事物之间的

逻辑因果关系,从此儿童的人际交往进入了一个新的更高层次。

(2)*人格结构* 在沙利文看来,人格只是假设的实体,其组成部分是所有人际关系中的事件。

①人格化:个体会以人际经验为基础形成对自己和他人的习惯性印象(包括情感、态度、思维等),这一过程称为人格化。人格化的形象由于受到个体自我系统特征的影响,不见得就是对自己和他人的真实表征,很多时候并不正确,但是形象一旦建立便会具有持久的影响力,从而支配着个体对他人的态度。这一点,在"刻板印象"上表现尤为明显。

②自我系统:也叫自我动能,是指以个体的人际经验为基础建立起来的一种自我形象。自我系统是社会道德规范和文化的产物,个人的焦虑经验越多,自我系统就会越复杂,与人格其他部分的差距也会越大,从而妨碍个人对自己的行为做出客观的判断,因此虽然其活动的主要目的是为了减轻焦虑,但是也可能在某种程度上阻碍个体与他人建立起积极的人际关系。

③选择性忽视:如果自我系统遭到了可能威胁其稳定性的信息时,它可能只是简单地忽略或者拒绝这些不和谐的信息,依然故我地和从前一样运作,称之为"选择性忽视"。这会妨碍个体从威胁中学习经验教训的能力。

④非我:"非我"形象也是由焦虑造成的,不过它在潜意识里是与自我系统分离的。非我是人格中最阴暗可怕的一面,包含着人格中那些极具威胁性,连坏我都应付不了的方面。

(3)*人格发展* 沙利文非常关注人格发展,认为发展是理解人类行为的关键,他虽强调幼年生活经验的重要性,但也认为人格过了幼年还会继续发展。人格发展分为:①婴儿期;②儿童期;③少年期;④前青春期;⑤青春前期;⑥青春后期;⑦成人期。其中,前青春期、青春前期和青春后期是关注的重点。人格发展并不是性心理的发展,而是以人际关系为核心的发展。

2. 研究主题 在各研究专题中,沙利文最关心的是人格发展以及精神分裂症。各种精神疾病之中,沙利文论述最多的就是强迫性神经症和精神分裂症。

(1)强迫症反映了患者对焦虑的一种病态的敏感以及自尊的失落。症状的起因是个体在现实的人际关系中从来没有获得过真正意义上的比较突出的成功,导致他使用一种仪式化的思维和活动来获取安全感,以免唤起更大的焦虑。

(2)精神分裂症与强迫症在许多方面是类似的,且强迫症状常常是精神分裂症状的前奏或者尾声。精神分裂症的成因常常是早年不愉快的情绪体验(特别是极度的焦虑),或者是自尊在后几个发展阶段里受到了摧毁性的打击。精神分裂症代表了一种向早前心理功能的回退,以此来试图避免强烈的焦虑感和自尊的毁灭感。

3. 理论应用

(1)*精神病理学* 沙利文也认为精神疾病只有程度的不同,而没有种类的区分。精神病人与正常人没有本质的区别,甚至在每一个精神病人身上都有像精神病学家的部分。

①精神疾病的成因：所有非器质性的心理疾病都是由病态的人际关系造成的。

②精神疾病的种类：沙利文认为各种病症之间并无本质区别。

(2)精神疾病的治疗

①理论基础：精神疾病的治疗过程首先也是一个学习的过程。治疗的目标是，使患者对他们选择性忽视的事物获得全新的认识，重新整合人格中互相分离的部分，在“好我”和“坏我”之间建立起一个适当的平衡，形成一个更为广泛和有效的人际行为资源库。所以治疗者必须是人际关系方面的专家。

②治疗过程：治疗焦点是患者与治疗者之间的人际关系，治疗师既是观察者，又是积极的参与者。在与患者面谈时，治疗者要集中注意于患者所说的“关于我……我……”的部分。治疗过程包括“正式开始阶段”“勘察期”“细节调查阶段”和“终结阶段”。

③释梦：沙利文同意经典精神分析所说的，即人在深度睡眠时会在某种程度上放松对自我系统的防御，并提供了把清醒时淤积的紧张释放出来的机会。不过，沙利文并不认为梦是了解人格的丰富信息来源。

④阻抗、移情和反移情：沙利文同意自我系统在不断地抵抗治疗目标的完成，但他并不认为这是为了维护本我的不法冲动，而把它解释为一种降低焦虑的努力。对于移情，他认为根本就是一种错误的人际知觉。他不曾提到过反移情，但是他警告，治疗师持有某种刻板印象是很危险的，所以经常对自己进行分析是很有必要的。

4. 理论评价

(1)贡献

①将精神分析的研究中心转移到社会学的方向上，超越了弗洛伊德精神分析的生物化倾向。

②是对精神分裂症提出有说服力的心理动力学解释的第一人。

③关于焦虑的论述明显比阿德勒的要完整和细致。

(2)缺陷

①自己创造了一大堆深奥的术语，使学习者难以理解。

②他的动力论被指责与弗洛伊德的性欲论和阿德勒的自卑论类似。

③将自我系统的形成归因于重要他人赏罚的结果，忽视了孩子自己的错误认知造成的歪曲。

④太过于强调人格的人际部分，并没有衍生出多少实证研究。

(四)艾里克森的人格理论

1. 理论观点

(1)人性观　艾里克森(Erikson)是一个乐观主义者，他认为人有能力克服人格和社会出现的危机，从而获得成长。危机是一个个使我们从逆境中获胜并主宰自我和世界的机会。

(2)人格动力　人由生到死受到生理、心理和社会三方面因素交互作用的影响。

①生理过程:力比多和性欲。艾里克森保留了本能和力比多学说,但并不是那么强调,他更强调的是自我和社会力量在人格塑造中所起的作用。

②自我过程:同一感和掌握感。在艾里克森看来,自我是一种心理过程,它综合了过去和现在的经验,相对独立而且强大,可以有意识地控制和引导心理性欲向着合理的方向发展,促使人们建立起自我认同感,获得对环境的掌握感,具有很强的自主性和适应性。

在自我的诸多特性里,艾里克森最为重视自我的同一性(identity),他认为健康自我的最主要功能就是要维持一种同一性(也称自我同一性、心理社会同一性)。同一性包括:个体性;整体感和整合感;一致性和连续性;社会团结性。

③社会过程:社会和文化。同一性和掌握感的获得需要他人的支持,社会不仅可以帮助减轻生活中的冲突,而且可以提供给个体被认可的社会角色,来保证个体找到一个有效的生涯依靠,此外,由人际关系所提供的社会认同也可以确保个体获得一种存在和有意义感。艾里克森还花费了大量时间和精力研究了不同文化对人格的影响。

④其他:身体区域与行为方式。艾里克森也对一些与环境相互作用的身体区域表示了关注,同时也列举了六种人们应对外部世界的方式:合并型之一(取,被动接受);合并型之二(拿,有目的的索取);排除型(放弃自己所拥有的);干扰型(带有敌意的侵略环境,特别男性化);包容型(获得和保护,特别女性化);生殖型(生育)。

(3)人格发展　艾里克森认为,人的发展是按阶段依次进行的(胚胎渐次生成说),共八个阶段,以不变的顺序依次出现,而且具有跨文化的一致性,由遗传因素决定,不过每一个阶段是否能够顺利度过则由社会环境决定。因此,这种阶段发展理论也可称作"心理社会发展阶段理论"。在心理发展的每一个阶段上都存在一种"危机",即发展中的一个重要转折点。积极地解决危机可以增强自我的力量,消极地解决危机则会削弱自我的力量。

①基本信任对基本不信任(0～1岁):相当于弗洛伊德的口腔期。在这一时期,儿童无助感最强烈,最需要依赖成人。艾里克森认为,婴儿吃奶的经验是人际关系发展的基础,母亲的哺乳和拥抱,是婴儿与他人第一次重要的相互作用。婴儿通过与母亲的互动,对自己和所处的世界会产生一个基本的态度,即信任或不信任。这一阶段的危机的积极解决导致人格中希望品质的形成。获得希望品质的人敢于冒险,不怕挫折和失败。

②自主对害羞和疑虑(1～3岁):相当于弗洛伊德的肛门期。儿童介入自己意愿和父母意愿两者相互冲突的危机中。父母一方面要注意在不打击孩子刚刚萌芽的自主性的同时,坚定地改正孩子的不良行为;另一方面也要合理地容忍孩子所犯的错误,要有耐心。这一阶段的危机如果得到积极解决,儿童就会形成良好的自控和坚强的意志品质,反之,消极对待就容易形成自我疑虑。

③主动对内疚(3～5岁):与弗洛伊德的性器期相当。这个阶段,儿童以无穷无尽的好奇心和创造性去探索世界。这时候通达开明的父母会积极地给予儿童表达自己的机

会,小心地保护孩子可贵的求知欲,给他充分的自由去做想做的事情,同时也为他提供必要的指导和看护,以避免孩子受到不必要的挫折和打击。这样儿童将会勇于尝试,去学习去实践,为自己的目标而努力,从而获得主动感。这一阶段的危机得到积极解决,主动超过内疚,就会形成有方向和有目的(决心)的品质,反之消极对待,就会形成自卑感。

④勤奋对自卑(5~12岁):相当于弗洛伊德潜伏期。这时,儿童开始需要认真学习,他们需要接受一些系统的知识和技能训练,为适应社会做准备,同时通过学业成就来证明自己的能力和价值,需要时不时获得老师和父母的支持和鼓励。另外,也要防止勤奋感过度发展,导致儿童过高估计工作的意义,甚至把生活等同于工作,致使他们成人以后沦为工作的奴隶,只知服从,不会思考。这一阶段的危机得到积极解决,就会形成有能力(胜任)的品质,反之,消极对待,就导致无能感。

⑤自我同一性对角色混乱(12~20岁):相当于弗洛伊德的生殖阶段。这是人格发展过程中相当重要的一个阶段,是一个人要摆脱儿时的稚气走向成年的转折点。这一时期的关键是同一性问题。自我同一性对发展儿童健康人格十分重要,同一性的形成标志着儿童期的结束和成年期的开始。如果在这个阶段青少年不能获得同一性,就会产生角色混乱或消极同一性。角色混乱是指个体不能正确地选择适应社会环境的角色;消极同一性是指个体形成与社会要求相背离的同一性。这一阶段的危机得到积极解决,青少年获得的是积极同一性,就会形成忠诚的品质;如果是消极同一性,就会形成不确定性。

⑥亲密对孤独(20~24岁):这一阶段属于成年早期,又叫青年期。这一阶段的主要任务是要发展亲密感,避免疏离感(isolation)。拥有亲密感的人愿意主动亲近别人,与人合作,寻找友谊,他不怕暴露自己的弱点,相信自己终会被对方所接纳。如果这一阶段的危机得到积极解决,就会形成爱的品质;如果是消极解决,就会形成混乱的两性关系。

⑦繁殖对停滞(25~65岁):大约相当于壮年期和中年期。这时,青年成了父母,也发展了自己的事业,他们关心社会、关心世界、关心年轻人的成长,希望把幸福充实的生活传给下一代,为孩子们创立良好的成长环境,艾里克森认为这就具备了生产力。生产就是具有创造力和建设性。如果这一阶段的危机得到积极解决,就会形成关心的品质;如果是消极解决,就会导致自私自利。

⑧自我整合对失望(65岁以后):这一阶段属于成年晚期或老年期。如果前七个阶段的危机都得以顺利解决,个体在回顾这一生时,觉得对大部分的经历还比较满意,事业有些小成,家庭还算幸福,对人类和社会也做出了一些贡献,虽然谈不上流芳百世,但也相当地充实、有意义,没有太多后悔和遗憾,这样个体就能获得完满统整的感觉,从而心平气和地安度晚年。否则,会陷入深深的失望之中。如果这一阶段的危机得到积极解决,就形成智慧的品质;如果危机是消极解决,就会有失望和毫无意义感。

2. 研究主题

(1)自我　艾里克森人格理论与弗洛伊德一个最明显的不同就是把关注的重心从本

我上转移到自我。在艾里克森看来，自我才是人格和发展的积极驱动力，它可以独立，并且创造性地解决人生各个阶段的问题。自我是本我、超我和外部世界的主人。自我最重要的两个功能就是获得同一性和掌握感。

（2）心理历史理论　在艾里克森的研究成果中，另一部分别具特色的工作是采用心理历史法，研究著名历史人物的生活史。心理历史法就是将心理和历史的方法合并起来，来研究个体或团体的生活。这使得艾里克森更加坚定了社会文化因素对心理发展的重要作用，而这些名人的自我发展又会反过来改变社会和人类的历史。

3. 理论应用　艾里克森和弗洛伊德一样认为，适应良好的个体是能够完成爱与工作这两件事的人。

（1）精神疾病及其治疗

①精神疾病的根源：当正常的、胜任的自我因为社会性创伤、身体疾病和危机解决的失败而受到严重削弱时，精神疾病就会出现。

②精神疾病的种类：艾里克森认为精神疾病表现出的只是症状程度的不同，而非类型的不同。但他还是会使用一些标准的精神病学命名术语，只是小心地不让这种标签成为自我验证的预言。

③精神疾病的治疗：艾里克森提出的治疗目标与弗洛伊德相类似，不过，在艾里克森看来，病态症状不仅仅代表的是某种本能驱力没有得到满足，更常见的是代表着一种不顾一切地想要发展和维持同一性的努力。治疗就是要帮助患者用一种更具建设性的方式来获取同一性，从而减轻这种症状。

④阻抗、移情与反移情：艾里克森同意在治疗中存在着无意识的阻抗，不过他对阻抗的解释与弗洛伊德不同，他觉得是因为患者害怕自己那一点脆弱的同一性会被治疗师的强大意志故意地或是不小心地粉碎，因此治疗师需要想办法打消患者的这种顾虑。对于移情，艾里克森的态度有一些矛盾，而反移情，艾里克森认为是治疗者自己支配或爱上患者的愿望的表现。

⑤释梦：艾里克森同意梦是了解潜意识的重要渠道，其意义可以通过回忆和自由联想来解释，不过，他觉得梦可能与发展危机有关，梦或许是在提醒个体当前生活中存在着某些问题。

（2）教育和心理健康领域　艾里克森对于生命发展全程的重视，以及对每个发展阶段的特点和可能遇到的危机的详细论述，后来都成为教育实践领域的指导思想之一，并在一定程度上促进了生涯教育、毕生教育等现代教育理念的提倡和发展。如，有学者沿用艾里克森的思路，提出了“中年危机”的概念，由此带动了中年期心理健康的研究和应用。

4. 理论评价

（1）贡献

①他摒除了弗洛伊德的“社会是挫折冲突之源”的说法，强调人格发展中社会和文化

影响的作用，将精神分析和社会学结合了起来。

②他强调健康和适应性的自我机制，使得精神分析不再局限于临床个案的研究，而是扩展到了正常个体的研究。

③他把以自我为中心的人格发展阶段扩展到整个生命周期，突破了其他自我心理学仅仅描述幼儿早期人格发展的局限。从此以后，人们眼中的精神分析成为一个可以持续发展的理论，而不再是僵化的教条。他对于社会偏见的强烈反对态度，也使他成为最早的维护弱势群体利益的人之一。

④艾里克森对历史人物的心理研究和人类学研究都颇具特色。

⑤艾里克森不仅在他的人格理论上获得了巨大的成就，其敏锐的观察力、流畅的文字，以及对人类精神的深切关怀，都为他赢得了无限赞誉和尊敬。

(2)缺陷

①在某些批评家看来，艾里克森在理论立场上调和矛盾的态度无疑削弱了其自我心理学的影响力。

②艾里克森提出的心理发展八阶段理论的思辨性多于科学性。

③虽然艾里克森强调社会因素与人格发展的关系，但他仍把本我作为人格的生物学根源，在论述人格发展动力的时候也认为是个体的“同一性”在起作用，实际上他对社会因素的重视是远远不够的。

(五)客体关系理论

客体关系理论(object relations theory)主要代表人物是克雷恩(Klein)、马勒(Mahler)、克哈特(Kohut)等。他们认为：一个人与他人的交往方式是在早期童年的人际交互作用中建立的，而这种交往方式将反复出现在其一生的社交互动中，成为一种稳定的人际交往模式。

1. 理论观点

(1)基本概念　客体关系理论是从自我心理学中衍生而来。它强调个体与他人形成关系的方式，比本我、自我和超我之间的内在冲突更值得注意。

客体是指我们身体以外的人、事物或观念。可以指一个被爱着或者被恨着的人物、地方、东西甚至是幻想(fantasy)。它只是用来指代一个被赋予感情的对象，不论是一个人，还是一件没有生命的物体。通常婴儿第一个爱的客体是照顾自己的母亲或其他重要人物。

(2)人格结构　客体包括内在客体和外在客体。内在客体是指一个心理表象，它是一个和重要他人有关的影像、想法、幻想、感觉或者记忆。外在客体则是指一个真正的人或真正的物体。客体关系是自我与内在客体或外在客体之间的互动。一个自我表象和一个客体表象之间需要以驱力或者情感来连接，这就形成了一个“客体关系单元”。

(3)人格动力

①建立关系是发展的动力：儿童建立人际关系所付出的努力远远大于内在生理驱力

的作用。婴儿对重要他人(如母亲或照料者)的依赖是一种单方面的依恋,称为“婴儿期依赖”,而双方交互的依恋是一种“成熟性依赖”。人格发展的关键是由“婴儿期依赖”经过渡期进入“成熟性依赖”。

②内化机制:儿童最初与重要他人(多为父母)建立何种关系会影响到他今后的社会关系,儿童将童年初期的客体关系质量(温暖的或是冷漠的)内化为个体人格的成分,概化至其他关系中,成为他其后与人交往的基础,构成他终身的人际交往的核心。

客体关系的内化依赖于客体的表征。当孩子依附于母亲时,他尚未分出自己和母亲之间的区别,这时母子是共生体。当孩子开始学习区分自己和环境时,也意味着他开始形成有关环境中重要他人或者物体的认知表征。

(4)*人格发展*　从发展的角度看,最早的客体关系单元是一个共生的自我—客体。这时的自我和客体区别不明显,处于一种正在经历着的状态。这些未经过分化的经验发展下去就意味着要产生分离,即形成分化了的经验。共生是没有经过分化的自我—客体,虽然它也可能与不愉快的经验有关,但一般认为主要是和满足需要的享乐原则有关。所有的精神生活从共生开始,人们真正的自体就是从这个情感的海洋中产生的。

2.研究主题　客体关系理论也被视为自我心理学的一个分支。在客体关系论者中,更注重研究客体关系对儿童自我形成的影响。

(1)*关系自我*　关系自我是自我在与“重要他人”的关系发展中确立起来的,它是在早期经验的基础上产生的。在关系自我中,包括人我相互作用的模式、人际知识、自我认知等。

(2)*自我中心人格*　儿童是在与母亲的关系中产生自我的。儿童最初是“自我中心”的,其主要任务是要发展一个统整的自我,以期望能通过与他人的交往来了解自己,使自己以后的生命有方向性、意义性。父母与孩子的关系,决定了孩子自我成长的方向。倘若在儿童发展中遇到障碍,如失去母爱或体验到不健全的客体关系,儿童将不会建立适当的自我,从而形成“自我中心人格”。

3.理论应用

(1)*主客体分离研究——感觉剥夺*　在感觉剥夺实验中,身体的错觉是自体感觉的改变,幻觉则是自体与客体的混淆。因此人们惊讶地发现,把人和外在客体隔离的结果,非但不是形成一个更加完美的不受外界影响的完整自体感,反而是一个完全相反的类似共生的状态,它使人把自己和客体混为一谈,消失的界限也导致消失了感觉,使人没有了稳定的自体感和现实感。

(2)*心理异常的原因*　如果没有发展出完整和谐的客体关系,就会造成很多人格失调。主要原因有:

①主客体界限不清。

②双极整合缺乏。

③早期家庭亲情的缺乏。

(3)治疗方法

①关系治疗:关系治疗将问题产生归结于早期亲子关系中,在治疗过程中也强调关系的作用,其治疗目标是自我的重建。在这种方法中,治疗过程需要患者与治疗者形成移情关系。

②家庭治疗:依据客体关系理论,孩子的一些问题常常是父母教养不良造成的,因此解决孩子的问题要在家庭互动关系中来完成。家庭治疗就是将问题放在家庭互动的过程中来解决,而不是只针对孩子。

(六)对新精神分析理论的总体评价

1. 理论特色

(1)强调自我的主动性及其整合与调节功能。

(2)强调文化和社会因素对人格的重大影响。

(3)强调自尊心的培养和对未来的乐观主义态度。

(4)强调对儿童早期经验的观察与研究。

2. 重要贡献

(1)把潜意识理论的开拓性研究推向了新的里程碑。

(2)扩展了新的理论领域,加强了相关学科的联系。

(3)丰富了现代医学模式的内涵,发展了精神病学中心医学的理论和方法。

3. 主要缺陷

(1)没有脱离精神分析的理论主体。

(2)对未来社会的乌托邦式构想。

(3)理论仍具神秘色彩。

第三章　行为主义流派人格理论

华生(Watson)师从安吉尔(Angell)学习机能主义,之后,他继承并发扬了机能主义的思想,于1913年发表《行为主义者眼中的心理学》正式而明确地提出了他的行为主义主张,成为行为主义心理学流派的开山之人。华生主张心理学是自然科学,因此,只能使用客观的方法来进行研究。心理学研究的应当是行为而不是意识。

一、华生的人格理论

(一)理论观点

1. **人性观**　华生把人看成是环境中种种刺激的反应者,他所持的人性观被称为"空洞有机体"人性观,即认为人性无所谓善与恶。性善或性恶乃是由于个体受到环境影响、后天塑造的结果。

2. **人格界定**　华生指出,人格是一个人在反应方面的全部(包括现有的和潜在的)资产(assets)和债务(liabilities)。"资产"包括已组成的各种习惯的总体、可塑性与保持性之间的高度协调两个方面。"债务"是指那些在当前环境中不发挥作用,并且会阻碍个人对已改变的环境进行适应的,各种潜在的或可能的因素。

后来,华生又指出,人格是一切动作的总和,或者是各种习惯系统的最终产物。人们生来具有相同的素质,但是因为每个人的生活环境和所受的教育训练不同,所以,不同的人就会形成不同的习惯系统。根据一个人占优势的习惯系统,可以判断他的人格特征,也可以对人格进行分类。

3. **人格发展**　华生强调在人格发展中环境因素的重要作用,属于典型的环境决定论者。他认为,只要对环境有足够的控制,心理学家就可以将儿童塑造成他所想要的任何成人。

华生认为人格并非一成不变,而是可以改变的。他特别强调童年期人格变化的重要性。他指出,幼年和少年是个体形成各种习惯系统的时期,也是人格变化最快的时期。改变一个人人格的唯一方法就是改变他所处的环境。

4. **人格研究方法**　华生认为,人格是经过长时期的生活而形成发展起来的,只有通过较长时间的观察,才能了解一个人的人格。可以从五个方面精确地了解一个人的人格:

(1)研究一个人的受教育情况。

(2)研究一个人的成就。

(3)运用各种心理测验。

(4)研究一个人的业余爱好。

(5)研究一个人在生活情景中的情绪表现。

5. **异常行为的形成与改变**　华生是第一个提出异常行为是经过条件反射而习得的学者。1920 年华生和其实验助手雷纳用小艾尔波特与白鼠的实验就证明了这一观点，通过这个实验，华生研究了恐惧的形成。

(二)理论评价

1. 贡献

(1)行为主义促使心理学走上客观化道路。华生明确地提出心理学要以客观的行为作为研究对象，否定内省法，强调客观的研究方法。

(2)行为主义扩大了心理学的研究领域，传统心理学只局限于对意识的研究。

(3)行为主义推动了心理学的应用。

2. **缺陷**　华生从机械唯物论的观点出发，矫枉过正地全盘否定意识和本能，贬低生理和遗传的作用以及脑和神经中枢在心理活动中的重要作用，片面强调环境和教育的作用，而忽视人的主观能动性，从而使他在心理学的一些基本理论上陷入了困境。

二、斯金纳的人格理论

(一)理论观点

1. **人性观**　与华生的观点一致，斯金纳(Burrhus Frederick Skinner)认为人性无善恶好坏之分，是"中性"的。善或恶乃是行为的结果。

2. **人格概念**　斯金纳认为，人格只是通过操作条件反射而形成的一种惯常性的行为方式。如果能够认识、操纵和预测人的行为，那么就没有什么人格问题是不能解释和解决的。

(1)操作性行为与反应性行为

①操作性行为：有机体自发操作的行为，这种行为是主动的，代表着有机体对环境的主动适应。即操作性条件反射下的行为。人类的大多数行为都是操作性行为。

②反应性行为：又称应答性行为，是指由先行刺激引发，是对刺激物的回答，这种行为比较被动。即经典性条件反射下的行为。

(2)反应泛化与分化

①泛化又称类化或概括化，是指一种条件反射建立以后，个体可能不仅对条件刺激做出行为反应，而且也对与条件刺激相似的其他刺激做出行为反应。一般来说，新刺激和原来刺激的相似越大，发生泛化的可能性越大。

②分化又称辨别，是指个体能对不同的刺激做出不同的行为反应。分化原理经常被运用到动物和人类的行为塑造和行为治疗当中。

3. 人格的结构 每一派人格理论都很重视人格的结构，并用其来解释个体差异。但，行为主义学家强调情境的特殊性，比较重视外部环境中的刺激，认为个体的行为都是由外部刺激所引起的反应，反应就是行为的结构性单位。

4. 人格的形成与改变 斯金纳认为人格形成与行为改变的关键成分是强化(reinforcement)。强化又称增强，源自通常所说的奖赏，是斯金纳理论的核心概念之一。当有机体表现出某种行为后，如果紧随其后出现的某一事件或刺激能使该行为出现的概率增加，那么该事件或刺激就具有强化(或增强)作用，这一事件或刺激被称为强化物。因此，只要控制了强化，就能达到塑造和改变行为，继而塑造和改变人格的目的。

(1)强化的类型

①正强化：如果呈现某一刺激物，能够加强某种行为出现的频率，那么该刺激物就是正强化物。由于正强化物的出现而对个体行为所产生的强化作用，称为正强化。

②负强化：如果撤去某一刺激物，能够加强某种行为出现的频率，那么该刺激物就是负强化物。由于负强化物的消失而对个体行为所产生的强化作用，称为负强化。

正、负强化的区别在于：前者是在行为发生后给予一个愉快刺激，而后者是在行为发生后撤除一个厌恶刺激。但二者都可以达到使行为发生频率增加的效果。

③正惩罚：如果在一个行为之后给予一个厌恶刺激，结果该行为在将来再现的可能性降低，则为正惩罚的过程，该刺激称为正惩罚物。

虽然负强化物和正惩罚物在性质上都是个体所厌恶的，但是前者会导致行为出现的可能性增加，而后者却导致行为出现的可能性降低。

④负惩罚：如果一个行为发生之后紧接着撤除了一个原来存在的愉快刺激，导致该行为在未来发生的可能性减小，这一过程就叫作负惩罚。被撤除的刺激被称为负惩罚物。

(2)强化物的来源

①一级强化物与二级强化物

一级强化物：与有机体的生存密切相关的事物，如食物、水之类能够满足有机体基本生理需要的物品。

二级强化物：那些原本不具有强化作用，但是由于经常与一级强化物相结合而获得强化作用的刺激物。微笑、赞扬、金钱、奖励、荣誉、地位、名声、成就等都可能是二级强化物。那些与多种一级强化物相联系的二级强化物，被称为概括化强化物，如母亲、金钱等。

②积极强化物与消极强化物

积极强化物：与操作性行为相伴随的刺激物，可以增加操作性行为发生的频率，如水、食物、奖赏等。

消极强化物：当这类与操作性行为相伴随的刺激物从情境中被排除时，可以增加反应发生的频率,如电击。

③条件强化物与概括强化物

条件强化物:又称原始强化物,是指对动物具有天然强化作用的刺激物,如食物、水等。有时与原始强化物相伴随的很多中性刺激物,由于条件作用也具备了强化的性质,成为条件强化物。

概括强化物:当一个条件强化物与一个以上原始强化物形成联系时,就由于条件作用而具备了多方面的强化作用,成为一个概括化的强化物,如金钱。

(3)强化的程序　强化程序是指在建立操作条件反应时,对反应进行强化的不同方式。根据强化的组织和实施方式,可以把强化程序分为连续强化和间歇强化。连续强化是对有机体的每一次正确反应都给予强化。间歇强化又称部分强化,是根据一定的反应次数决定的比例或时间间隔给以强化。因此,间歇强化可以分为间隔强化和比率强化。

①间隔强化:根据时间间隔的安排,又可以分为固定时距强化(或定时强化)和变动时距强化(可变间隔强化)。固定时距强化指按照固定的时间间隔,对操作反应实施强化,如每隔 5 分钟或 20 分钟给予一次强化,而不管有机体在这一段时间内做出了多少反应。例如每工作 3 小时付给酬劳 100 元,这种计时付工资容易出现磨洋工现象。变动时距强化是指按照变化的时间间隔进行强化,如每 40 分钟内随机安排 5 次强化。例如,老板每隔一段时间给工人发红包,但每次间隔时间是不定的。

②比率强化:可以分为固定比率强化(或定比强化)和变化比率强化(或可变比率强化)。固定比率强化指按照固定比例进行强化,比如每 5 次正确反应之后就给一次强化。这种强化下反应出现的速度快。计件工资之所以比计时工资效果好就是这个道理。变化比率强化则是按照变化的比例进行强化,例如每 80 次正确反应中随机安排 8 次强化。实验证明,变化比率强化的效果最好。

5. 人格的发展　关于人格发展问题,斯金纳仍然强调强化程序在行为获得或表现中的重要性。儿童在发展的过程中,建立了条件反应,随之给予强化则能维持该行为,他特别强调受特殊环境强化物影响的特殊反应形态。斯金纳并不重视儿童行为发展的阶段性,认为强化就能说明人格发展的全部过程。

6. 人格异常　斯金纳认为,适应不良的行为是因为不能产生适宜的反应,所有的行为都是习得的,异常行为可能由以下原因造成:

(1)不良的强化经历导致的行为缺失。

(2)有缺陷的强化程序造成各种适应不良行为。

(3)线索辨别失败导致各种精神疾病。

(4)人格异常的人习得了一套不适宜的反应。

(二)研究主题

1. 强化　强化是斯金纳理论的核心,也是他研究的主题。

2. 消退与惩罚 消退是指操作条件作用被一种随后出现的强化物所强化，而当该强化物不再出现，此操作性反应就会随之消失，直至恢复到最初没有被强化时的水平，实际上就是不再给予强化。斯金纳主张，处理不期望行为的合适方式是消退而不是惩罚，原因有：

（1）惩罚不能指引正确的行为。

（2）惩罚要有及时性。

（3）惩罚可能具有副作用。

（三）理论应用

1. 行为评估 行为评估是指确定某一行为和某个特定情境的关系，主要强调三点：确定目标行为或目标反应；找出引发或强化该目标行为的特定环境；找出可以被操纵来改变该行为的特定环境因素。

行为评估的实质是确定某一行为是否由环境中某一特殊事件引起的，所以又称为行为的功能分析。所谓“功能”，不是指行为的功能，而是指环境促成或引发该行为的作用。这种评估方法也称为 ABC 评估法，因为它要评估行为的前提条件、行为本身和行为结果。

2. 行为塑造 行为塑造是指对逐步趋向目标的任何行为给予强化。

3. 行为治疗 治疗实施前，治疗者首先必须选定某种行为为“目标行为”，并给出明确的操作定义。在治疗过程中，当事人一旦表现出该行为就给予强化，而对其他不希望出现的行为则不予以强化。

（1）*代币制* 代币通常是一些小卡片，每当患者完成事先规定的行为或任务时，就发给其一定数量的代币，当患者积累代币达到一定数量时，就可以拿这些代币换取他想要得到的东西。而当患者表现出不适当的行为时，就扣除一定数目的代币以示惩罚。研究证明，代币制对改善行为重困扰者和智力落后者在诸如社会互动、自我照顾、工作表现等方面的行为均有明显效果。此外，代币制也能有效地降低儿童的攻击行为以及婚姻上的不协调问题。

（2）*生物反馈法* 生物反馈法利用了复杂的仪器设备提供诸如肌肉活动、皮肤温度、心跳速度、血压甚至脑电波等身体方面的信息。患者通过几次由机器协助提供信息的放松训练后，能学会自己做放松训练，进而消除焦虑。从操作条件作用的角度来看，患者因为产生降低肌肉紧张度的反应而受到强化，而这必须依赖于机器所提供的信息。

（四）理论评价

1. 贡献

（1）强调环境与情境变量对行为的影响作用。斯金纳强调行为评估时情境分析的必要性，这是传统的人格理论与评估所忽视的。

（2）注重实验室实验与临床应用相结合。

(3)扩展了理论的应用范围。其自我调节学习、程序教学和教学机器等都被推广到军事、工业等领域的人员培训上。

2. 缺陷

(1)忽视对人的内部心理过程的探讨。致使他对于人行为的描画偏于简单和模式化,他基本无视人类具有思考、计划等能力,也很少关注人们如何以不同的方式知觉到客体上极为相似的刺激。

(2)由动物研究结论简单的推广到人类。斯金纳的实验只涉及简单的有机体和简单的环境刺激,实质上这种简单的实验情境在实验室之外的人类现实生活中是不可能发生的。

(3)行为治疗的局限性。行为治疗是否对所有患者都有效,行为治疗结构能否持续一段时间,行为治疗是否因不同的治疗者而异。

三、多拉德和米勒的人格理论

多拉德(Dollard)和米勒(Miller)对赫尔的严谨的学习理论和弗洛伊德的生动的精神分析有共同的兴趣,他们最杰出的贡献就是在严格的实验研究的基础上将这两大理论体系结合起来,从而创造出了一个更为广博和实用的理论结构。

(一)理论观点

1. 基本概念

(1)*学习的四要素*　多拉德和米勒认为人格是习得的,而学习由以下四个要素组成。只要同时具备了这四个要素,学习就会发生。

①内驱力:内驱力是指迫使有机体行动的任何一种强烈的刺激。可以是与生俱来的,如干渴、疼痛、性、排泄等,叫作原生内驱力,又称一级内驱力,关系到个体的生存与否;也可以是后天习得的,叫作二级内驱力,如焦虑、成就、荣誉、金钱等。内驱力还可以是内部的,如饥饿、恐惧等;也可以是外部的,如炎热、吵闹等。

多拉德和米勒认为,一级内驱力是建构人格的基石,是所有习得的内驱力的基础和条件。二级内驱力则一般是由社会文化决定的,但和一级内驱力具有同等程度的动力作用。内驱力是一个动机概念,是人格的能量源泉。作为内驱力的刺激强度越大,内驱力越强烈,动机也越强烈。

②线索:线索是决定有机体何时、何地做出反应以及做出何种反应的刺激。内驱力驱使行为,线索则指导行为采取适当的方向。线索可以是外界的事件或刺激,也可以是有机体内在的情况和刺激。由此可见,线索不仅是引起人格变化的内外部刺激,而且也是人格变化发展的指南针。事实上,内驱力不仅能激发有机体的表现活动,而且也能成为某种性质的线索。

③反应:反应是人格主要的结构性概念,是由内驱力和线索诱发出来的用以降低或消除内驱力强度的行为或心理活动。既可能是外显的动作或行为,也可能是内部的心理活动,如思维、计划和推理等。多拉德和米勒将这种内隐反应称为线索性反应,因为这些心理活动通常决定随后的反应是什么。

④奖赏:奖赏就是强化,指任何能够使得某一特定刺激或线索所引发的反应频率增加的东西。强化物可以是原始的,与满足有机体的生理和生存需要有关的刺激;也可以是二级的,由那些经常和原始强化物配对出现的中性刺激转化而成。

(2)潜意识的意义　与弗洛伊德一样,多拉德和米勒也强调潜意识对行为的决定性作用,并将其分成两类:

①非文字符号化的经验:主要是指个体在童年时期,尚未学会语言文字之前的经验,虽不能被回忆,但对个体其后的有意识生活产生深远的影响。

②被压抑的经验:与大多数精神病患者的行为有着因果关系。所谓的潜意识或者压抑,都是习得的。压抑就是潜在的痛苦思想在进入意识之前被消退了的习得反应。

2. 人格结构　与斯金纳的观点一致,多拉德和米勒认为反应是人格主要的结构性概念。只是斯金纳不重视诱发反应的刺激,而多拉德和米勒认为刺激和反应之间有联结并且彼此形成"刺激—反应"联结物。多拉德和米勒将刺激和反应之间的稳定联结称为习惯,认为人格结构大部分是由习惯或"刺激—反应"联结物构成。

3. 人格发展　多拉德和米勒认为人格发展就是习惯的习得,而这些习惯彼此又相互关联,形成一种有层次的组织或重要性次序。

(1)多拉德和米勒认为,婴儿有三个基本特征:①生来具有一套特定情景下的特殊反射,这些反射使婴儿在很有限的范围内产生反应;②具有天赋反应等级,由遗传模式规定;③有一套原始驱力。

(2)通过随时起作用的驱力降低机制,已有的反应与新的刺激联系在一起,新反应得到强化,从原始驱力中产生出二级驱力,高级的心理过程和行为通过间接刺激泛化而发展起来。

(3)任何学习都是在一定的情境中发生的,不了解一个人的家庭环境和文化背景就无法预测其学习结果或内涵。

4. 人格适应　精神分析理论认为冲突是适应不良的主要特征,多拉德和米勒也赞同这一观点。当同时存在两种或两种以上互不相容的反应趋向相互竞争时,就会出现冲突。大多数冲突是潜意识的。

(1)冲突类型　多拉德和米勒认为冲突是适应不良的重要特征。他们用动物实验研究过四种冲突,即双趋冲突、双避冲突、趋避冲突和双重趋避冲突。

①双趋冲突:必须对两个具有同等吸引力的目标进行选择时所产生的"鱼与熊掌"难以取舍的冲突。

②双避冲突:必须对同时出现的两个有同样强度的否定目标进行选择时所产生的冲突。

③趋避冲突:同时被同一目标物所吸引和排斥时所产生的冲突。

④双重趋避冲突:同时对两个目标产生趋避冲突的矛盾心理。

(2)冲突原则

①越趋近目标,趋向正向目标的倾向越强烈。

②越趋近目标,避开负向目标的倾向越强烈。

③随着目标的接近,避开负向目标的倾向比趋向正向目标的倾向强烈。

④驱力强度的增加,将加强趋近或避开某一特殊目标的倾向。

⑤任何时候当两种反应竞争时,较强的反应都会出现。

(二)研究主题

1. **挫折－攻击假说** 挫折是指目的性行为受到阻碍时的伴随状态;而攻击则是指以伤害某一有机体或有机体的替代物为反应目标的行为。

(1)挫折－攻击假设的基本观点是:攻击是挫折的一种后果。挫折感的强度、受挫折的范围、遭遇挫折的次数、对攻击行为后果的预期等会影响挫折后的攻击行为程度。

(2)个体遇到挫折以后所引起的反应可以分为两类:一类是情绪性反应,包括攻击、冷漠、退化、幻想、自杀等;另一类是理智性反应,包括继续努力、改换目标。挫折是否导致攻击是以认知为中介的。挫折与攻击之间的关系既可以是先天的,也可以是后天习得的。

2. **模仿** 多拉德和米勒认为,模仿是一种社会学习,这一学习过程离不开报酬或强化,是以强化为基础的。模仿有三种表现形式:相同行为、仿同－依附行为和翻版行为。相同行为是指在同一情境下,两个人或两个人以上所做的行为反应相同。仿同－依附行为是指观察者盲目重复他人(尤其是威望高、令人尊敬的人)的个体行为。翻版行为是指在他人指导或示范下,做出某一行为。不过,多拉德和米勒认为,模仿学习只是操作条件作用的一个特例。

四种人最容易成为效仿的对象:①年龄较大的人;②智力高、能力强的人;③社会地位、等级较高的人;④各领域的权威人士或专家。

(三)理论应用

1. **早期教育** 多拉德和米勒赞同弗洛伊德关于早期童年经验对成人人格具有深远影响的观点,认为下列四个情境容易引起儿童的心理冲突和情绪困扰,成人要予以特别关注,以期对儿童今后人格的发展带来良好的影响。

(1)喂食情境 不仅会影响其身体的成长发育,而且会影响其成人后人际关系的发展。

(2)大小便训练　对儿童人格的发展极为重要。

(3)早期的性教育　应该让儿童及早学会正确的性观念和性行为。

(4)愤怒－焦虑冲突　父母的管教要宽严适度。

2. 神经症的形成与治疗

(1)神经症的形成　多拉德和米勒认为,神经症起因于潜意识中的冲突,而且这些冲突大多数是在儿童时期形成的。

(2)神经症的治疗　多拉德和米勒认为:既然神经症是习得的,那么就能够通过学习的方式让它遗忘。神经症治疗就是要提供一种能够忘却神经病症的情境。

(四)理论评价

1. 理论贡献

(1)多拉德和米勒试图整合精神分析和赫尔的学习理论,提出了比这两个理论更高级、实用的理论。他们使弗洛伊德的概念客观化,主张必须用操作性定义来界定概念,这样他们就把精神分析概念实际转化为可以用实验检验的术语。

(2)他们用学习原理来说明心理动力过程,因此搭建起了动物学习实验和临床心理治疗之间的桥梁。他们重新界定了刺激、反应,同时还加入社会文化变量和文化人类学的资料,产生了一种最后得以改变人格理论本质的融合体。

2. 理论缺陷

(1)多拉德和米勒由于使用老鼠来研究人类的行为经常受到人们的批评,如动物和人类的学习是否可以用同样的理论来说明和解释,以及所有的行为是否都可以在实验室控制的情况下进行研究等问题仍存在争议。

(2)他们过分强调原始驱力在人类行为中的决定作用,相对忽视了自我意识对行为的重要影响。

(3)他们还过分强调了受环境刺激所规范的习得性行为,轻视了遗传因素的作用。

四、对行为主义学派的总体评价

(一)理论特色

1. 可以研究许多被试。
2. 强调可适用于所有人的心理机能的普遍规律。
3. 研究者可以直接操纵、控制自己感兴趣的变量。

(二)重要贡献

1. 行为主义奠定了心理学的科学地位　实证研究是行为主义理论的基石,行为主义非常重视概念的可操作性、实验操作及变量的控制,它以其客观严谨的研究方法为心理学作为一门独立的学科步入科学殿堂做出了卓越的贡献。

2. 行为治疗的实用性 在实用主义的影响和指导下，许多重要的行为治疗方法才得以发展，如系统脱敏法、厌恶技术、代币制等。

3. 行为主义研究领域的广泛性 从简单的反射获得到人们日常生活中的迷信行为，以及适应不良行为的习得和消除等等都是行为主义的研究领域。

4. 行为主义理论简洁、明了 行为主义应用操作条件作用、强化以及习惯的形成来说明学习的过程，简单明了，毫无晦涩难懂之感。

（三）主要缺陷

1. 错误地将人类等同于动物 行为主义者对人类心理的研究，往往以动物作为研究对象。而人类的行为更多的受自我意识支配，人有自由意志和选择的权利。人是有理性的，而不是仅仅受初级需要、内驱力所驱动的简单的有机体。

2. 行为评估信度、效度的质疑 事实上，行为评估本身相当复杂，包括许多技巧的组合，与所谓严谨、客观或心理测量的可靠性、有效性相差甚远。

3. 行为主义对人格的描述过于狭窄化 行为主义对人格的看法过于简化，因而不可避免会忽略很多重要现象，他们对于思考、情绪、意识水平等的关注程度是微乎其微极其有限的。

4. 忽视人格的稳定性 由于行为主义强调环境的作用，认为人格具有可塑性，致使他们过于强调人格的可变性而相对忽视人格的稳定性，此外，他们还忽视了年龄等因素对个体人格的影响。

第四章　认知学派人格理论

凯利(George Kelly)理论被认为是人格认知理论的代表,是基于探究人的信息加工方式的意义而言的,该理论阐明了个体如何觉知信息,如何解释或转变这些信息,与现存的经验建立联系,并将这些解释转变为行为。依据凯利的理论,人们通过基于早先经验所形成的若干建构去认识和了解各种事物,并对其进行预测。以罗特、班杜拉和米歇尔为代表的社会认知论原被称为社会学习论。认知的信息加工原先限于心理学中学习与记忆现象的研究,但近年来已扩展到整个心理学,尤其曾被应用在自我以及整个人格的研究中。认知信息处理论学者提出了其他的认知结构,例如“原型”(prototype)和“图式”(schema),从而形成了人格认知学派一种研究取向——认知信息处理论。

一、凯利的个人建构理论

(一)理论观点

1. **人性观**　凯利将人视为科学家,他对人性的看法为:

(1)人是朝向未来的。

(2)人对环境有主动形成表征的能力,而不是被动的反应。

(3)人既是自由的,又是被决定的。

(4)人格既有独特性又有普遍性。

2. **人格概念**　人格的核心概念是建构。建构或构念,是人们用来解释世界、分析世人的观点,是人们用来对事件整理分类的一种概念,也是人们看待并控制事件的思维模式。它能对现实做出预测。

3. **人格结构**　人格结构是由一组独特结合的建构群所组成的复杂系统,个体差异就表现在个体所拥有的建构性质、数量、质量和组合方式的不同上。凯利从不同的角度对各种建构进行了分类:

(1)依据建构的作用　核心建构与外围建构。核心建构是个体行为中最基本、最稳定的建构,它是决定了个体行为的一致性或同一性的关键建构。外围建构是较易改变的建构,不起决定作用。

(2)依据建构的通透性 可渗透建构和非渗透性建构。可渗透建构是能容纳新成分进入其适用范围的建构。非渗透性建构是拒绝新的成分进入其领域的建构。

(3)依据建构的可变性 紧缩建构和松散建构。紧缩建构是对事件的预测绝无改变的建构。松散建构是对事件的预期可随时间、情境的不同而产生变化的建构。

(4)依据建构的表达方式 言语建构和前言语建构。言语建构是有一定文字符号来表达的建构。前言语建构是通过非文字符号来表达的建构。有时,当建构不便于言语化时,“不能言传,只能意会”,称为被淹没。

(5)依据建构的层次 主导建构和从属建构。主导建构是包含其他建构在内的上位层次的建构。从属建构则是被包含在别的建构(主导建构)中的下位层次建构。

这十种建构组成了人格的建构系统,系统内的各种建构成分相互关联,形成动态的系统。一个人的人格就是他的建构系统。

4. 基本假设与推论 基本假设(fundamental postulate),是指个体的心理过程是由其预测事件的方式所引导的。在这一假设下,提出了十一种推论:

(1)结构推论 指一个人通过对事件的反复建构来预测事件。

(2)个性推论 指人们在事件建构上的互不相同。

(3)组织推论 指为了预测事件个体会发展出一个包含各种有序的独特的建构群。

(4)二分推论 指个人建构系统由有限的二分性建构所组成。

(5)选择推论 指个人在二分建构中做出选择,是确定建构还是扩展建构。

(6)范围推论 指一个建构只适用于预测特定范围内的事件。

(7)经验推论 指个人建构系统随着个人连续对事件所作的解释而改变。

(8)调节推论 指个人建构系统的变化会受限于该建构的通透性。

(9)片段推论 指个人可以连续使用各种不同的、不关联的建构系统。

(10)共同推论 指个人能够运用与他人相同的经验建构的程度,代表其心理过程与他人的心理过程相似。

(11)社交推论 指人们解释他人建构系统时,就可能要在包含有那个人的社交活动中扮演的角色。

5. 人格动力 在凯利看来,人生来就是有动力的。他提出了CPC(详察,consider;预断,preemption;控制,control)循环理论。人遇到新情境时,其行动是依照详察—预断—控制三个阶段的循环(CPC循环)而进行的。通过CPC循环,人们会在自己的生活中减少不确定性,逐渐形成人格,并获得良好的适应。

6. 人格发展 凯利认为人格的发展就是建立在建构系统的发展之上。个体的发展就是要不断提高对世界预测的准确性。个人建构系统发展表现为随年龄的增长,个人建构系统在建构的数量、质量、复杂性、组织方式等方面都会变化。

(二)研究方法

1. **角色建构测验** 了解一个人,也就是去了解他解释世界的方式,了解一个人的建构系统。不同的人建构系统会有差异,人们不仅在建构内容上有区别,在其建构系统的组织上也存在差异。

2. **固定角色疗法** 让来访者扮演一个由心理治疗者设定的新角色,来访者按照新的角色要求来行动,治疗者鼓励患者以新的方式来看自己,以新的方式行动,并以新的方式来解释自己,也就成为一个新的人。

(三)研究主题

1. **认知复杂性-简单性** 认知复杂的人其认知建构的分化程度高,能够使用多种不同的建构来预测世界且预测的准确性高;认知简单的人则相反。

2. **焦虑与威胁** 当人们的建构系统发生变化时,或在使用建构发现无法预测世界时,就会产生焦虑或威胁的情绪感受。焦虑是个体对所遭遇的事件位于他的建构系统适应范围之外的认知。威胁是对个人核心建构中将发生全面改变的意识。

(四)理论应用

1. 建构作用与功能失调

(1)*去除混乱或制造混乱* 人们总是要对现实世界进行解释,给予意义或预言前景。解释和预测事物的主要工具是建构。如果一个人没有形成层次清晰的建构系统,人的心理世界也必将混乱不堪。

(2)*统领作用或制约作用* 一个人可以自由地在许多建构中选择并建立自己的建构系统,一旦个人建构被创造以后,反过来就会统领人们的行为。因此,建构的性质会决定个体的未来。

2. 病态建构的特点

(1)*建构系统缺陷* ①建构过度可渗透或过于不可渗透;②建构的不准确性;③建构系统的组织无层次。

(2)*建构使用失误* ①建构过度紧缩或松散;②过于寻求安全确定性的建构;③建构的使用超出其适用范围。

3. **自杀与敌意** 凯利从认知角度来解释自杀行为,他认为自杀乃是一种确认自己生命的行动,或是一种放弃生命的行动。攻击是对个人认知领域积极的补充。敌意是个体试图使别人依照他的预期而行动,以保证他的建构系统。

(五)理论评价

1. **学术贡献**

(1)丰富了人格理论的认知向度。

(2)发展了有效的人格评价工具:角色建构测验(REPT)。

(3)研创了独特的认知心理疗法:固定角色疗法。

2. **理论缺陷**

(1)忽视了人格中的非认知因素。

(2)角色建构测验的使用局限。

(3)理论系统中存在未决问题。

例如:建构是如何形成的?决定个人面对无效建构的反应因素是什么?

二、社会认知理论

社会认知论根源于学习论。该理论融合了行为主义和人本主义的人性观,认为人是主动的行为者;主张个体与环境间存在着交互作用,强调行为的社会起源;另外,还强调认知过程,并认为即使无奖赏也会发生学习。

(一)罗特的社会认知论

1. **理论观点**

(1)人性观

①在自由意志与决定论的议题上,他倾向于自由选择和行动,罗特强调认知变量并相信人们可以调节并按照经验选择自己的行为。

②大部分的人类行为是学习的结果。

③人不是外在事件、遗传或童年经验的机械反应者,人能自由地塑造自己目前的行为及未来。

(2)罗特的人格理论

①基本概念:罗特认为要预测人类在特定情境中的行为,除了考虑情境因素外,还必须考虑认知因素,这包括知觉、预期和价值。一种行为在特定的情况下发生的可能性,是由当事人对该项行为会引发某种强化的预期和强化物的价值共同决定的。

$$BP = f(E \times RV)$$

BP:行为潜能,即一种行为在某种(某些)情境下发生的可能性。

E:预期,即指人们对在特定情境中的某种行为性质的认知或信念。

RV:强化值,即如果一系列强化物出现的概率相同,个体希望某种(某些)强化物出现的程度。

心理情境：人们处于一个对自己内在和外在环境的连锁反应状态中，而且这些环境本身也是持续互动的。人们总根据自己对外部刺激的感知而对情境做出反应。

罗特还提出了两个次要概念：行动自由度和最低目标水平。行动自由度是指人们对某行为后果会导致特定强化的预期。高预期导致高行动自由度，低预期则导致低行动自由度。一个具有高行动自由度的人预期成功或接近目标，而低行动自由度的人则预期失败或处罚。最低目标水平是指一个人在生活某方面一连串强化中的最低但仍能令其感到满足的水平，它是正强化和负强化的分界点。

②人格结构：罗特提出了两种类特质，也叫问题解决的类化预期——人际信任和控制点。

问题解决类化预期是个体在过去独特经验的基础上所形成的较持久的问题解决的预期倾向。每个人都会在这两个类特质上表现出差异性。人际信任是指个体对他人言语承诺的信赖程度。控制点也称为强化的内外控，是指个体日常生活中对自己与周围世界关系的看法。内控者相信凡事都是由自己掌控的，而外控者则相信凡事都不是自己能解决的。

③人格发展：罗特认为，人们的心理需要是习得的，习得的需要本质上是社会的，因为它的满足和强化要依赖于他人。对儿童来说父母是重要人物，到了成年，人们依赖他人来满足爱、情感和认可的需要。他提出了六种需要类别：认可—地位需要；支配需要；独立需要；保证—依赖需要；爱和情感的需要；生活舒适需要。

人格的发展在很大程度上依赖于人际交往经验的范围、丰富性和性质，依赖于父母、同伴的标准，目标和交流的技巧等。罗特认为，要帮助儿童健康成长，父母、教师以及他人对孩子的态度应该是和蔼、宽容、民主、言行一致的。

2. 研究方法

(1)访谈　在访谈中，咨询员或治疗者可以了解当事人的需要、行动自由度和需要的重要性。

(2)投射测验　罗特认为，投射测验在临床的诊断方面颇有用途，但是他认为罗夏克墨迹测验不能测量社会认知理论的那些概念，而主观统觉测验能够提供许多人际交往经验的资料。

(3)控制性行为测验　控制性行为测验相当于在实验情况下的观察。被试被安置在某种情境中，由研究者安排某些刺激的改变，以观察被试的反应。

(4)行为观察技术　由研究者在自然情况下，对被试的行为作非正式的观察。这可以帮助研究者了解被试在实验情况下行为类化及在日常生活中的情况。

(5)问卷　罗特认为，问卷法可以用来验证社会认知理论的某些概念，他自己编的《内—外控制点量表》就是常被使用的一种问卷。

3. 研究主题

(1)控制点与归因风格　控制点不同在于对成败的归因不同。内控者比外控者更可能把成败归因于内部因素，而外控者则把成败归因于外部因素。

(2)控制点与学业成就　内控者与学业成就具有正相关关系。

(3)控制点与社交行为　内控者在社交行为上比外控者更熟练，更善于应对社会情境，保持交流的流畅性和悦纳性。他们也喜欢控制局面，操纵别人，自做决定。而外控者会更顺从大家的意见，与人交流更简短。

(4)控制点与身心健康　内控者比外控者从事更多的有益于健康的活动，他们的身心也更健康。在心理健康方面，也是内控者优于外控者。

(5)控制点与职业发展　在职业发展领域中，内控的大学生比外控者更努力，对工作和职业的态度更认真，会花更多时间从事兼职工作以积累与自己职业理想一致的工作经验。内控者更具有有利于晋升和事业成功的品质。

(6)控制点与家庭教养　内外控的发展与家庭教养有关。父母对孩子的良好行为给予关注和认可，有助于孩子内控信念的发展。

总之，上述研究结果所反映的是内控者的积极品质多于外控者，不过，人格心理学家现在多采用的观点是：极端的外控和内控都会导致适应不良。

4. 理论应用　罗特的理论应用主要体现在心理治疗上，并重点放在行为改变上。他认为，人们所有行为，无论是健康的，还是不健康的，都是习得的。不过罗特强调的是，一个人的行为是在与别人的交往关系中习得的。心理治疗和辅导的主要目标是使当事人能够知道自己需要在观念上、态度上和行为上做某些改变，有改变的意愿和动机，并能了解那是他自己的责任，从而实际去实施改变的措施。治疗中，要特别注意当事人不恰当行为和预期的原因，以及当事人由先前经验做适度类化的方式。适应不良的人通常具有较低的活动自由度和更高的需要价值。

5. 理论评价

(1)他的理论既强调认知变量，又考虑到动机性变量，创造性地把两者有机结合并纳入其理论体系内。

(2)罗特提出的概念界定清楚且验证性强。

(3)作为早期的社会认知人格心理学家，罗特的理论对于后来的社会认知论产生了重大影响。

(二)班杜拉的社会认知论

1. 理论观点

(1)人性观

①人的行为是主客观交互作用的结果，形成了交互作用论。行为(B)、个人(P)和环境(E)这三个因素，任何两项都是有交互作用存在的。

②班杜拉将环境区分为两种，一种是对某种情境中的所有人都相同的，称为潜在环境，另一种是由个体行为所创造的，称为实际环境。

③在先天与后天问题的争论上，班杜拉认为大部分行为（除了基本反射动作以外）都是学来的，先天因素作用不大。

（2）理论要点　班杜拉非常强调认知在行为获得与保持中的作用，他将自己的理论称为"社会认知观"。

①学习类别：观察学习和替代学习。观察学习是指通过对他人行为的观察而产生学习，在观察学习中，被观察的对象就是"榜样"或"示范者"。这种观察学习可以节省许多尝试错误的过程，也称为无尝试学习。在观察学习时，人不是机械模仿，而是有积极思考，最终习得的行为也会呈现出自己独特的风格。因此，观察学习包含着内部认知过程的多种因素。

观察学习经历四个阶段：注意过程、保持过程、动作再现过程和动机过程。在观察学习过程中，看到某行为受到奖励后，观察者表现出该行为也随之增加，像是自己获得了强化一样；当他们看到某行为受到惩罚后，他们的相应行为也随之减少，像是自己受惩罚一样。这个现象被称为替代性强化。

②自我的作用：自我调适和自我效能。根据社会认知论的观点，人的行为并不是被动地由环境因素所支配，而具有主动性，会调节自己的行动。

自我效能就是个体对自己能成功表现某种行为所具有的能力的一种预期或主观评估。它的获得具有四个来源：操作成败、替代经验、言语说服、情绪唤起。自我效能有四个功能：决定人们对活动的选择和对该活动的坚持性、影响人们在困难面前的态度、影响新行为的习得和已习得行为的表现、影响活动时的情绪。

③社会学习与人格发展：班杜拉在《社会学习与人格发展》一书中，提出了10项社会学习的原则。

2. 研究方法

（1）实验法　例如，"攻击强化"的实验研究。

（2）微观分析法研究法　考察自我效能的一种方法。根据此方法，被试在特定的情境中进行某项作业之前，先详细测量其自我效能知觉。

3. 研究主题

（1）自我效能

①自我效能与学业成就：自我效能会促进学业成就。

②自我效能与工作绩效：自我效能与职业选择、工作满意度和工作业绩都有直接的关系。

③自我效能与身心健康：高自我效能感的人比低自我效能感的人具有更高的身心健

康水平。

(2)暴力行为的效仿

①影视作品中暴力行为的示范作用。

②游戏中攻击行为的示范作用。

③暴力行为的习惯化倾向。

4. 理论应用

(1)人格适应　班杜拉认为,不适应行为和正常行为一样,也是通过直接经验和替代学习而习得的。一旦习得之后,不适应行为便由它所带来的直接和替代强化来维持。

(2)行为改变与治疗技术

①行为改变历程:主要由两部分构成。一是应对危险或恐惧情境技巧的学习;二是在"榜样"的指导下当事人进行应对危险情境技巧的演练,使其掌握并实践应对方法,提高自我效能。

②治疗技术——榜样疗法:他人示范和自我示范。行为改变的主要方法是榜样的示范技术,其程序是先由榜样就目标行为作示范性的演示,然后将目标行为由易到难分为若干等级,在榜样的指导下,观察者逐级模仿照做,最终使行为产生改变。示范技术分为他人示范和自我示范两种。主要适用于两个领域:技能缺失治疗以及情绪问题的治疗。

5. 理论评价

(1)理论贡献

①班杜拉明确地区分了人类学习的两种基本过程,即直接经验的学习和间接经验的学习。

②班杜拉突破了传统行为主义学习理论的框架,把强化理论和信息加工理论有机地结合了起来。

③班杜拉所提出的自我效能构成了人的主体因素的核心,并渗透、弥散于人类机能活动的各个方面,弥补了某些认知人格学者对个体内在动机因素的忽略。

④以实验方法来证实其理论观点,也为其理论增添了信服度。

(2)理论局限

①它不适合解释和说明陈述性知识的学习和复杂的、高难度的技能训练的过程,而仅适于解释和说明观察、模仿等社会性学习的过程。

②交互作用的观点有待进一步深入探讨。

③忽视了遗传与成熟的作用。

(三)米歇尔的社会认知论

1.理论观点

(1)人性观

①人的主观能动性:米歇尔与班杜拉对人性的看法基本上是一致的,即强调人的主动性。

②人与情境的关系:一般说来,行为在不同时间里的一致性是存在的。虽然时间上有改变,但那个人的认知变量没有改变,一个人的行为仍会保持一致。但若情境不同,认知变量就会随着改变,行为的一致性就不复存在。然而,人们却在认知上形成了一个错觉,将行为在时间上的一致性和跨情境的一致性混淆了。

(2)基本概念

①人格结构:个人变量。米歇尔不主张人格特质的普遍性,认为除了情境因素和观察学习之外,还需要关注"社会认知学习的个人变量",这些变量包括:能力、编码策略和个人建构、预期、主观价值、自我调节系统和计划。

②人格的认知-情感系统理论:个体在不同情境下所表现出来的差异正是内部稳定而有机的人格结构的反应。人格结构主要由一些中介单元组成,认知-情感单元包括人们心理、社会和生理众多方面,因为这些方面的存在,使得人们与情境的交互作用呈现一定的稳定性。这些中介单元以个人变量为基础,已经证实的单元包括:编码、期望和信念、情感、目标和价值观、能力和自我调节规划。这些中介单元不是孤立存在的,它们在经验的作用下以独特的方式联系在一起,形成了一个稳定的人格结构,在不同情境下保持相对稳定。

总之,米歇尔认为:个体是在其认知-情感人格系统和当前的情境交互作用之下,根据其对情境的解释,选择其所特有的某种稳定的行为模型来进行反应。这一理论是一个动态的、整合性的理论。

2.理论评价 米歇尔的理论特色表现在几个方面:

(1)理论以实证研究的结果为基础。

(2)重视个人对行为环境的了解和建构。

(3)从个人认知的内涵去了解其行为。

(4)提出的认知-情感系统理论将认知与情感有机结合起来,并体现了理论的系统性。

(四)对社会认知论的评价

1.理论优点

(1)重视实验研究。

(2)指向人类社会行为。

(3)强调认知因素。

(4)强调情境中的人格。

2. 理论不足

(1)社会认知论与精神分析的影响力相比还有一些差距。

(2)对个体的发展缺乏系统化的注意。

三、认知信息处理论

(一)理论要点

1. 人性观

(1)认知信息处理论主要是探讨人们如何组织并陈述其经验。由于电脑的发明和使用,使人们从自己所制作的机器及其信息处理的程序里,认识到它与大脑活动具有相似的过程,这样就带动了对人类行为的认知过程的大量研究。

(2)卡弗和斯切瑞指出理解人类行为的三个假设:

①了解人类行为就是要了解人们如何处理周围环境提供的信息。

②人们在其生命中要面对许多需要做决定的事项。

③人类行为本质上有其目标。

2. 基本观点

(1)基本概念

①原型(prototypes):某类事物在个人心目中的典型形象。罗施(Rosch)认为,人们在判断某个物体是否属于某个认知类别时,便要使用原型。如果物体越接近原型,人们便越说该物体属于某个类别。

②图式(schema):是一种有助于人们知觉、组织、处理并利用信息的假设性认知结构。其主要功能之一是协助人们知觉环境的特征。图式还可以提供一个组织并处理信息的架构。人们用图式来解释人格差异。

③脚本(script):是指在某一种情境中一套或一系列被认为适当或合乎规定的行为。人的行为表现会随着脚本而变化,表现出与情境要求相吻合的言行。

(2)人格的表征

①内隐人格理论:每个人都有一套自己的人格理论,之所以称之为内隐,是因为大多数人并不清楚他们的人格特质分类或并未把这些特质组织成正式的人格理论。内隐人格理论的假设会影响一个人如何观察、理解和评价他人。一方面,它可帮助人们对人格特征和特点分类,有助于组织所知觉到的人格信息,以便对他人有更好的了解。但另一方面,内隐人格理论可能产生知觉错误,如刻板印象。

②自我图式:马库斯认为,人们形成自我认知结构的方式类似于其他现象的认知结构,这种有关自我的概念化的认知组织就是自我图式。自我图式会影响个人注意哪些信息,如何加以结构化,以及哪些信息容易被个人回忆起。一旦发展出自我图式,人们就会有强烈证实该图式的倾向,即自我图式具有自我验证的功能,也会影响并形成自我验证为

真的认知偏差。

(二)研究方法

1. 出声思维方法 这是使一个人在解决某项问题进程中,将其思维的过程说出来的方法。出声思维包括:

(1)连续独白 可以是在思维进程中自我言语报告,也可以是在完成一项任务后把所有的思维言语化。

(2)思维抽样 基于时间抽样法,它是让被试报告某一时间段的思想、行为和情绪感受等。

(3)事件记录 要求被试简述在什么时候原先给定的某一类事件在意识里发生。

(4)重构技术 让被试重新建构认知训练以及在重新建构期间进行报告。

2. 思维列表技术 也称为自我记录方法。列表的格式要求是20.32cm的水平线,在线上以2.54cm的高度分开,画出格子,被试在里面写字。主要内容如下:

(1)思维列表间隔。

(2)思维列表记录。

(3)认知反应的分析特征:极性、来源、聚焦。

(三)理论应用

1. 压力与应对

(1)压力

根据心理压力与应对的认知观点,人们只有在认为情境对个人的重压已超过个人的资源所能承担的范围且危及健康时才会产生压力。

(2)应对方式

①以问题为中心的应对方式。

②以情绪为中心的应对方式。

(3)认知策略

①自我阻碍策略:即设法自我设障(如赴重要面谈时故意迟到)以避免可能的失败对自尊的威胁。

②防御性悲观主义:是指人们采用低期望以应对失败的焦虑。

2. 心理疾病与治疗 认知信息处理理论主张心理疾病是由不切实际、不适应的认知形成的。因而治疗须努力改变这些扭曲的认知而以更实际、适应的认知取代。

(1)艾利斯的理性情绪行为疗法。

(2)贝克的认知疗法。

(3)梅钦鲍姆的压力免疫训练。

(四)理论评价

1. 理论贡献

(1)人格与认知的有机结合。

(2)研究人格的重要层面。

(3)对临床领域有重要贡献。

2. 理论缺点

(1)以电脑为理论模型。

(2)忽略人的情绪与动机。

(3)治疗作用不明。

四、对认知理论的总体评价

(一)理论特色

1. 由“冷”认知转向“热”认知的研究。
2. 将认知问题引入人格研究领域。

(二)重要贡献

1. 将实验研究技术带入人格研究。
2. 将人格与认知问题有机结合。

(三)主要缺陷

1. 人格研究的去人格化倾向。
2. 认知理论范式缺乏系统性。

第五章　人本主义学派人格理论

一、马斯洛的人格理论

（一）理论观点

马斯洛（Abraham Maslow）关注心理健康的人，认为人有积极向上的潜能和能力，可以形成一个良好的人格结构。

1. 人性观　马斯洛对于人性的看法非常乐观、极富人道主义味道，他认为人的天性是善良的，人是好的、端正的、仁爱的，每个人都有对美、真理、正义等的本能需求。

2. 人格动力－需要理论　马斯洛强调人类所有的行为都是由需要引起的。他从个人生活的角度出发，提出了动机理论，也叫作需要的层次理论（人格理论的核心）。人格出现病态的最重要原因是基本需要受到挫折，得不到满足。

（1）需要的种类

①基本需要：缺失性需要，人和动物所共有；如果得到满足，紧张就会消除，兴奋就会降低，便失去了动机。

②心理需要：成长性需要，满足了这种需要，人就会产生出强烈、深刻的幸福感，这就是马斯洛所描述的"高峰体验"。

（2）需要的层次　马斯洛最初将需要分为七个层次：生理需要、安全需要、爱和归属需要、尊重需要、认知需要、审美需要和自我实现需要。前四种属于缺失性需要，后三种属于成长性需要。后来，他把认知需要和审美需要归入自我实现的需要，形成最终的五层次说。

马斯洛认为这些需要是有层次的，是一种由低到高的逐级上升的过程，呈金字塔形式排列。处于最低层次的是生理需要，依次上升的是安全需要、爱和归属的需要、尊重的需要，最高层是自我实现的需要。这些需要是相互联系的，并且组成了一个优势层次。一般来说，占优势的需要将支配人的意识，并自动组织、补充机体的各种能量；不占优势的需要就会被消减，被遗忘或者被否定。

马斯洛认为，越是高级的需要，对于维持纯粹的生理需要也就越不迫切，其满足也就越能更长久地推迟，并且这种需要的满足也就越容易永远消失。

(二)研究主题

1. 自我实现者的人格特征

(1)能完成准确地知觉现实。

(2)悦纳自己、他人和周围世界。

(3)内心生活、思想、行为自然率真。

(4)以问题为中心,而不是以自我为中心。

(5)有独处的需要。

(6)具有独立自主的特征。

(7)接受并欣赏新事物且不厌烦平凡的事物。

(8)具有高峰体验。

(9)热爱人类并具有帮助人类的真诚愿望。

(10)与志同道合的人建立持久而深入的人际关系。

(11)有民主的性格,能尊重他人人格。

(12)道德标准明确,明辨目的与手段的区别。

(13)有卓越的幽默感。

(14)富有创造力,不墨守成规。

(15)具有批判精神,不容易被社会诱惑。

2. 高峰体验 高峰体验既是自我实现者重要的人格特征,又是达到自我实现的一条重要途径。

(1)定义 指人们在追求自我实现的过程中,基本需要获得满足后,达到自我实现时所感受到的短暂的、豁达的、极乐的体验,是一种趋于顶峰、超越时空、超越自我的满足与完美的体验。在高峰体验时,人会产生一种存在认知,这与一般的认知不同,这种体验仿佛与宇宙融合了,是人自我肯定的时刻,是超越自我的、忘我的、无我的状态。这种体验可能是瞬间产生的、压倒一切的敬畏情绪,也可能是转瞬即逝的极度强烈的幸福感,或甚至是欣喜若狂、如醉如痴、欢乐至极的感觉。

(2)类型 普通型高峰体验是指所有的人都可能在满足需要、愿望时产生的极端愉快的情绪;自我实现型的高峰体验是指健康型或超越型自我实现者拥有的一种宁静和沉思的愉悦心境。

(3)特点 马斯洛认为高峰体验是一种自发的、不需要努力而达到的、非自我中心的完善和达到目标时的体验和状态。在这一时刻,人们丧失了时间和空间的定向能力。人们会觉得自己处在能力的顶峰,能最好地、最完善地发挥自己的全部才能。不仅仅伟人才能感受到高峰体验,其实多数人都有高峰体验。

(三)研究方法

1. **整体分析方法** 整体研究方法把人格的综合特征看成是一个复杂的结构整体,研究的目的在于理解整体各个部分间的关系,以及各部分和整体的关系。

2. **问题中心法** 马斯洛反对以方法为中心,强调要以问题为中心。

3. **自我实现的测量方法**

(1)个人取向量表 由两两配对的句子组成,人们从两者中选择一个更符合他们的句子。

(2)有研究者发明了另一种测量自我实现的方法,其衡量指标包含了4个因素 自我引导、自我接受、情绪接受能力以及人际交往关系中的信任度和责任心。

(四)理论应用

1. **在教育中的应用** 教育界应当重视、研究、提高学生的精神生活。尊重每一个学生的特点,为学生提供条件,发展和满足学生的高层次需要,从而达到自我实现。

2. **在管理中的运用** 在管理中,必须考虑到员工多方面的需要。不仅仅是要满足低层次的需要,更重要的是努力满足员工的高级需要,这有利于使企业保持持久的活力。

(五)理论评价

1. **理论贡献** 马斯洛是人本主义心理学的主要发起人,对人本主义心理学的发展做出了无法比拟的贡献。

(1)他的理论包含的层面非常广泛。他一方面反对以研究病患为基础的精神分析理论,另一方面反对以幼儿和动物的简单行为为研究基础的行为主义。

(2)马斯洛想创立的是一门研究人类积极本性的心理学。他的理论建立在对健康人的研究基础之上,是对当时研究对象选择的极大超越。他的人格理论肯定人生的价值,并认为人有能力拥有一个快乐、健康、幸福的人生。同时,他的需要层次理论关注人们的需要,自我实现理论关注人的潜能发挥,对于教育界和企业界都有很大的启发和借鉴作用。

2. **理论不足** 虽然马斯洛曾调查了许多成功人士,但是他的需要层次理论和自我实现者的特征都是经验的概括和构想,缺乏严格的实证研究。其整体研究方法不够科学,不精确,样本太小,缺乏严谨的论证,不可能经受一般的实验分析。人性本善的假设无法解释现实生活中的丑陋现象,马斯洛的理想社会的构想有些不切实际。

二、罗杰斯的人格理论

(一)理论观点

1. **人性观** 罗杰斯(Karl Rogers)认为人性本善,是朝向自我实现、成熟和社会化的方向发展的。恶来源于社会,文化的影响才是造成恶行的主要因素。

2. **人格界定** 罗杰斯认为每个人都有一种力求使自己得到最大发展的心理倾向,这是生物进化过程中所遗传的内容。罗杰斯主张要建立人与人之间正向的关怀和充分的尊重,使人的个性能够得到正常的发展。

3. **现象场** 现象学强调个人的经验,认为个人的世界是经验的世界,经验就是现象场,是一个人在某一时刻的整个意识范围。对于个人而言,现象场就是现实。

罗杰斯认为行为的原因不是事件,而是主体对事件的知觉,由于个人对事件知觉的变化,行为会随之变化。每个人都存在于一个以自己为中心的不断变化的经验世界中,即使是在同一环境中,每个人的知觉经验也不会相同,所以每个人的反应也是不一样的。每个人都生活在自己的主观世界里,这个主观世界可能和当时的客观环境保持一致,也可能与环境有较大的距离。这个主观世界包括当事人有意识的和无意识的知觉,而行为的最重要的原因就是那些有意识或者可以成为有意识的知觉。

4. **人格结构** “自我”为人格的主要结构。

(1)自我 按照现象学派的说法,每个人对其周围环境和事物的知觉构成了他的现象场,即这个人的主观世界。其中关于自己各个方面的印象就是他的自我,或自我概念。自我是一个具有组织性、一致性和整体性的知觉模式,虽然自我会变化,但它总是维持这个组织的特性。

罗杰斯的自我概念,与弗洛伊德的自我概念不同,弗洛伊德认为自我是可以支配人的行动的。罗杰斯则认为自我只是那些与自己有关并能被个体意识到的经验。一个成熟健康的人,他的自我概念应当是与他本身的情况相符,也就是与他的真实自我相符合或者相接近。

(2)理想自我 理想自我是个体希望自己能够具备的样子。理想自我所具有的品质是个体认为重要的和有价值的东西,可以是生理方面的,也可以是能力、财产或社会地位方面的内容,这些都是个体努力追求的发展目标。

5. **人格发展** 自我是人格的核心部分,自我的充分发展是个体生长和发展的目标,所以,人格的形成与发展其实就是自我的形成和发展。影响自我发展的因素有以下几个方面:

(1)积极关注的需要 指在生活中得到周围人的关心、同情、尊敬、认可、温暖等情感的需求。每个人都有获得他人积极关注的需求。

(2)价值的条件　孩子们得知父母的积极关注是有条件的,需要做某些事情才可以得到,如果做另一些事情,就得不到关注,这就是价值的条件。当能做到这些条件时,可能会提升自尊。当价值的条件被孩子内化为自我的一部分时,它可以指导儿童的行为。这种价值的条件对儿童的社会化过程起着重要的作用,但同时也有负面作用。有些情况下,孩子为了获得父母积极的关注,会尽量让自己去达到父母的期望,不去认同自己的感受和经验,如此可能会阻碍儿童的成长和自我实现。

(3)无条件的积极关注　罗杰斯认为,每个人都是有价值的,都应当得到爱。孩子需要的是父母无条件的积极关注,无论孩子是什么样子,无论孩子做了什么,无论孩子胖或者瘦,高或者矮,聪明或者愚笨,顺从或者不听话,都能获得父母的全部的、真正的爱,父母会无条件地尊重孩子。也就是说,孩子不会担心自己会失去父母对自己的爱和喜欢,这对孩子人格的发展非常重要。

如果个体体验到的是无条件的积极关注,就不会形成价值条件,积极关注和自尊的需求就不会与个体的评价过程相冲突,个体就可以成为功能完善的人。

罗杰斯认为,成人不必对儿童的任何要求都给予满足,但是,父母必须将孩子的某个行为与孩子本身区分开来。

6. 人格适应

(1)自我的一致性　罗杰斯认为个体的功能是要维持各种自我知觉之间的一致性,并且在自我概念和经验之间起到协调作用,也就是说,个体所采用的行为方式,多半与其自我概念相一致。

一个心理健康的人,应该具有自我一致性,能够采取开放的态度,接受自己所有的经验,能够将他的经验同化到自我的结构中,即自我与经验是完全相符的、协调一致的,对经验是开放的,没有防御的。如此,个体就能对环境有一个完整、准确、客观的认识,而且可以合理地运用环境中的情况和事物以谋求自我的充分发展。这就是罗杰斯所说的功能完善的人。

(2)自我不协调　当个体感受到自我概念与实际经验之间出现差距的时候,就处于不协调的状态,这是一种内心紧张、纷乱的状态。个体自我概念与经验之间的差距会使他产生强烈的焦虑。凡是与自我概念不一致的经验,都会对自我概念产生威胁,而自我是保守的、保护性的,所以当事人会采用否认和曲解的防御方式来应对现状。

罗杰斯认为心理不健康的人,其自我概念与自身的经验是不协调的。自我不协调是造成适应不良和病态行为的根源。

7. 人格动力　罗杰斯认为个体的基本动力就是谋求自我的充分发展,即自我实现的倾向。换句话说,个体有一种基本的驱力:实现自我、维持自我并提升自我。自我实现的倾向会促使个体发展,不仅仅是指有机体生理方面的成熟,还包括其他方面的成长。

(二)研究方法

1. Q **分类法** Q 分类法是一种自我评定测验的方法。要求被试将写有描述自我特征的一系列卡片,根据卡片中符合个人的程度分为若干类,要求被试按照正态分布的方式来选择卡片,然后研究者按照被试分类的结果进行分析,了解他的自我特征。

2. **语义分析法** 语义分析法是运用语义量表来研究人格的一种方法,最早是用来测量态度和概念的意义,后来成为人格的测量工具。这种方法以纸笔形式进行,要求被试在许多个 7 点量表上对某事物或概念进行评价,以了解该事物或概念在各评价维度上的意义和权重。

3. **个案研究** 罗杰斯是第一个对个案进行有计划研究的人。罗杰斯不仅第一个坚持对心理治疗进行连续的研究,而且还对治疗的过程进行了详细的记录。在征得来访者同意的情况下,他将治疗的面谈过程录音并拍成影像资料,把治疗过程的档案资料保存下来,以供研究之用。他开创了科学研究心理治疗的先河,还是第一个对治疗的有效性或无效性进行测量的治疗家。

(三)研究主题

罗杰斯将研究重心放在研究功能完善的人。罗杰斯认为,心理治疗的目的是消除自我和经验间的失调,是为了塑造功能完善的人或功能完全发挥的人。功能完善者的人格特征有:向经验开放;重视此时此地;信赖自己。

(四)理论应用

1. **来访者中心疗法** 在罗杰斯看来,治疗过程就是使来访者在生活中使用他们自己的机体评价过程。治疗的结果就是让来访者剥下平时应付生活的各种伪装、假面具或各种角色,从而真正成为他们自己。

2. **在教育领域的应用** 罗杰斯的来访者中心疗法不仅在心理治疗界受到了广泛的应用,而且在教育界也形成了“以学生为中心”的教育观念。

(1)教育目标 罗杰斯认为教育应该关注学生成长的目标。

(2)实现目标的条件

①帮助学生形成自我——主动学习。

②教师对学生要有真诚的态度。

③对学生产生共情式的理解。

(3)以学生为中心的教学原则

(五)理论评价

1. 理论贡献

(1)罗杰斯作为人本主义的代表人物,是继弗洛伊德之后,对心理治疗产生影响最大的一位心理学家。

(2)罗杰斯是世界上第一个对心理治疗进行科学的研究和分析的心理学家。

(3)来访者中心疗法长期以来在治疗界一直很流行。他对治疗过程的气氛非常重视,他十分强调对来访者的真诚、无条件的积极关注和同感的理解。

(4)他的贡献主要表现在人格的自我理论的提出、来访者中心疗法的创立以及以学生为中心的教育思想的倡导。

2. 理论缺陷

(1)人们对罗杰斯的人性观提出疑问,因为人性究竟是善还是恶,到目前为止还是没有科学的办法来加以验证。

(2)把人类所有行为的动力都归因于自我发展的倾向,有些牵强。

(3)他过于依赖个人的自我报告,得到的资料不一定可靠。

三、罗洛·梅的人格理论

罗洛·梅是美国著名的存在分析心理学家,存在主义精神分析的先驱,美国存在心理学运动的主要领导者,被称为存在主义心理学之父。

(一)理论观点

1. 人性观　罗洛·梅(Rollo May)认为,人是具有一定结构的潜能束,有善、恶两种,潜能既可以是建设性的,也可以是破坏性的。原始生命力是人性的基本潜能,如果受到自我增强的欲望驱使,就会成为建设性的源泉。如果对这种欲望失去了控制,它就可能支配整个人格,做出破坏性活动。

2. 存在主义理论

(1)*存在的含义*　罗洛·梅把人对存在的体验称为“存在感”,存在感与自我意识联系在一起。一个人的存在感越强烈,他的自我意识就越深刻,就越能够对自己有一个全面的认识。存在感把个体联结为一个整体,有存在感体验的人,能够发现生活的意义,是活生生的、健康的人。一个人丧失了存在感就会患上心理疾病,感到生活失去了价值和意义。

(2)*存在的三种方式*

①人与环境的世界:人与环境的关系。

②人与人的世界:人与他人的关系。

③人与自我的世界:人与自我的关系。

3. **人格定义** 罗洛·梅认为,人格是不断变化的,紧张感是人格发展的动力,保持人格健康的关键不是消除紧张,而是把由负罪感导致的破坏性紧张状态转变到建设性的方向上。

(1)人是自由的 人具有自我意识,有进行自我选择的意志自由。自由是人存在的基础,是人存在的基本条件。

(2)个体性和社会整合

①个体性指一个人自我的独特性,健康的人能够意识到自己是独特的。

②社会整合指一个人保持个体独立性的同时,积极参与社会生活,保持良好的人际关系。健康的人格是个人同社会实现整合后形成的。

(3)宗教紧张感 指人格中的紧张和不平衡的状态。宗教紧张感是人深刻的、发自内心的基本道德体验,这种感觉强烈地督促个体从不完善逐步走向完善。

4. **人格结构** 罗洛·梅通过临床心理治疗来分析研究人格结构,得出人格有六大特征的结论,他把这六种特征视为存在的六种本体论特点。

(1)自我中心性 存在就是以自我为中心。

(2)自我肯定 人保持自我中心的勇气。

(3)参与 自我不能单独存在于世界,个体必须融入周围的环境,和周围的环境发生联系。

(4)觉知 人与外界接触时,发现外在威胁的能力,是人关于感觉、愿望、身体需要以及欲望的体验。

(5)自我意识 是自我观察的能力。

(6)焦虑 人的存在面临威胁时所产生的一种痛苦的情绪体验,是个体对威胁自身的存在的反应。

5. **人格发展** 罗洛·梅依据人格发展特征将人的成长划分为四个阶段:

(1)天真的人格 两三岁以前。人还没有形成自我意识,人格处于朦胧状态。

(2)内在力量的反抗 两三岁和青少年时。在这一阶段,恰当地调整好依赖性与独立性之间的矛盾关系,才能保证人格的顺利发展。

(3)寻求发展的自我意识 婴儿期到青少年后期。这一阶段出了问题,就会导致心理不健康和人格变态,我们中的大多数人就处在这一阶段。

(4)创造的辉煌 创造性的自我意识阶段,达到了这一阶段意味着人格的成熟。这一阶段超越了主客体之间的分离,使人暂时地超越这种意识人格的一般界限,通过灵感、直觉等创造性活动,对客观真理产生转瞬即逝的认识(可以看出,罗洛·梅所描述的这种创造性自我意识阶段与马斯洛的高峰体验非常相似)。

(二)研究主题

1. 爱与意志

(1)爱　爱(love)是一种创造性的活力,是人存在的基本方式。自由是爱的前提条件,爱需要勇气,因为爱是要奉献自我的。健康的爱是健康人格的一部分。罗洛·梅把爱分为四种,凡是真正的爱都包含这四种爱:

①性爱

②爱欲:厄洛斯,这是指个体从心里愿意与对方结合,建立持久的婚姻关系,目标是用性来达到终结、满足和放松。

③菲利亚:友谊之情或兄弟之爱。

④博爱:这种爱类似于上帝对人的爱以及母亲对子女的爱。

(2)意志与意向性

①意志是人类存在的一种基本意向性,是一种独立的、完全自我中心的活动,是个体的自我在与世界复杂的象征关系中的基本结构性认识。

②意向性是人类意志的核心成分,是一种存在的倾向,是人类向自然界中的事物施加意义的倾向。

意志和意向性是罗洛·梅理论中的两个最重要的概念。正是在意向性和意志中,在广泛地达到朝向意义、决定和行动的这种人类倾向中,在对所感受到的各种可能性加以权衡、做出决定和付诸行动的过程中,作为个体的人才会体验到同一性,实施自由、感受到自身存在。

2. 焦虑　罗洛·梅认为焦虑是一个人感受到自身的存在受到威胁时的反应,是一种无依无靠、孤独、不确定的感觉。焦虑产生于自由选择,当人的自由受到威胁时,焦虑便产生了。

(1)正常焦虑　个体成长过程的一部分。

(2)神经性焦虑　是一种与威胁不相称的反应,它包含着压抑和其他形式的内部心理冲突,并受到各种活动和意识障碍的控制。

罗洛·梅认为心理治疗的目的就是要把这种神经症焦虑转化为正常焦虑;现代人焦虑的原因是价值观的丧失以及空虚与孤独。

(三)理论应用:心理治疗

1. 心理治疗的目标

(1)使当事人明白自己目前的处境。

(2)协助当事人选择自己认为有意义的生活方式。

(3)使当事人对自己的选择负责。

(4)缓解当事人面对抉择时的焦虑。

存在主义治疗方法相信当事人自身成长和解决问题的能力,不代替他们选择未来的方向和做决定。治疗者将治疗视为一种对当事人的邀请。

2. 心理治疗的原则

(1)理解性原则　心理治疗的重点是理解而不是技术。

(2)体验性原则　心理治疗的关键就在于病人能获得积极的心理体验。

(3)在场性原则　治疗者只有进入患者的关系场,才能真正理解患者当前存在情景。

(4)付诸行动原则　只有当患者学会了选择正确的生活方向,并付诸行动时,他才能获得治疗的真谛。

3. 心理治疗的过程　罗洛·梅认为心理治疗是一个完整的过程,它包括愿望、意志和决定这三个维度,每一个维度代表一个治疗阶段,一个阶段可以被另一个阶段所超越,但不能被其所取代。

4. 心理治疗的方法　罗洛·梅强调整体治疗,强调医患之间的相互交往,治疗者和患者之间要真诚合作,建立真诚的医患关系。他认为治疗者的工作就是要去开放患者的世界,运用各种可能的手段,帮助患者看到自己的潜能以及掌握激发潜能的方式。

治疗者必须接纳、理解当事人的生存状态,了解当事人的成长背景。通过这种共情理解,治疗者才有可能走入当事人心灵的深处。有一点必须注意:共情理解并不是治疗者把自身的经验投射到当事人身上。

(四)理论评价

1. 理论贡献

(1)罗洛·梅创建了美国存在心理学,他的理论打破了精神分析和存在主义的桎梏,建构了一个庞大的存在心理学理论体系,开辟了人本主义心理学中的新取向,壮大了人本主义心理学的实力。

(2)他的理论促进了现代人格心理学的发展,丰富了人格概念,开拓了新的视角。提出了存在、意向性、个人责任、焦虑、爱、意志自由等概念,能对人格做个别描述。

(3)开创了美国存在心理治疗理论,重视心理治疗中的人性和理解,确立心理治疗的原则和标准。

(4)他的《爱与意志》探讨意向性与个人责任,指出现代人生活的危机,影响颇为深远。他的理论是重视人性发展与社会健全的乐观理论,对工业社会的人类生活颇有启示与帮助。

2. 理论缺陷

(1)理论结构不很清晰,其著作体系也较杂乱,主要理论存在不确定性。

(2)学说具有明显的非理性特征。

(3)著作具有浓厚的宗教色彩,很多主张都来自基督教。

(4)罗洛·梅对精神病成因的讨论较模糊,缺乏创造力。

(5)理论只是概括的陈述,缺乏数据,缺乏科学的严谨性。而且他否定科学实验,喜欢分析现象,试图以此来理解人和行为,这实际上是心理学的一种倒退。

(6)他假设人类有自由意志,动摇了以决定论为假设的大多数心理学家的理论基础,他否定动物心理学研究的价值,忽略了心理学的一个重要研究领域。

(7)他和弗洛伊德一样强烈地批评社会,认为社会造成了病态的心理,因此带有一定的反社会倾向。

(8)从方法论上说,他反对割裂整体心理,坚持从整体出发研究心理,避免对人格做零碎机械的分析,但矫枉过正,过分注重整体综合而缺乏深入分析,这使得他的结论显得肤浅和缺乏连续性。

四、对人本主义理论的总评价

(一)理论特色

1. 人的责任 人本主义理论与其他理论的最大区别就在于人本心理学家认为,人可以为自己的行为负责,有能力决定自己的行为和命运。

2. 此时此地 人本主义心理学家强调目前和现在,他们反对对过去穷追不舍。

3. 人的成长 强调人有积极成长的能力,认为人的本性是善良的,恶是在不好的环境下派生的。关注人性中积极的一面,关注健康人格,认为人格的发展是无限的。

4. 个体的现象学 反对用动物学和物理学的原理和方法去研究人的行为,主张用现象学的方法对人进行研究。认为人是统一的整体,是不可分割的,重视人的主观经验,对人的主观世界有强烈的兴趣。

(二)理论贡献

1. 关注积极方面 把许多研究者的注意力吸引到健康人格的方面,扩大了对于人的切身问题有关的研究领域。第一次把人的本性、潜能、自我实现作为心理学的研究对象。

2. 应用广泛 对心理治疗方法产生了重大影响,在管理和教育改革中也有众多应用,以此来解决许多人在生活中都会面对的问题。

(三)主要缺陷

1. **概念模糊,缺少实证的研究** 过分强调主观经验,许多概念较为模糊,科学性不强,很难定义。没有提供可以验证的假设和可以执行的可靠的研究方法。

2. **过分强调人的天赋潜能,忽视了社会与教育的力量** 过分强调自我,强调先天的潜能,忽视了社会和文化环境的决定作用,这是一种片面强调遗传决定发展的观点,忽视了社会发展对人的意义。

第六章　人格特质理论流派

一、特质概述

（一）特质的含义

一些人格心理学家把特质看作内在的（或隐藏的）属性，是行为的原因。另一些人格心理学家没有做因果假设，只是使用特质术语描述人类行为的稳定方面。

（二）识别特质的不同取向

1. **词汇学取向**　在辞典中找出所有的特质词汇以及它们的定义，这些词汇形成了描述人际差异的自然途径。

2. **统计学取向**　采用统计程序识别重要特质，如因素分析，并试图识别共变的特质群。

3. **理论取向**　采用现存的人格理论决定哪些人格特质是重要的。

（三）基本假设和特征

1. 基本假设

（1）人格特征在时间上是相对稳定的。

（2）人格特征具有跨情境的稳定性。

2. 特征

（1）特质研究者通常没兴趣预测一个人在某个特定情境下的行为。相反，他们想要预测那些得分处在特质连续体上某一范围内的人们有什么样的典型行为表现。

（2）特质理论家常常不注重查明行为机制。许多特质研究者更关注描述人格和预测行为，而不是解释人为什么会表现出这样的行为。

（3）特质流派与很多其他人格流派的差异还在于，特质流派很少论及人格的变化。

二、奥尔波特的特质理论

奥尔波特（Gordon Allport），美国人，是特质论学派的创始人和代表人物。

(一)理论观点

1. 人性观 奥尔波特对人性持乐观态度。人们具有一定的自由。人类受目标定向、具有前摄动机并受多种力量驱使,其中多数驱力来自意识层面。早期经验中,只有那些依然影响个体现实现象场的那部分才有意义。

2. 人格界定 人格是个体内在心理物理系统中的动力组织,它决定一个人独特的行为和思想。

3. 人格结构 奥尔波特认为特质是人格的结构单元,他首次对特质进行了系统描述与分类。

(1)特质概念 特质(trait)是一种概括化的神经生理系统(是个体所特有的),它具有使许多刺激在机能上等值的能力,能诱发和指导相等形式的适应性和表现性的行为。

①特质是一种潜在的反应倾向,它使个体对各种不同的刺激以相同的方式进行反应。

②特质具有可推测性。

③特质具有概括性和稳定性,个体稳定的特质诱发行为方面跨情境的一致性。

④特质不是处于睡眠状态的,不用等外界刺激来激活它们。

⑤特质具有独特性。

⑥特质间具有关联性。

(2)特质类型 奥尔波特首先把特质分为共同特质和个人特质两类。

①共同特质(common trait)是同一文化形态下群体都具有的特质,它是在共同的生活方式下所形成的,并普遍地存在于每一个人身上,这是一种概括化的性格倾向。

②个人特质(individual trait)为个人所独有,代表个人的性格倾向。个人特质按照它们对性格的影响和意义不同,区分为:

首要特质/枢纽特质(cardinal trait):这是个人最重要的特质,代表整个个性,往往只有一个,在个性结构中处于支配地位,影响一个人的全部行为。

中心特质(central trait):性格是由几个彼此相联系的主要特质所组成,中心特质不像首要特质那样对行为起支配作用,但也是行为的决定因素。

次要特质(secondary trait):这是个人无足轻重的特质,只在特定场合下出现,它不是个性的决定因素。

4. 人格动力

(1)倾向与动机、风格 所有的个人倾向都具有动机力量,但其力量强度却有所差别。个人倾向中最强烈的成分为动机倾向,不太强烈的部分为风格倾向。动机倾向激发人的行为,而风格倾向则表征着个体的独特性。

(2)动机理论 奥尔波特认为,个体的人格既可以是反应性的,也可以是前摄性的。前者是指对外部刺激的反应,个体主要受缓解紧张和恢复平衡状态的需要所驱使;后者主动塑造环境并使环境对他们做出反应,个体主要受追求紧张与打破平衡状态的需要所驱使。适应与改造环境是个体反应的两大主题,一个完备的人格理论必须予以考虑。

①完备动机理论的四条标准:动机的当前性;动机的多元性;动机的认知特征;动机的具体性。

②机能自主:这是奥尔波特人格理论中最具特色,对动机理论贡献最大,同时也是争议最多的一个假说。人类的有些动机在机能上是独立于行为起源的原始动机的。奥尔波特认为,如果一种动机在机能上是自主的,那么它本身就是对行为的解释,无须在其之外去探查隐蔽的动机。机能自主性有两个水平:持续机能自主与统我机能自主。持续机能自主层次较低,指的是先前经验对其后行为的持续影响作用,涉及个体的习惯方式,与个体兴趣、爱好无关。统我机能自主是较为高级的心理过程,由兴趣、爱好、态度、生活方式等高级过程组成,指的是那些与统我有关的自我维持的动机。

5. **人格发展** 奥尔波特认为自我是个体意识到自己存在的标志,是人格这一动力组织中的核心成分。人格由众多特质单元组成,而自我将众多特质单元协调为一个有机的整体。为了不与其他心理学家的自我概念相混淆,他提出了统我这一概念。统我包括使个人具有独特性的所有事实。统我是后天发展成的,完善的统我在个体发展中经历八个阶段。

(1)躯体我的感觉阶段 在1岁时婴儿逐渐认识到自己的身体的存在。躯体我的感觉为我们的自我觉知提供了一个固着点。

(2)自我认同感阶段 儿童在2岁时认识到虽然他们的身体在长大,经验在变化,但自己仍然是同一个人,即认识到自我在时间上的延续性。与语言的发展密切联系。

(3)自尊感阶段 3岁时儿童知道自己能独立地做一些事情,在完成任务时能体验到的自豪、自尊。

(4)自我扩展感阶段 4岁左右儿童,将自我概念由自身扩展到外部事物。

(5)自我意象感阶段 4~6岁时,儿童开始通过头脑中的自我意象来行事与评价。

(6)自我理智调适感阶段 6~12岁期间,儿童通过自己的智能和技能来思考和解决现实中的问题,来达到自我与环境的有效互动,更好地适应环境。

(7)统我追求阶段 青春期对生活目的的确定。奥尔波特将动机分为两类:外周动机和统我动机。外周动机要求满足基本需要以降低紧张,而统我动机则驱动个体追求目标,维持紧张。

(8)知者自我显露阶段 成年期自我达到了统合。正常成熟的成年人理智地把握现在,有意识地去创造他们自己的生活方式。

八个阶段中的任何一个阶段的失败和挫折,都会阻碍下一阶段的出现,并阻碍它们协调地整合进自我统一体中。奥尔波特认为,虽然统我中的不同部分产生于不同的阶段,但一旦该成分发展起来,就会与其他元素相互作用并持续发展。同时,统我中的各种元素在同一情景下可同时发挥作用。

6. 人格成因

(1)遗传　遗传是人格的基础。

(2)学习过程　人格发展过程基本是学习的过程。

(3)无意识基础　奥尔波特接受了弗洛伊德对自我防御机制的描述。

(4)文化、情境和角色　人格是一个系统,它植根于"外部结构"和与之相互作用的"内部结构"。

(5)动机的发展与转化　动机指引起个人行动或思考的内部条件,是人格"行"的方面,而动机不是不变的,它是发展变化的。想通过追寻成人动机的儿童起源来理解成人动机是无法实现的,因为成人的动机已发生了很大的转化,这种转化现象就是机能自主。

(6)认知与人格　所有动机都是认知与感情的混合,动机源于认知与情感趋向,这些趋向指引着我们对个人世界的知觉、想象与判断,每个人都形成了自己的"认知风格",在某种程度上文化影响了这种风格,使人们的思想与行为趋向一致,但最终每个人都以自己独特的方式把文化与自己的存在统合起来。而成熟、健康的人格的重要标志,就是宽容、自信、灵活的认知风格。

(二)研究方法

1. 合理研究人格的方法　合理的方法是指必须在客观系统地观察研究对象的基础上,运用高信效度的评鉴程序搜集资料,并对结果的意义加以解释。观察和对意义的解释是人格研究的中心。评鉴则是对观察对象做出科学解释的重要一环。观察、评鉴和解释是人格研究的三个重要环节,缺一不可。

2. 人格研究的侧重点

(1)一般规律研究法和特殊规律研究法　一般规律研究法试图在普遍意义上理解人的行为和人格,了解群体中某一人格特点的分布,以及个体这一人格特征在群体中的位置。特殊规律研究法则是为了了解某个特定个体的行为,以理解特定个体的机能为主要目标,研究人格的特殊规律。奥尔波特更推崇这种个案研究法。

(2)个人档案技术　通过个人日记、自传、信件、作文或采访报道等资料来决定人格特质的数量和种类的技术。奥尔波特最经典的案例是"珍妮信件"的分析研究,它是人格特殊规律研究方法的样板。

(三)理论应用

1. 健康、成熟人格的标准

(1)具有自我扩展的能力。

(2)能与他人建立温暖的相互关系。

(3)情绪安定和自我接纳。

(4)具有实际的现实知觉。

(5)对自身具有客观的了解。

(6)具有统一整合的人生观。

2. 价值观研究量表 此量表目的是了解人们价值取向中偏重倾向,包含六种价值类型:理论型,经济型,审美型,社会型,政治型,宗教型。

(四)理论评价

奥尔波特是研究特质的先驱者,是西方现代人格心理学的创始人之一。

1. 理论贡献

(1)重视研究成熟、正常的健康人。奥尔波特是第一个研究成熟的、正常的成人,而不是研究精神病患者的人格心理学家。

(2)整合人格理论。

(3)对人本主义与自我心理学的产生起到了积极的推动作用。

2. 理论缺陷

(1)理论可检验性较差。

(2)理论的解释范围较窄。

(3)有循环论证的倾向。

(4)忽略了外在因素与潜意识动机对个体的影响。

(5)折中倾向使之启迪性不够。

三、卡特尔的特质因素论

卡特尔(Raymond Barnard Cattell)是美国心理学家,最早应用因素分析法研究人格,编制了《16 种人格因素测验》。他对心理测验的研究、对个体差异的测量以及对应用心理学的倡导,有力地推进了美国心理学的机能主义运动。

(一)理论观点

1. 人格界定 卡特尔认为人格是一个人在特定条件下将做出什么样的反应的一种预测。

2. 人格结构 人格的基本结构元素是特质,特质结构也就是人格结构。特质是形成人格结构的要素;更精确地说,特质是由行为推论而来的心智结构,是特质使得个体在不同的情境表现出前后一致的作为。卡特尔建立了一个四层特质模型。

(1)个别特质和共同特质

①个别特质是个体身上所独有的特质;同一个人身上的特质强度在不同时间也不相同。

②共同特质是某一地区、某一群体、某一社会中各成员所共有的特征。在每一个人身上的强度各不相同。

(2)表面特质和根源特质

①表面特质是指从外部行为可以直接观察到的特质,处于人格结构的表层,指一群看上去有关联的特征和行为,这些特征和行为虽然彼此有关联,但不一定会一起变化,也非源于共同的原因。

②根源特质是指以相同原因为基础的那些相互联系的特质,它是制约表面特质的基础,是人格结构最重要的组成部分,是人格的内在因素,也是一个人行为的最终根源。

③表面特质是根源特质的表现,根源特质是表面特质的原因。两者既可能是个别特质也可能是共同特质,是人格中最重要的一层。卡特尔16PF人格量表,测的就是根源特质。

(3)体质特质和环境特质　根源特质又可以分为体质特质和环境特质两类。体质特质是由先天的生物因素决定的,而环境特质是由后天的环境因素决定。

(4)动力特质、能力特质和气质特质　这是人格的最下层特质,同时受到遗传和环境两方面的影响。

①动力特质:指个性结构中那些使人趋向于某一风格的行为动力,是一种积极成分。它是人格的动因,卡特尔划分出不同的动力或动因特质:能,外能(情操和态度),辅助。

②能力特质:在个体所拥有的根源特质中决定他如何有效地完成预定目标的特质,表现在知觉和运动方面。

③气质特质:决定一个人的情绪反应的速度和强度的特质。气质特质决定一个人对情境做出反应的速度、能量和情绪,决定一个人的举止、脾气和坚持性的程度。

三者既可能是体质特质,也可能是环境特质。

3. **人格动力**　卡特尔假定动力特质之间是以复杂的方式组织起来,形成了一种动力格状,意指人格中能、情操和态度等动力特质复杂的动力关系。卡特尔用派生概念来解释动力特质间是如何相互联系的。他认为某些动力特质派生于或者依赖于其他特质。

一个人可以表现出多种多样的态度,一种态度可能和多种情操相联系,一种情操也可以产生多种态度。情操和能之间也存在复杂的关系:一种情操可以和多种能相关,一种能也可以表现在多种情操之中。

4. **人格成因**

(1)学习因素　卡特尔相信人格的发展是动机和学习的函数。知觉和行为能力方面的许多变化都与动机有关。学习使这种变化以某种形式满足了能,也就是说,情操和态度的发展与学习有关。学习有三种类型:经典条件反射学习,工具性条件反射学习和统合学习。他认为第三种学习是更为重要的。

(2)社会文化　由于人的许多行为是由团体交往所决定的,因此,要准确地把握一个人的人格就要尽可能多地了解个体所属的团体特征。团体意识一词概括了某一团体的特质群结构,因此,不同团体所具备的特色特质群,可以说明社会文化在人格形成中的作用。

(3)遗传与环境的交互作用　人格是遗传与环境交互作用的结果。他创造了一种统计方法来推断遗传与环境的交互作用,即多重抽象变异数分析法:通过人格测量所获得的数据,来确定遗传与环境的影响在每一个特质中各自所占的比率。

5. **人格预测**　一个人的行为是这个人的人格和特定环境刺激的函数。不过,要预测一个人的行为,难度是显而易见的。必须知道一个人所拥有的特质、在某一情境中它的重要程度、这个人目前的身体状况、他在特定情境中扮演的角色。

(二)研究方法

1. **理论建构的方法**　归纳—假设—演绎法。

2. **双变量、多变量与临床研究策略**

(1)双变量研究策略　每次只考虑两种变量,实验者操作自变量,然后观察在因变量上产生的效果。

(2)多变量研究策略　针对同一个人的种种方面做测量。

(3)临床研究策略　没有仪器辅助的多变量实验。

3. **因素分析技术**　因素分析是一种高级统计技术,其本质是通过统计处理,从大量的相关变量中抽取出最基本的因素。

(1)R 技术　R 技术是因素分析中最普通的形式,通常是对很多被试进行多重人格测量,然后求出被试在这些变量上得分间的相关系数,利用因素分析萃取相关变量背后的共同因素。

(2)P 技术　P 技术是在一定时期、不同场合下,对同一个体的一些人格特质进行重复测验,以了解单个个体独特特质结构及其变化过程的因素分析技术。

4. **数据资料的来源**　卡特尔通过三种资料来进行因素分析:

(1)L 资料　生活记录材料。

(2)Q 资料　问卷资料。

(3)T 资料　客观测验数据。

（三）理论应用

1. 神经症与精神病的病因与特征 卡特尔也认为神经症与精神病源于个体内部无法解决的内心冲突。不过，神经症与精神病不仅在程度上而且在疾病种类上也不相同。

2. 治疗方法

（1）*量化精神分析法* 卡特尔非常重视测量技术在病态人格诊断中的作用，甚至提出建立一种“量化精神分析法”以求对病态人格水平做出预测。

（2）*综合治疗方法* 卡特尔主张综合的治疗方法。究竟是采用精神分析的抑或是行为主义的，还是生理的、药物疗法，应视具体案例来定。

（四）理论评价

1. 学术贡献

（1）研究范围广博。

（2）以统计资料为基础建立理论。

（3）对临床研究和工商心理学的贡献。

（4）为行为遗传学的产生做出了开创性的贡献。

2. 理论不足

（1）卡特尔的研究通常涉及很多统计资料，偏重研究中的技术性，而且喜欢应用一些新的字词，看起来比较生涩。

（2）卡特尔经常应用因素分析方法，那固然是相当客观而明确的统计方法，但是也有人认为因素分析所运用的资料仍然是具有相当主观性的。

（3）卡特尔一直致力于人格特质的深究，直到晚年，才将环境因素的影响纳入其对行为预测的公式里。

（4）理论启发性不够。他所做的研究更多是实证性的，鲜有新创的理论观点。

四、艾森克的人格论

艾森克（Hans Eysenck），英国心理学家，主要从事人格、智力、行为遗传学和行为理论等方面的研究。他主张从自然科学的角度看待心理学，把人看作一个生物性和社会性的有机体。在人格问题研究中，艾森克用因素分析法提出了神经质、内倾性—外倾性以及精神质三维特征的理论。

（一）理论观点

1. 人性观 艾森克认为人类基本上是生物性的个体。人们生来就具备了一些先存的特性或特质，对于环境中的刺激，会表现出一些特定的反应。人们的行为是其遗传和环境交互作用的结果，只是生物性因素占了比较强的优势地位。

2. 人格界定　人格是一个人的性格、气质、智慧和体质等，一个相当稳定而又持续性的组织，它决定了对于环境独特的适应。艾森克强调稳定的特质是构成人格的基本单元，这些特质结合在一起构成类型。

3. 人格结构

(1)确定人格构成因素的标准

①必须有证明因素存在的心理测量学证据。

②该因素必须具有遗传性，并符合既有的遗传模式。

③该结构必须符合理论构想。

④它必须具有社会性关联。

(2)人格层次模型　艾森克依据各个特质对行为影响的范围大小彼此不同而将人格特质分为几个层次。

①类型层次：它几乎影响到一个人所有各方面的行为，使之和其他的人在各方面都有明显的差别。

②特质层次：其影响范围也很大，但往往只涉及某一方面。

③习惯反应层次：其涵盖范围会更小一点，常只涉及和某方面有关的行为。

④特定的行为反应：往往只和某一个情境的某一种行为有关。

(3)人格维度模型

①外倾－内倾(extraversion—introversion)：人类性格的基本类型。

外倾的人不易受周围环境的影响，难以形成条件反射，具有情绪难以控制和冲动、爱交际、喜社交、渴求刺激、冒险、粗心大意和爱发脾气等特点。内倾的人相反。

②神经质－稳定性(neuroticism—stability)：标明从异常到正常的连续特征。

情绪不稳定的人表现为高焦虑，这种人喜怒无常，容易激动。情绪稳定的人，情绪反应轻微而缓慢，并且容易恢复平静，这种人不容易焦虑，稳重温和，容易自我克制。

③精神质－超我机能(psychoticism－superego functioning)

精神质高分者具有倔强固执，凶残强横和铁石心肠等特点，这种人有强烈愚弄和惊扰他人的需求。低分者具有温柔心肠的特点。艾森克认为所有精神质者的共性是思维和行为各方面都非常迟缓。

人们在三个人格维度上的表现程度可以通过艾森克人格问卷来测定。

4. 人格成因

(1)人格的生物学基础

①抑制理论、唤醒理论与内外向性：早期，艾森克主要借用大脑中枢神经系统兴奋与抑制理论来解释内外向个体的人格差异。后来，又提出皮质唤醒，认为内外向之间的差异

源于上行网状激活系统功能差异。

②自主神经系统与神经质:早期,艾森克提出自主神经系统是与神经质密切相关的解剖结构。后来,把支配自主神经系统活动的边缘系统(包括海马、扣带回、杏仁核、中隔和下丘脑)也作为神经质的解剖学基础。

③激素和精神质:精神质可能与雄性激素高度相关。

④遗传作用的研究证据:人格三维度的普遍存在、人格特质的稳定性、双生子人格特质的相关研究。

(2)社会化过程　婴儿从出生后就生活在社会环境中,逐渐开始行为的社会化的历程。他要开始学习表现出取悦父母和社会的行为,以获得父母的赞美与鼓励,同时他也要学习避免表现父母所不喜欢的行为,以免受到惩罚。整个的社会化过程实际上就是一个学习的过程。社会规范的学习是有明显的个别差异的。艾森克虽然很重视人格的遗传基础,但他也强调人们所得自于遗传的只是一些先存的特质倾向,这些特质的发展,仍然会受到其所在社会环境的重要影响。

(二)研究方法

1. **研究取向**　艾森克认为心理学有两个主要的研究方向:人格心理学和实验心理学。两者要结合起来,人格心理学要用实验和测量来为其理论提供支持;而实验心理学研究也要考虑到人格差异的重要性。艾森克认为人格研究的趋向是:首先从理论上确定人格的维度;其次对这些人格维度进行测量;最后,为这些人格维度提供行为与生理实验结果支持。

2. **效标分析**　效标分析是一种借助因素分析来证明理论假设的方法。艾森克一开始就对一些基本特质或类型有一些假说,然后挑选与此基本维度有关的方面进行一系列的测量。其次,他选出两个效标组,这两个效标组已知在该维度上存在差异。再计算每一测量的结果与这两效标组之间的相关,这些相关系数则可以显示出这些测量与该基本维度的关联程度。

3. **问卷式测量法**　艾森克编制了两种测量人们内—外向维度的问卷:《毛德斯里人格量表》及《艾森克人格量表》。在《艾森克人格量表》中,可以测量出外向与内向人的具体差异。

4. **其他方法**　还有其他的、更客观的方法探知内外向在脑与中央神经系统上的差异。举例来说,内向型与外向型的人,他们由脑波电位仪测得的唤醒水平并不同。著名的柠檬汁实验证明了这种唤醒现象。

(三)理论应用

1. 异常人格产生的原因 艾森克同时采用了遗传和学习的观点,主张一个心理不健康者所表现的症状或不良适应的情况,是和他的人格特质及神经系统功能有密切关系的。

2. 异常人格的治疗方法 艾森克主要运用了三种行为疗法:暴露疗法、系统脱敏法以及示范疗法。三种疗法的适用症包括各种恐惧症、遗尿症、强迫症、考试焦虑症等。

(四)理论评价

1. 理论贡献

(1)理论启发性强。

(2)理论具有可验证性并强调精确性。

(3)理论的简约性强。

(4)理论的解释性强。

(5)促进了行为治疗技术的发展。

(6)推动了心理学多领域的发展。

2. 理论缺陷

(1)忽略了外在环境差异对人格的巨大影响。

(2)理论过分简单化。

五、五因素模型

五因素模型或称"大五"模型(big five model),被形容为"人格研究一场静悄悄的革命"。主要有两种取向:词汇研究和问卷研究。模型的建立主要有两个理论依据:词汇学和特质论。

(一)理论观点

1. 基本假设 格尔顿最先提出了词汇假设的观点。词汇学研究取向的基本假设是:每一种文化下的自然语言包含了所有能描述人格的维度。有什么样的人格表现就会有什么词来描述它。反过来,我们可以通过词汇来研究人格维度。

2. 基本结构 麦克雷(McCrae)和科斯塔(Costa)等人采用命名法发现,构成人格的五大因素分别是:外倾性、宜人性、尽责性、神经质、开放性。每一因素都包含正负两极。取每一因素的第一个字母 N、E、O、A、C 连在一起组成"OCEAN"即"海洋"的意思。据此,麦克雷(McCrae)和科斯塔(Costa)还编制了测量"大五"的人格问卷 NEO – PI。

(1)外倾性(extraversion) 也称外向性,指人们活动能量的强度与数量。其一端是极端外向,另一端是极端内向。

(2)宜人性(agreeableness) 或叫随和性,是测量人际关系的维度,它意指人际交互作用的特征,这种相互作用是指个人的人际喜好由同情到憎恨的一个连续区。

(3)尽责性(conscientiousness) 也称谨慎性,是指如何控制自己、如何自律。该维度上的分数用来评估组织能力,持久性,控制能力,动机水平在目标指向行为中的作用。

(4)神经质(neuroticism) 或称情绪稳定性,依据人们情绪的稳定性和情绪调控情况而将其置于一个连续统一体的某处。

(5)开放性(openness) 也称求新性,是指对经验持开放、探求态度。这一维度的特征包括活跃的想象力、对新观念的自发接受、发散性思维和好奇。

3. **基本特点** 大五模型的建立是以词汇假设和因素分析为基础的,通过大量的研究获取了一个可信而普遍的词汇维度。其特点如下:

(1)大五因素结构提供了一套高度验证性的维度,它以简洁的方式广泛地描述了现象学的个体差异。

(2)不同的人格定义导致不同的选词标准。

(3)大五模型中的五个因素的重要性和验证性并不等同。

(4)大五模型的每一个因素不是由单纯分离的特质变量所组成。

(5)人格属性的分类须包含其意义的平行和垂直特征。

(6)大五模型仅是人格研究的一个重要开始。

(二)验证与测量方法

为了能够对大五人格进行科学验证,研究者们通过借助三种设计来验证五因素。

1. **重新建立词表** 科学结果应该是可重复的,如果运用相同的原理与程序重复建构新的人格词表,仍能证明五因素模型的存在,才具有可验证性。

2. **不同方法的验证** 用不同方法来对模型进行验证,获得同样结果,在某种程度上会证明五因素模型的存在。

(1)聚类抽样法

(2)比例抽样法

3. **跨语言—跨文化研究** 跨文化研究有两种研究取向:共性研究和特性研究。共性研究者强调文化的普遍性与人格的相通性,特性研究强调文化的特殊性与人格的国土性。

4. **大五人格的测评** NEO 人格问卷(NEO - PI);NEO - PI - R;霍根人格问卷(HPI);赞科曼,ZKPQ;中国学者根据词汇学的研究结果编制了中国人人格量表(QZPS)等。

(三)研究主题

1. 因素命名与次序 20 世纪 70—80 年代,在人格心理学领域,“大五”因素模型并未得到普遍的接受,其中一个重要原因就是因素命名及含义的混乱状态。

2. 人格因素的数量

(1)大三人格模型

①艾森克(Eysenck):外倾性、神经质、精神质;②腾根:正情绪、负情绪和强制;③奥斯古德:评价、活动和潜能。

(2)七因素模型

①腾根和沃尔的模型:正情绪性;负价;正价;负情绪性;可靠性;宜人性;因袭性。

②张智勇的模型:负价一:虚伪浮夸;正价:严谨负责;负价二:浅薄无能;内向负情绪:多愁善感;外向正情绪:热情可爱;外向负情绪:暴躁易怒;内向正情绪:我行我素。

③中国学者的模型:精明干练 - 蠢钝懦弱;严谨自制 - 放纵任性;外向活跃 - 内向沉静;淡泊诚信 - 功利虚荣;温顺随和 - 暴躁倔强;善良友好 - 薄情冷淡;热情豪爽 - 退缩自私。

3. 不同词类的探索

(1)形容词的因素探索 以形容词为研究材料,就必须要考虑到以下两个问题:如何挑选研究所需要使用的词语;将形容词挑选出来之后如何呈现。

(2)短语的因素探索 由短语材料衍生出来的测验,主要包括两种,一个是 NEO 人格问卷,一个是 Hogan 人格问卷(简称 HPI)。

研究材料的不同代表着研究基调和理念的不同,以形容词为研究材料,多是从心理测量学的角度来看待问题,以动词为研究材料,是从心理动力学的角度出发。

(四)理论应用

1. 临床心理学方面 可以通过大五模型和 NEO - PI 问卷清晰地辨别出人格维度内的极端人群,而人格障碍的症状中的偏差行为可以说是由一些夸大的人格特质组成的,这样一来,就可以将大五模型和人格的诊断结合起来。临床专家可以针对不同的个体提供特异的治疗策略和技术。

2. 职业、管理和工业心理方面 人格测验也已经成为企业招聘和晋升职员的标准之一。这主要是因为有很多的研究结果发现,人格和人们选择的职业类型以及是否能够胜任工作有很大的关系。许多研究者利用大五模型作为人格测验的工具来探讨人格和工作绩效的关系。

3. **发展心理学方面** 个体在人格上的突出特点与其日后的发展轨迹有着很重要的联系,虽然它不是绝对的预测,但是在这种可能性存在的前提下,事先做好相应的补救措施还是有必要的。

4. **婚姻咨询方面** 研究表明人格维度、夫妻间不同的人格组合对婚姻质量有不同程度的影响。大五人格模型能够为夫妻双方提供一个互相了解的渠道,看清楚自己所认定的是否准确,借以发现两个人之间的误会和隔阂。通过增进双方人格的了解可以使他们的沟通更为顺畅,协助夫妻以建设性的方式解决问题,挽回他们的婚姻。

(五)理论评价

1. 大五模型的意义

(1)大量的跨文化和跨语言研究结果都证明了大五模型的广适程度,为全球化的人格研究提供了一个非常有效的工具。

(2)从应用的角度来说,它的影响扩散到整个心理学领域乃至组织和社会学领域。

2. 对大五模型的批评

(1)从研究最初的假设和想法上来看,与很多研究者的观点相差很大。

(2)从研究过程中所使用的方法和技术上来看,大五模型也有很多值得商榷的地方。

(3)从大五模型的理论性看,很多学者认为它只是词汇假设和因素分析加在一起酝酿出来的产品。

六、对特质论的总体评价

(一)理论特色

1. **方法论上的统计学倾向** 因素分析是特质论的主要方法,特别是用因素分析等统计方法来探讨人格的结构,解构人格的基本元素。同时,人格特质的测量已经成为一种被广泛使用的工具。

2. **研究取向上的个体差异倾向** 特质理论认为,个体在内在倾向上的个体差异表现出了稳定的特征,个体差异主要表现在人格特质量的差异上。

(二)理论优点

1. **注重研究的实证性** 精神分析学者更关注知觉和主观的判断,但是特质流派的学者更关注的是数据,这种由数据决定理论,再进一步接受实证方法检验的做法在一定意义上更具可行性。

2. **提出了有价值的理论观点** 他们认为语言是体现重要个别差异性的工具,这也是词汇学得以应用的原因。此外,他们也支持环境对人格发展的重大作用。还有,特质论者认为特质是为了适应种属进化而来的。

3. **促进了人格测评工具的产生** 人格特质的研究和测评方法被许多研究者所推广,其在人格结构的建构与测量上的科学性增进了人格量表的标准化进程。

(三)理论缺陷

1. **缺乏对特质概念的理论探讨** 特质流派的心理学家是根据特质来描述人,但是却不能解释这些特质到底是什么,它们是如何产生的,所以从这方面来讲,特质的研究方法和潜在问题解决的能力上限制了它的应用性。

2. **缺乏统一的特质理论框架** 它只是一个方法上的引导,没有一个理论或者结构能够统一所有的理论。

第七章　生物学流派人格理论

有些人格特质在很大程度上是在解剖结构和生理机能基础上形成的，而解剖结构和生理机能受制于遗传基因，这些基因又是人类长期进化的产物。相对于环境、文化等因素，生理、遗传和进化则更为稳定而难以改变。这就是人格生物学理论最基本的观点。

一、生理学取向

生物性是人的基本属性。先要有物质属性的人，然后才会有心理属性的人格。古人凭经验就认识到了人的体质和人格之间具有某种联系。

（一）体液说

希波克拉底（Hippocrates）认为，人体内有四种体液，即血液、黏液、黄胆汁和黑胆汁，不同的人体内占优势的体液不同，因而患不同种类疾病的可能性也不同。

（二）气质类型说

盖伦（Galen）用这种体液学说来解释气质，认为某种占优势的体液决定一个人的气质。有四种类型：多血质、胆汁质、抑郁质、黏液质。

（三）体型说

1. 恩斯特·克雷奇默（Ernst Kretschmer）根据临床观察，将人的体型分为肥胖型、瘦长型、健壮型和畸异型四类。他发现，人的体型不同，气质也不同，患不同精神病的可能性也不同。

2. 谢尔顿（Sheldon）则研究了正常人的体型与行为特征之间的关系，并形成了一系列测量体型和气质的方法。他提出决定体型的基本成分是胚叶。胚叶又称胚层，是指构成动物早期胚胎的细胞层。人有外、中、内三层胚叶，胚叶的内、中、外三种成分的发展程度

（比例分配）决定了人的体型。

（四）唤醒理论

艾森克（Eysenck）受巴甫洛夫（Pavlov）理论的启发，建立了唤醒理论。唤醒是指大脑皮质随时准备反应的警觉状态，它取决于中枢神经系统中上行网状激活系统的激活水平。

1. **内外倾的生理学基础**　艾森克认为内向者的大脑皮质唤醒水平天生比外向者的高，因此，对于同样强度的刺激，内向者比外向者体验的强度更高，因而更敏感。艾森克还认为极强或极弱水平的刺激都会产生消极的情绪体验，只有中等强度的刺激才产生积极、快乐的情绪体验，刺激强度水平与内向、外向者情绪体验之间的关系呈倒U形，而且内向和外向者倒U形峰点不同。

2. **神经质的生理学基础**　艾森克最初把自主神经系统看作神经质的生理基础。后来，又将边缘系统视为神经质的生理基础，认为高神经质人的边缘系统激活阈值较低，交感神经系统的反应性较强，因此他们对微弱刺激往往做出过度反应。

3. **精神质的生理学基础**　精神质是艾森克人格模型中较晚才提出的一个维度，其生理基础不太明确。他推测精神质的生理基础可能是雄性激素。

（五）感觉寻求理论

朱可曼（MarvinZuckerman）认为感觉寻求是指：个体对变化的、新异的、复杂的和强烈的感觉和经验的需要，并且为了能获得这些体验，宁愿去从事身体的、社会的、法律的和经济的冒险活动。朱可曼运用因素分析法发现感觉寻求由四个成分组成：①兴奋与冒险寻求；②经验寻求；③去抑制；④敏于厌倦。

感觉寻求作为一种人格特质，会使处于这一维度不同水平的人表现出不同的行为特征、选择不同的职业、对政治及宗教态度持不同意见，还能影响人的认知过程。不过，这一特质并非一直保持不变，它会随着年龄的增长而发生有规律的变化。之所以会表现出这些特征和个体差异，是因为它具有生物基础，即生理唤醒、神经递质和雄性激素。

二、行为遗传学取向

行为遗传学研究那些原本在心理学和精神病学研究范围内的行为特征的遗传基础。它以解释人类复杂的行为现象的遗传机制为其研究的根本目标，探讨行为的起源、基因对人类行为发展的影响，以及在行为形成过程中，遗传和环境之间的交互作用。

在遗传学家看来，遗传物质在生物整体层面的功能表现可以通过与其相同的方式进行分析，即行为的"表现型"分析。另外，研究者还通过分析人们血缘关系的亲疏远近与某种身心特征发生频率之间的关系来计算遗传率，即一个群体内某种遗传原因引起的变异在表现型总的变异中所占的比例，其计算方式为：遗传率 = Vg/Vp。如果某种特质的所有变化都是由基因变化引起的，则该特质的遗传率为 1.0 或 100%。如果基因的可解释部分为 0，则说明该特质完全是由环境决定的。

（一）家族研究

最早的行为遗传学研究方法，为高尔顿（Galton）所首创。它是通过研究家族史，了解某种人格特征在家族成员中出现的频率高出普通人群中出现频率的程度，来估计其遗传率。个体的血缘关系越紧密，共享的基因组成和相似的人格特质就越多。不过，家族研究有一个重要缺陷，即难以将遗传和环境的作用区分开来。同一家族成员不仅有相似的基因，而且有相似的家庭环境，因此，家族研究很难判断出家族成员间的相似性在多大程度上应归因于共同基因，又在多大程度上应归因于共同的家庭环境。

（二）双生子研究

现代行为遗传学最常用方法。双生子有两种类型：同卵双生子和异卵双生子，前者具有完全相同的遗传基因，后者则在遗传基因上的相似性与普通兄弟姐妹一致。

双生子研究可以证明遗传因素在人格发展中的作用，这是因为同卵双生子基因完全相同，他们之间的任何差异一定是环境因素作用的结果。这就是说，我们可以控制遗传，并将同卵双生子的差异归因为环境。异卵双生子在遗传上不同，但如果一起抚养，他们就享有许多相同的环境条件，这就是说我们可以控制环境，并将双生子之间的差异归因于遗传。

研究发现，人格特质具有较高的平均遗传率，而共同的家庭环境对大多数特质的影响较小，真正的环境作用似乎存在于不同的环境影响中。

（三）收养研究

通过比较儿童与其亲生父母和养父母在人格上的相似性来进行的。收养儿童所处的社会环境通常与其亲生父母不同，因此，两者特质的相似可以说是由遗传造成的，而收养儿童与其养父母在特质上的相似则是环境造成的，因此，可以推断他们人格的相似性来自共同环境的影响。其中分开抚养的同卵双生子研究可以看作是收养研究的一个特例。

（四）模型拟合

检验多个变量间是否具有某种假定关系的数学过程。在行为遗传学中，就是建立一个反映各种遗传和环境因素对某特质贡献大小的模型,并将其与观测到的相关进行比较。其主要优点在于,可以使研究者综合各种类型实验设计中的变量,得出一种结构方程模型,其中包含了来自不同类型家庭的遗传和环境的资料参数。在基本遗传模型中,这些参数就是遗传率和共同环境的影响。模型拟合的过程就是挑选出这个参数的最佳值,重新求出资料之间的相关。

三、进化论心理学

进化心理学用自然选择的概念解释人类特性,从而使人格的形成和表达机制得到更深刻的揭示。这种理论认为,人类的心理机制也是经过自然选择进化而来的,是人类特有的功能,可以帮助人类有效地应付日常问题和满足生活需要,使人类更有可能成功地生存和繁衍。大量的心理机制便组成了所谓的人性或人类本性。要理解个体差异,必须以对人类本性的理解为基础。

(一)理论基础和模型

1. **性选择论** 达尔文认为,那些在争取食物、抵抗不利的环境条件、竞争繁殖后代中可能得到胜利的个体具有存活“优势”特征,他们的基因更有可能遗传至后代,因而那些增加存活可能性的可遗传的特征会受到选择而成为物种的特征。性选择强调繁殖上的差异,认为那些增强了个体繁殖成功的身体形态品质、心理品质和行为品质会遗传至后代而被保存下来。

2. **亲代投资模型** 由于雌雄性别的差异导致在繁殖后代过程中出现亲代投资上的差异,投资多的一方往往在更大程度上成为“选择者”,被选择的一方为了获得繁殖机会,常常表现为通过进化更具优势的外显特征以回应“选择”。投资包含了生理上的投资,如雌性的孕育与哺乳,也包含了后代在发育成熟的整个生长过程中所需要的物质资源和保护。

3. **性策略理论** 男性、女性为了获取资源或配偶而赢得最终的生育成功,各自面临不同的适应性问题,在解决各自不同的问题的过程中,出现了不同的择偶偏好或行为方式。从理论上讲,男女分别进化了不同的性策略,有短期性策略或长期性策略。如,男性更倾向于采用短期策略获得更多伴侣,从而获得更大的生育成功。

4. **好基因模型** 在择偶过程中,好基因表现为特定的身体吸引力,从而可以作为一种“生存力指标”,具有这种身体吸引力的个体具有更强的生存力。如果偏好具有这种身体吸引力的个体,他们的后代可能会通过遗传获得更好的基因,从而获得更强的适应性。对身体吸引力的偏好这种心理倾向性也可能伴随基因遗传至后代。

5. **二元模型** 既强调亲代投资,同时也强调基因因素,认为亲代投资和遗传基因这两种因素在男女择偶过程中同时起作用。

(二)主要研究主题

1. **情绪** 当代进化心理学认为,情绪及其交流使人类的社会生活成为可能,因为社会性交流的维持要求我们能够根据他人的情绪来调整自己的情绪。

巴斯(Buss)认为,情绪可分为两组:一组是唤醒性情绪,包括恐惧、愤怒和性唤醒;另一组是关系性情绪,包括嫉妒、爱、愉快和悲伤。唤醒性情绪发生在所有哺乳类动物身上,而关系性情绪则主要发生在更高级的社会性哺乳动物身上,二者都是物种适应性发展的结果。唤醒性情绪直接有利于动物的生存,关系性情绪的作用则只是间接的,表现为有助于加强社会性动物的群体的凝聚力和协作。

2. **求偶**

(1)男性择偶 从进化论的观点来看,男性应该选择可能为他生更多孩子的女性,而年轻漂亮意味着高繁殖潜力,其中腰臀比是一个特殊的线索,低的腰臀比意味着健康、生殖力、没有怀孕,较高的腰臀比则酷似怀孕。迷恋一个为别的男人怀孕的女性是有风险的:立即有自己后代的可能性低,同时会引起别的男人的嫉妒。男性一方面追求地位和荣誉以吸引女性,另一方面也十分重视配偶的容貌,因为生理吸引力不仅是女性生殖能力的标志,同时也是男性地位的标志。

(2)女性择偶 根据进化论人格理论,女性喜欢能为其后代提供保障的男性。这样的男性应该具有的条件是:年龄较大,可依靠,能挣钱,有抱负,事业心强。

调查发现,女性比男性更希望找一个社会经济地位和抱负水平较高的配偶。男性应该具有的另一个条件是支配性。从进化的观点来看,支配性男性更可能升迁到社会组织的高层并由此而获得经济保障和其他好处,从而能够更好地满足家庭的各种需要。同情心与合作精神也是女性喜欢男性的一个重要条件。

(3)配偶关系 在维持配偶关系的过程中,当个体与配偶的亲密关系受到威胁时,男女两性都会表现出嫉妒情绪,这种情绪会提醒个体解决配偶维持方面所面临的问题,因而也是具有适应性的。嫉妒的出现频率和强度虽无性别差异,但在引发嫉妒的具体事件上,男女两性却有不同的表现。

男性被报告说,当发现伴侣有性越轨行为时感到更为郁闷、伤心,女性被试报告说,发现丈夫的情感越轨使她们更加焦虑、不安。这与男女两性面临不同的适应性问题有关,从生育的生理过程来看,怀孕是发生在女性的身体内部而不是男性,因此男性面临的问题是父子关系的不确定性,伴侣与其他男性发生性关系是对男性成功繁殖的最大威胁,因而伴侣的性越轨更可能引发男性的嫉妒。而女性却不同,为了成功地繁殖和养育后代,女性最需要的是男性的时间、资源、注意等的投入,伴侣的感情变化则意味着她和子女可能会失去丈夫的关注和资源,因此伴侣情感上的不忠更能引发女性的嫉妒。

(4)两性态度 根据亲情投资和性选择理论,在抚养后代方面付出较少的性别(对人类而言是男性)对性伴侣的选择不太严格,同时倾向于拥有更多的伴侣。因为,这样可以使男性有更多的机会传递自己的基因。

3. **攻击** 从进化心理学的观点来看,攻击行为至少具有以下功能:占有他人资源,防御他人攻击,争夺性伴,提高社会地位和权利,阻止和惩罚性伴的性出轨,减少非己后代对资源的消耗等。

男性之间为争夺基因复制而展开的攻击使社会成为以男性为主导的结构,同时使得男性之间的相互攻击比率明显高于女性,而且青年男性更富攻击性,因为他们处于生殖活跃期,更容易为占有美丽的、具有较强繁殖能力的女性而竞争。

进化心理学有关亲情投资和性选择的理论对此做出了解释:男性为了成功地复制自己的基因,必须面临更多来自同性的挑战。在繁殖后代方面,女性的投资大于男性,因此女性在配偶选择上更谨慎,选择标准更严格,这样一来,女性特别是年轻漂亮的女性就成了有限的资源,而人类一胎所生的子女数量很少,因此,男性是否能够成功复制自己的基因并不完全取决于自身的生存能力,而更多取决于在争夺异性的竞争中能否获得成功。同时,由于男性只需少量的付出就能获得后代,而那些拥有丰厚资源的男性可能同时拥有多个性伴侣,这种现象加剧了男性之间的竞争。

4. **利他** 进化心理学认为利他存在两种形式,一种是亲缘利他,这种利他对象是朝向与自己基因同缘的直系或旁系亲属。根据进化论的观点,助人者与受助者间的亲缘关系是决定助人行为发生与否的主要因素。受助者与助人者之间的血缘关系越接近,助人行为发生的可能性越大,反之,可能性越小。另一种是互惠利他,它是指某群体内部成员之间发生的相互帮助的利他行为。对群体的归属可以使个体获得更多的保护,那么群体内部成员之间更可能出现助人行为和利他行为。

四、对生物学派的评价

(一)理论贡献

1. **在人格研究和生物学原理之间架起了一座桥梁** 多年来,人格心理学者经常忽视人类行为的生物基础,把生物学家的进化论和遗传学知识结合起来,人格心理学者在理解人格类型如何形成这一问题时,向前迈进了一步。生物学流派的研究还成功地帮助了那些对行为变化感兴趣的心理学者去查明一些影响变量。

2. **给心理学者提供研究思路** 现有大量研究从实证角度支持了这一流派提出的许多假设。另外,倡导生物学取向的心理学者,总会根据研究结果来修正自己的理论。

（二）理论不足

1. 进化人格心理学者，他们不得不经常地为那些从自圆其说的推论和演绎中得来的缺乏说服力的论断进行辩解。

2. 在很多推论上，要直接操纵变量是不可能的，要证明这样的因果关系，也是非常困难的。

3. 虽然从这一流派衍生出来的许多观点对心理治疗师有帮助，但却没有形成基于这一观点的心理治疗学派。而且，从生物学流派中得到的信息，使一个人改变的程度往往是有限的。

参考文献

[1] 梁宁建. 心理学导论. 上海:上海教育出版社,2011.
[2] 彭聃龄. 普通心理学. 修订版. 北京:北京师范大学出版社,2008.
[3] 彭聃龄. 普通心理学. 5 版. 北京:北京师范大学出版社,2019.
[4] 孟昭兰. 普通心理学. 北京:北京大学出版社,1994.
[5] 侯玉波. 社会心理学. 4 版. 北京:北京大学出版社,2018.
[6] 全国 13 所高等院校《社会心理学》编写组. 社会心理学. 5 版. 天津:南开大学出版社,2016.
[7] 戴维·迈尔斯. 社会心理学. 11 版. 张智勇,乐国安,侯玉波,等,译. 北京:人民邮电出版社,2016.
[8] 金盛华. 社会心理学. 3 版. 北京: 高等教育出版社,2020.
[9] 乐国安,管健. 社会心理学. 3 版. 北京: 中国人民大学出版社,2017.
[10] 杨宜春,张曙光. 社会心理学. 3 版. 北京: 首都经济贸易大学出版社,2015.
[11] 章志光,寇彧. 社会心理学. 3 版. 北京: 人民教育出版社,2015.
[12] 林崇德. 发展心理学. 北京:人民教育出版社,2009.
[13] 杨丽珠,刘文. 毕生发展心理学. 北京:高等教育出版社,2006.
[14] 桑标. 当代儿童发展心理学. 上海:上海教育出版社,2003.
[15] 陈琦,刘儒德. 当代教育心理学. 3 版. 北京: 北京师范大学出版社,2019.
[16] 冯忠良,伍新春. 教育心理学. 3 版. 北京:人民教育出版社,2015.
[17] 皮连生. 教育心理学. 上海:上海教育出版社,2004.
[18] 许燕. 人格心理学. 2 版. 北京: 北京师范大学出版社,2020.
[19] 郑雪. 人格心理学. 2 版. 广东: 暨南大学出版社,2017.
[20] 叶奕乾. 现代人格心理学. 3 版. 上海: 华东师范大学出版社,2021.
[21] 郑希付. 现代西方人格心理学史. 广州: 广东教育出版社,2007.
[22] Jerry M. Burger. 人格心理学. 7 版. 陈会昌,等,译. 北京: 中国轻工业出版社,2014.